教育部人文社科青年基金研究项目（编号：**11YJC790247**）
"985 工程'两型'社会研究哲学社会科学创新研究基地" 资助

不完备审计契约的缔结、
履行与效率研究

易 玄 著

经济科学出版社

图书在版编目（CIP）数据

不完备审计契约的缔结、履行与效率研究／
易玄著．—北京：经济科学出版社，2012.5
ISBN 978 - 7 - 5141 - 1835 - 3

Ⅰ.①不…　Ⅱ.①易…　Ⅲ.①审计学 - 研究
Ⅳ.①F239.0

中国版本图书馆 CIP 数据核字（2012）第 075711 号

责任编辑：侯晓霞　程辛宁
责任校对：王肖楠
责任印制：李　鹏

不完备审计契约的缔结、履行与效率研究
易　玄著
经济科学出版社出版、发行　新华书店经销
社址：北京市海淀区阜成路甲 28 号　邮编：100142
总编部电话：88191217　发行部电话：88191537
网址：www. esp. com. cn
电子邮件：esp@ esp. com. cn
北京密兴印刷厂印装
798×1092　16 开　13.25 印张　230000 字
2012 年 5 月第 1 版　2012 年 5 月第 1 次印刷
ISBN 978 - 7 - 5141 - 1835 - 3　定价：26.00 元

前　　言

　　独立审计因何而产生？对这一问题的回答是现代独立审计理论体系的逻辑起点，也是研究审计制度安排失效现象的关键。传统的审计动因理论大多从审计功能层面来解释独立审计的产生，在一定程度上为研究审计制度安排及其效率提供了理论依据。但由于其关注的是审计制度安排的局部，而非整个关系网络，因此也就无法对审计中的关键性问题作出明确解释。本质上看，独立审计是企业系列契约的组成部分，是为监督企业契约签订和执行而产生的。因此，从契约视角研究独立审计的产生、审计关系以及审计质量将是审计理论范式的变革。基于此，本书以契约理论的最新发展——不完备契约理论为基础，研究了审计契约的缔结、履约机制，分析了审计契约效率的影响机理，提出了不完备审计契约治理的主要策略。研究意义在于，为独立审计的产生以及审计失败的形成提供一个系统解释，以弥补现行独立审计理论体系的不足；为提高审计契约效率，完善审计契约治理提供理论支持。

　　现实中企业契约总是存在漏洞和缺口，必然借助于一系列约束机制对缔约主体的行为进行约束与监督。本书首先将不完备契约网络中的审计功能重新定位为：对企业契约缔约各方的产权及其变动信息进行界定，确定缔约各方对剩余权益的分享是否公平。同时对审计契约及其在契约网络中的作用机理进行了阐述，指出审计契约是各缔约主体在意愿自治以及地位平等基础的一种"合意"。这种意愿自治源自于缔约各方对经济利益最大化以及审计服务效果的预期。由于不确定性的存在、契约语言描述的有限性、效率验证的模糊性，审计契约也是不完备的。这种不完备性将对审计契约的缔结与履约过程产生深远的影响。

　　其次，本书从审计契约缔结动机以及缔结权配置两个层面研究了审计契约的缔约机制。由于契约不完备性将诱发缔约主体机会主义行为以及对组织租金的争夺，不同契约冲突导致不同的审计契约缔结动机。研究发现，不同股权结构情况下，审计契约缔结表现为一种状态依存：随着股权集中度的提高，掏空效应导致股东选择高质量审计师缔约的动机降低；但当股权高度集中时，股东选择高质量审计师缔约的动机增强。债务契约的契约冲突表现为债权人与股东的冲突，契约冲突越严重，债权人就越有高质量审计契约的缔结动机。由于审计契约缔结本身是企业价值反映的信号之一，本书进一步从信号机制视角研究了审计契约的缔约动机。动态地看，审计契约的缔结过程是审计契约缔约权争夺与博弈的过程。本书论述了审计契约缔结权配置的基本原理，对现有单一享有缔结权的配置模式和共享缔结权配置模式进行了比较分析。同时以我国上市公司为样本检验了审计契约缔结的一般机制。

再其次，本书研究了不完备审计契约的履行机制。重点对法律以及声誉机制在不完备审计契约中的强制作用和自我实施机理进行了研究。指出，不完备审计契约的履行是法律强制与自我实施机制共同作用的结果。在审计契约不完备程度低的情况下，法律强制实施与惩罚威慑起决定作用；反之，则更多的依赖审计契约的自我实施机制。

最后，本书研究了不完备审计契约效率损失产生的原因以及治理策略。审计契约缔结权配置的异化是审计师独立性损失，以及审计契约效率低下的主要根源，本书对审计契约缔结权配置异化的产生进行了论述，指出审计契约的“不完备”以及缔约者机会主义动机是缔约权配置异化的根源。作为公共契约的审计准则总存在一定的弹性“域”空间，审计契约缔结者据此可能作出符合自身利益的质量供需决策，从而影响到审计契约的运行效率。

此外，由于不完备审计契约履行过程存在履约障碍，也将造成审计契约运行效率的损失。对审计契约效率损失的治理是一个系统工程。优化审计契约缔结模式是应对缔结权配置异化的主要举措；针对审计准则弹性“域”以及履约障碍产生的效率损失，本书提出了分类治理和改进履约效率的具体举措。

易玄

2012 年 4 月

目　　　录

1 导 论

1.1 研究背景

1.1.1 社会背景

独立审计又称社会审计或民间审计①，独立审计的出现始于 18 世纪的英国，当时英国正处于工业革命时期，以所有权和管理权为重要特征的股份制公司的发展成为当时经济的热潮，1720 年南海公司的倒闭引起了社会公众的强烈反映，面对舆论的压力，英国议会经过秘密查证，发现该公司存在会计记录严重失实和蓄意篡改会计数据等舞弊现象，于是聘请当时著名的会计教师查尔斯·斯内尔对南海公司的分公司"索布里奇商社"进行账目检查，这标志着独立审计的产生。应该说独立审计的产生源自于对会计账目检查、查错防弊的需要。随着市场经济的发展与繁荣，独立审计在维护市场秩序，保护市场参与者利益，提高市场经济信息质量方面的作用愈发彰显，这也促进了独立审计理论与方法的不断创新，从早期的账项审计、制度基础审计到风险导向审计，到目前处于研究阶段的战略导向审计。但与此同时，审计失败②现象也如影随形，1920 年厄特马斯公司（Ultramares CorP.）案例中道奇与尼文会计师事务所重大过失引起的审计失败；1938

---

① 按照审计主体划分，审计分为政府审计、独立审计（社会审计）和内部审计三部分。由于独立审计其契约内容、缔约关系以及履约效果影响等相对复杂，且其社会影响更为广泛，对其的研究具有一定的挑战性。基于此，本书研究的审计契约主要是独立审计契约，而不涉及政府审计和内部审计内容，因此后文中的"审计"、"审计契约"都指的是独立审计与独立审计契约，不再赘述。

② 审计失败可能产生于：审计师未获取充分、适当的审计证据和由于监督机制失效审计师有意错报。简单讲包括过失和审计欺诈。

年麦克森·罗宾斯药材公司倒闭案中普华事务所尽管宣传他们遵循了美国注册会计师协会 1936 年颁布的《独立注册会计师——对财务报表的检查》的各项规则，罗宾斯药材公司的诈骗是由于经理部门串通舞弊所致。但在证券交易委员会的调停下，普华退出历年来收取的审计费共 50 万美元，作为对汤普森公司的部分债权损失的赔偿，这是审计史上影响最大的审计案例。如果说早期的审计失败案例是由于审计师执业中的过失造成，21 世纪初期美国出现的安然、世通等财务丑闻中安达信事务所的审计失败则是由于审计合谋和审计欺诈。一系列财务与审计失败给美国投资者造成了巨大的损失，其中，安然给美国投资者造成 800 亿美元损失，世通给投资者造成 1 000 亿美元损失。而在中国这个市场经济发展不足 40 年，证券交易所设立不足 30 年的国家，在经济飞速发展和经济转型过程中，从深圳原野、银广夏到达尔曼、科龙集团等上市公司的财务舞弊及审计失败的案例不断发生，甚至愈演愈烈，给中国资本市场的良性发展带来了阻碍，也给投资者带来了巨大的经济损失，其中仅银广夏公司财务丑闻就给投资者造成损失 70 亿元。审计失败也使得公众对审计师这一职业的公信力产生了质疑。审计质量是审计的核心，审计质量低下是审计失败的直接原因。因此，国内外审计研究者们一直致力于对审计质量的研究，他们的研究大多依循：审计质量受哪些因素的影响，进而如何提高审计质量这一逻辑主线展开，形成了大量有价值的研究文献。审计质量如何受这些因素的影响，这些因素对审计工作而言究竟是外生的，还是内生于审计事项之中？其对审计质量的影响机理如何？既然理论上审计源自于组织的内在需求，为何实际中会出现由于审计合谋导致审计质量低下的现象？这一审计悖论产生的根源究竟是什么？对此的研究将揭开审计失败产生的真实根源，为审计质量控制提供理论依据。

1.1.2 理论研究的必要性：传统动因理论的局限性

独立审计因何而产生？对这一问题的回答是现代独立审计理论体系的逻辑起点。也是研究审计制度安排失效现象产生根源的逻辑起点。从哲学的角度讲，逻辑起点指从抽象上升到具体全过程出发点的概念、范畴或判断。逻辑起点具有如下特征：它的实质内容表现为该体系中最抽象、最一般、最简单的思维规定；它是系统中的一个基本要素，是所处体系中的直接存在物；它应该揭示"细胞"形态的内在矛盾以及对象整体的一切矛盾胚芽。作为审计理论逻辑起点的基本动因联系审计环境与审计系统，审计产生和发展的基本动因反映社会环境对审计系统的客观要求，是环境需求与审计本质基本职能结合的统一与概括，是制约本质、职能、目标的。基本动因联系审计理论与实践，涵盖了审计理论和实践系统中的"一切矛盾的萌芽"。审计产生和发展的基本动因是审计基础理论体系的逻辑起点，又是审计工作的历史起点。传统审计动因理论从不同的视角研究了审计的产生。其主要观点如表 1.1 所示。

表 1.1　　　　　　　　　　传统审计动因理论比较表

审计动因理论	审计产生的根源	立论基础
受托责任论	对两权分离形成的受托责任经济监督的需要	受托经济责任关系是审计产生的客观基础
信息理论	审计产生的动因源自于减少信息不对称的需要	审计具有信号传递和信息鉴证的功能
保险理论	审计是企业降低风险的需要	信息风险可以转嫁，审计可以分担风险
代理理论	审计的产生是为了减少所有者、代理者和债权人的代理成本	审计能促进代理人与委托人利益最大化
冲突理论	审计的动因是基于防范和减少利害冲突的需要	冲突无所不在，审计服务独立且客观

资料来源：刘明辉. 高级审计理论与实务. 东北财经大学出版社，2006.

从上表可以看出，几种审计动因理论在一定程度上反映了独立审计产生的原因，具有一定的合理性。但它们大多只从某一角度分析审计的产生，本身又具有一定的局限性，我们将逐一对这些理论的局限性进行阐述。

（1）受托责任论

受托经济责任理论在我国的审计理论界是主流理论。在研究审计的产生、发展、基本概念等过程中，该理论起到主导作用。但是，该理论在指导审计制度的建立与完善方面所发挥的作用并不理想。首先，受托责任论其立论的视角是基于委托方强调审计对受托责任的监督，站在委托方利益保护的立场，只讲代理人对委托人的服从关系，不讲相互的平等关系，审计的独立性是相对的，这难以解释现实生活中审计独立于代理方仍旧存在审计失败这一现象。难以回答：外部审计在上市公司大股东对中小股东利益掏空行为中是否应承担一定责任这一现实问题。特别是在中国"一股独大"相当严重的情况下，审计制度的设计就无法从"受托经济责任论"中找到依据。也难以解释：经济上依赖于委托人与代理人的审计者在制度上被要求独立于他们，机制上的缺陷导致审计者实质上的不独立这一审计悖论的产生。

其次，该理论无法解释没有明确的委托人和受托人的情况下审计存在的合理性和必然性；无法准确、全面地解释审计职能的发展以及审计的社会作用，无法对现代审计阶段所表现的某些现象作出解释，如债权人、政府（履行行政管理职能，而不是作为所有者）和潜在投资者对审计的需求，因为债权人、政府和潜在投资者也是审计信息的使用者，而他们并没有与企业经营者之间形成受托责任关系，可见，受托责任论虽然已得到了大多数人的认可，但仍是不完善的。

因此，受托经济责任只是审计产生的前提，并不能说明审计产生的必然性。

（2）信息理论

信息论的主要立论观点是信息不对称的存在，为了减少信息不对称，审计便应运而生了。但解决信息不对称的手段、方法或措施很多，审计不是惟一的，还有许多其他手段、方法或措施，如证券监管部门的监管。同时，我们也认为信息不对称只是审计产生的一个前提条件，信息不对称对企业的影响最终依赖于企业的本质。因此，信息理论阐释更多的是强调审计的功能而非审计的动因。

（3）保险理论

尽管保险理论为解释20世纪的审计诉讼"爆炸"现象提供了理论依据，但与信息理论相同的是，信息风险存在的本原是企业这一社会装置自身的"漏洞"所致，信息风险只是审计产生的诱因之一。首先，它同样无法解释法定审计的存在；其次，既然保险理论认为审计费用是风险基金，那么如何解释企业风险和责任并不完全由注册会计师承担的事实？同样它难以解释潜在投资者对审计后信息的利用并未支付"保险费"，却成为"受益人"这一现象。此外，由于审计市场同样可能存在客户的"逆向选择"，即由于审计质量信息的不对称，客户可能会选择审计收费便宜，但同样作为风险保险装置的审计师（其质量往往较低）。如果这样，柠檬市场效用将高质量审计师驱逐出审计市场，而低质量审计师则也会因为风险承担被监管机构强制退出市场，这样本应使审计不复存在，但现实中审计活动却仍在发展这一事实，保险理论难以作出解释。

因此，保险理论把审计费用作为损失转移，把审计视为一种保险行为。这仅仅是从现象上来探讨审计，没有从审计产生的本质上对审计进行研究。保险理论并不是探索审计产生的理论。

（4）代理理论

代理理论的前提是企业要素投资者（包含人力资本投资者即管理者与物力资

本投资者即股东和债权人）对契约控制权和索取权是事前规定好的，管理者按照报酬契约获取收入并拥有企业经营权，由于信息不对称和目标函数的不同，物力资本投资者就运用审计这一控制器对代理者提供的反映自身履约情况的财务报表进行监督，其本质在于减低代理成本，促进代理者与委托者二者利益的最大化。但现实中由于未来的不确定性、缔约人的有限理性、信息的非对称性、（缔约）成本的限制以及第三方难以证实性，契约无法准确描述与交易相关的所有事前规定各种可能出现的状态以及每种状态下的缔约各方的权利和责任，使契约成为留有"漏洞"是的不完备契约。这也使得基于完备契约代理理论视角下的审计理论无法解释：如果审计是减少代理成本的装置，为何审计信息会在公共领域使用？无法解释要求企业接受审计需要强制进行这一现实，而若一旦不强制进行审计，则公司就会经常高报资产和收益；无法解释代理理论认为审计促进股东和企业管理人员的利益最大化与审计人员面临的"诉讼爆炸"和"深口袋理论"的经济现象是相互矛盾这一现实。

因此，"尽管代理理论作为一个有用的经济理论解释了审计的发展……但并不能更完整的解释更多的现代审计现象"（审计质量论坛，2007）[1]。

（5）冲突理论

冲突理论认为审计存在的原因是人与人的利害冲突，审计是协调冲突的活动。其局限性表现为：利害冲突虽然无处不在，而审计只是解决其的方法之一；若审计能协调利害冲突，审计失败因何而产生？它同样难以解释审计降低股东和企业管理人员的利益冲突与审计人员面临的"诉讼爆炸"和"深口袋理论"的经济现象相互矛盾这一现实。

传统的审计动因理论为审计制度安排及其效率影响提供了一定的理论依据。但如吴联生对审计"受托责任论"的评价，传统的审计动因理论关注的是审计制度安排局部关系，而非审计制度安排的整个关系网络，因此也就"审计中某些关键性问题没有作出明确解释，或根本没有作出解释。"[2] 正是基于此，本书试图结合契约经济学和审计基本理论，从企业的契约本质为逻辑起点，探索审计的契约本质以及审计契约的主要功能，从审计契约的缔约与履约过程分析影响审计质量的内生性原因。

---

① 由于代理理论属于契约理论的内容，因此本书将在第 2 章对其展开较深入的研究。
② 吴联生. 利益协调与审计制度安排 [J]. 审计研究，2003，(2)：16～21.

1.2　国内外研究现状

1.2.1　国外研究现状

审计本身就是一种契约行为，从 1720 年"南海公司"案这一最早独立审计的出现，到 19 世纪 40 年代英国发布的《公司条款联合法案》对铁路公司应任命股东担任审计人员的明确独立审计要求，尽管由于历史原因，人们很难找到当时可能存在的审计契约资料，但是一旦存在事实上的审计活动，审计契约总是客观存在的，哪怕只是所谓"君子协议"。最早将契约理论应用于会计研究的学者是西班牙杰出的数学家、法学家基耶戈杰里·卡斯基洛（1552），卡斯基洛认为，会计核算的对象是契约，核算的目的是反映契约双方的法律权利和要求，会计人员登记的首先是契约要求的供货量，然后是契约的实际履行情况。同时他还认为，资产负债表包括了所有契约参与者，并反映契约产生的权利和要求的数额。卡斯基洛开创了用契约理论解释会计问题之理论先河。正如科斯所言"当代制度经济学是经济学本来就应该是的那种经济学"。作为制度经济学的重要分支，现代契约理论被广泛应用于微观经济现象与宏观经济现象的分析。近年来，契约理论在审计研究中得到了广泛的运用，尤其是独立审计研究方面。

外部独立审计是企业系列契约中的一个组成部分，是依企业经济活动或者经济制度的需要而安排的结果，它最开始是源于两权分离而产生的信息不对称及代理问题，其本身也是一种制度安排，其目的是通过对会计信息的鉴证来减少交易效率低下造成的社会福利损失，减少由于信息不对称而产生的机会主义行为（Menon & Williams, 1994）。Jenson 和 Meckling（1976）在其《企业理论：管理者行为，代理成本和所有权结构》一文中首次明确地运用代理理论这一现代完备契约理论解释独立审计在企业契约中的功能：我们的理论将帮助解释以下问题：为什么会计报表要自愿呈给债权人和股东？管理者又为什么需要独立审计来证明这些报表的正式性和准确性？他们认为信息不对称、不确定性以及交易费用是企业契约代理成本产生的根源，独立审计作为一种外部控制与约束机制将有益于降低代理成本，"财务报表与审计的出现，是为了减少业主、股东和债权人的契约代理成本"①。Jenson 和 Clifford（1985）后续对企业契约中的不同代理冲突及其约束控制设计进行了深入研究，他们同样也分析了独立审计作为市场控制与约束机制对不同代理冲突的抑制功能。Watts 和 Zimmerman 在其《实证会计理论》一书中研究了契约理论在审计中的应用，他认为：会计和审计都是产权结构变化的产物，是为监督企业契约签订和执行而产生的。会计的存在是因其能降低企业的代理成本，但除非这些会计契约的条款得到了实施，否则，会计契约还是无法起到降低代理成本的作用，外部职业审计便在此时应运而生。外部审计不仅需要验证契约条款所使用的数据是否符合公认会计计算程序，而且还需要验证契约条款是否存在被违反现象，以保证会计契约的施行。Ball 基于科斯的观点指出，企业具有降低契约成本的经济功能，因此其替代了市场。但与市场具有价格机制不同的是，企业内交易与活动无法提供市场价格，因此就需要会计这一具有专家功能的装置提供用于企业契约行为决策的信息（以便其建立类似价格），由于在完备契约中，会计计算过程的正确会计技术无法事前确定，就需要审计这一具有专家调整功能的装置。Ball 认为在完备契约中审计的功能具体包括：作为会计的调整装置和评价管理者提供的会计工作；审计观察明示变量的实现情况；决定事后的会计技术安排；在最后对契约各方财富进行分配中，审计将缔约各方视为一体，提供其公允判断。之后，夏恩·桑德（Shyam Sunder）在其《会计与控制理论》一书中明确提出"审计契约"，并认为审计契约是企业契约的子契约之一，并将会计与审计置身于企业契约网络之中，研究了它们在企业契约网络中的作用。作为纯粹的会计和审计学者，桑德研究的逻辑起点与 Jenson 和 Meckling（1976）的研究一致，都是从企业契约网络中的冲突中探寻独立审计的地位与功能。但他的研究更专注于会计契约和审计契约如何在企业契约中发挥其功能。桑德认为会计和审计有助于企业契约的运行，但会计与审计有着本质的区别。会计在企业契约履行中承担着五方面的职能：计量企业资源集合的投入；确定并支付约定的利益；把其他主体的履约义务的实施以及获得约定利益的情况告知相应缔约主体；帮助维持缔约地位和充分流动的要素市场，以保证企业的持续存在；提供真实的信息以便协商和拟订契约。审计在制定、运作和执行企业契约方面扮演重要的角色，桑德定位于通过对会计系统的验证和监管降低代理成本，以增加组织"资源饼"的规模。"资源饼"是指企业契约缔约主体在信息不对称情况下产

---

① Jensen Michael C., William H. Meckling. Theory of the firm: managerial behavior, agency costs and ownership structure [J]. Journal of Financial Economics, 1976.

生的"最优解",桑德认为独立审计能降低代理成本,使契约各方在信息不对称前提下其"最优解"扩大。道格拉斯·R·卡迈克尔(Douglas R. Carmichael,1996)等人所著的《审计概念与方法——现行理论与实务指南》在分析审计的法律责任时指出:审计关系取决于审计契约,尽管审计契约对审计师行为与责任描述少,但其作为一般契约与某些法律条文有关,若在法律条文中对审计师合理技能以及隐含的执业职责进行了规定,一旦审计师违约,客户就可以起诉注册会计师。此处涉及的审计契约主要指审计业务约定书,是狭义审计契约的书面载体。此外,部分研究者还将契约理论运用于预测哪些企业将在法律不要求审计时自愿聘请职业注册会计师等审计研究领域。

实证方面,研究者沿袭 Jenson 和 Meckling(1976)关于企业契约冲突对独立审计需求的理论逻辑,大都从契约冲突对审计师选择行为的影响展开研究。股权契约与债务契约是企业的核心财务契约,由于国外上市公司一般股权相对分散,其契约冲突主要表现为管理者与股东的契约冲突,研究者大都研究了此类契约冲突对审计师选择行为的影响。Simunic 和 Stein(1987)研究 IPO 公司管理层持股比例与审计师选择的相关性,其结果证明此类契约冲突越严重,越需要与高质量审计师缔约。Francis 和 Wilson 运用 1975~1987 年美国资本市场上市公司的相关数据分析了代理成本及其审计师需求的关系,其结果显示在控制成长性和客户规模变量后,发现代理成本越高、契约冲突越严重的企业越愿意与高声誉审计师缔约。Lennox(2003)对 2000 年的英国上市公司进行实证,研究发现股权契约冲突(管理层持股比例为替代变量)与审计契约效率(主要表现为外部审计质量)之间呈非线性关系。但对此其他研究者的实证结果并不一致,更多的研究却发现管理层持股比例、管理层奖金激励制度等与外部审计需求之间并不存在显著负相关关系(Chow,1982;Palmrose,1984;Eichenseher & Shield,1989;Francis & Wilson,1988)。Chow(1982)运用代理理论验证公司特征与审计需求时发现,财务杠杆和会计基础债务契约的数量与企业审计需求正相关;Palmrose(1984)、Eichenseher 和 Shields(1986)、Johnson 和 Lys 等(1990)的研究也发现,公司的负债水平与审计师选择之间存在正相关。但 Simunic 和 Stein(1987)的研究却表明企业负债水平与选择"八大"事务所负相关。

此外,部分研究者研究了公司治理机制对审计师选择与缔约行为的影响。DeZoort 等(2002)研究发现,具有独立董事经验和审计专业能力的审计委员会委员在管理层和外部审计师冲突中倾向于支持外部审计师,而具有董事和高级经理经验的委员倾向于支持管理层。Pincus 等(1989)研究发现,规模较大、财务杠杆水平较高、选择"八大"事务所、管理层持股比例较低以及外部董事比例较高的公司更可能成立审计委员会。

1.2.2　国内相关文献回顾

国内较早将会计、审计与契约联系起来的研究者是谢德仁，其在《企业剩余索取权：分享安排与剩余计量》一书中，认为剩余计量规则权合约安排是企业剩余索取权合约安排的主要内容，并对剩余计量规则权的具体合约安排进行了研究，指出注册会计师监督经营者遵循会计准则和适当行使剩余的会计规则制定权的合约安排……我们把上述合约安排成为财务会计，它包含了注册会计师进行的外部审计。并在后文中进一步指出应对注册会计师的选聘权与定价权进行合约安排。尽管谢文中对独立审计在企业契约剩余分享中的功能进行了阐述，但并没有深入系统的对审计在剩余的会计规则制定权的合约安排中的监督功能内容及其影响因素展开研究。雷光勇探讨了企业契约运行中的审计功能，他认为，审计作为增进企业价值的主要制度安排之一，其功能应该随着企业契约机制运行所需会计信息的变化而加以拓展，不应仅局限于企业契约缔结后的履行机制维持上，而应向企业契约缔结前的相关环节扩展，延伸至企业契约耦合体成立之初的维护投资合作秩序的功能上。现代审计制度安排在企业契约机制运行中的具体作用机理，主要表现为：对构成投资合作秩序的各种影响因素进行鉴定与评估；对企业契约机制运行中的各种违约行为，通过执行商定审计程序等加以有效辨识与控制；对利益分配过程进行动态监控，有效保护企业契约参与者权益所得的公允性。陈世龙、宋伟亚认为独立审计的功能是对会计契约履约情况的反映。

审计契约研究方面，大多数研究者对审计契约的缔约目的进行了研究。冯均科认为，审计契约的动因是社会"职能缺位"。由于社会分工与私有制，就产生了对社会系统各有机体协调运转的制度的需求，由于社会系统自身"职能缺位"，就产生了对审计契约的内在需要。雷光勇在其博士论文《会计契约论》中认为，企业视作一个契约的耦合体，审计契约是其中的子契约。审计师提供审计与咨询服务作为企业契约耦合体的要素贡献，与企业缔结审计契约，其目的是获取审计公费，并指出，尽管审计契约使用了会计数据，但由于其使用的会计方法与会计程序不具有典型性，所以一般不将其视为会计契约对待。该文尽管对审计契约的缔结目的与性质进行了阐述，但主要是出于对会计契约边界界定的需要，因此并没对审计契约展开研究。车呈宣认为，审计是一种监控契约关系下受托经济责任履行的最本质手段，客观上具备了实现治理功效的能力。审计契约本身是一种为治理实现而生的特殊契约。黄少波认为，独立审计实质上是股份公司委托人和代理人（董事会和总经理）、受托人（会计师事务所）和注册会计师协会之间一组契约的集合。审计委托人（董事会）与受托人（会计师事务所）之间契约的核心是降低代理成本；受托人（会计师事务所）与注册会计师协会之间契约的核心是信誉权制。刘国常、赵兴楣、杨小锋等人认为，审计契约的本质是不同利益主体对这种协调机制进行集体选择的结果。

部分研究者对审计契约关系以及对审计失败的影响进行了研究。王建玲（2004）对审计契约委托人进行了专门的研究，文章认为，资产的所有者是审计契约的委托方，并进一步分析了我国资本市场审计委托人错位产生的原因，指出由于我国绝大多数的上市公司都是由国有企业转制而成，政府作为国有企业所有权的代表，在理论上行使着大股东的权利，现实中大股东往往缺位，从而导致财产契约有效性缺失，造成审计委托人错位。对此她提出了由证券交易所来担任审计契约委托人的建议。与黄晓波侧重研究审计契约关系一样，冯均科在其博士论文《审计关系契约论》中重点研究了审计关系的"契约链"，包括奠基性契约、主体性契约以及辅助性契约，其中，由审计委托人与被审计人共同签订的契约是审计契约关系的初始环节和基础，该契约中的管理委托代理关系决定了其他契约的内容和标准，是审计契约的"奠基性契约"；审计师与审计委托人之间的契约构成审计契约关系的中间主体环节，是"主体性契约"；审计师与被审计人等与财务报表存在经济利益关系的其他利益集团之间形成的一系列契约构成了审计契约关系的辅助环节，是"辅助性契约"。该论文还研究了不同契约链间的契约关系，认为审计委托人是契约链的核心人物。在不同国家，审计契约缔结者的义务与权利存在差异，在我国由于现行审计契约制度所创设的审计关系存在角色错位、责任界定中的"自利"心态使然，审计目标被虚置，从而导致审计制度安排的失效。该论文进一步研究了对我国审计契约制度的改革举措：改革审计关系人制度；通过权利与义务框架的优化，完善现行审计契约；加强审计缔约过程与履约过程的全程监控等。该文系统地对审计契约关系及其关系人权责进行了论述，重点分析了我国审计契约关系错位对审计制度安排效率的影响。洪敏和林钟高（2008）以契约理论为理论基础，借鉴冯均科对审计契约的分类方式，对审计失败进行了研究，他们认为审计关系是一组契约的集合，分为初始性契约、主体性契约和辅助性契约三大环节，并进一步从三大契约环节中探寻审计失败的原因，认为公司治理缺陷是审计契约初始契约环节失败的原因；独立性缺失是主体契约失败的根源；审计师监管乏力是辅助性契约失败的根源。上述研究者对审计契约的研究侧重的是对审计契约关系，由于其"对于审计契约的理解仅仅局限于审计者与某一特定利益主体所签订的正式契约上，而忽略了审计者与其他利益主体之间存在的非正式契约安排"。① 刘国常、赵兴楣、杨小锋等人从内部与外部两个层面对审计契约的范围进行了解构：从内部看，审计契约是审计组织（主要是会计师事务所的合伙人之间以及合伙人与雇员之间）关于要素投入的契约安排；从外部看，审计契约是审计者与人格化主体（股东、债权人、经营者等）的正式契约，以及审计者与非人格化利益主体（小股东、潜在投资者以及其他会计信息使用者）的非正式契约的契约组合。应该说，这一界定是对其他研究的审计契约关系范围的拓展，与黄少波研究的审计契约关系相比，其将契约关系扩展至会计师事务所内部的契约关系，并将审计委托人范围扩大至所有的利益相关者；与冯均科的研究相比，冯文认为"审计信息的所有使用者都具有充当审计委托人的期望，但真正充当审计委托人的人应当是对被审计人拥有控制权力的人，这个人实际上应当是股东"。且其审计关系契约只涉及审计委托人、审计人以及被审人三方的合约安排，并没有将注册会计师事务所内部的契约关系纳入研究范畴。因此，从审计契约关系的外延来看，后者涉及更广。刘国常等人认为，正是由于传统审计理论和审计制度安排在委托代理框架下，忽视了审计者与不特定利益相关人之间的非正式契约安排，审计行为成为单方选择的结果。基于此，他们研究了审计契约关系与审计独立性的相关性，指出，正式契约和非正式契约提供了关于审计者独立性的制度安排，正式契约决定了审计者不可能超然独立于特定的相对人；非正式契约为审计独立性在制度安排上提供了一种救济。

审计契约关系错位或扭曲的真实原因是什么？是制度背景差异还是审计契约自身的局限性使然，随着不完备契约理论在我国经济学界的传播，部分研究者将契约不完备与审计失败联系起来。冯均科在其博士论文《审计关系契约》中指出，因"语言上的限制、解决契约纠纷的成本疏忽过高、喜欢合作的倾向"等原因，审计契约属于不完全契约。审计契约的"不完全"与股东控告注册会计师案例有关，但文章认为：①由于审计成本的约束以及沟通上的方便，再度审计成为理性的审计委托人的自然选择，多次的委托代理关系中，声誉的力量可以增加默契，减少歧义，能够促使交易伙伴按照初始合同的安排完成交易，以维持审计契约的履行。②由于审计契约缺乏像工业产品一样明晰的技术标准以及严密的事后

---

① 刘国常、赵兴楣、杨小锋. 审计的契约安排与独立性的互动机制 [J]. 会计研究, 2007, 9.

检验手段，当审计委托人预期将来的契约纠纷不可能作出对自己有利的裁决时，在大多数情况下，他会作出主动放弃诉讼的选择。③由于治理结构不合理，审计委托人与被审计人有合并倾向，审计委托人事实上的缺位，增加了"购买审计意见"的可能，但意见的合并使名义上的审计委托人与审计人之间很少发生纠纷。基于上述原因，文章指出，与不完备的商业契约比较，审计契约间的缔约纠纷并不常见。也正因为如此，文章在简单论述了契约不完备对审计契约委托人与审计人的有利与不利影响后，将研究的视角转向不同制度背景下被审人、审计人与委托人三者间审计契约关系对审计制度安排影响的研究，并没有再对审计契约不完备的有关内容进行阐释。潘琰和辛清泉首次运用不完全契约理论中的"敲竹杠"模型，对审计合约影响审计质量的过程机理进行分析，认为当审计师预期到客户的"敲竹杠"行为时，其期初专用性投资将不足，会影响到审计师的职业技术能力，从而降低审计质量；同时客户的"敲竹杠"行为也会降低审计师的独立性，影响审计质量。他们还对我国审计市场的审计质量低下原因进行了剖析，认为公司治理机制不健全、相关法律法规不到位等因素严重扭曲了注册会计师与客户的权利义务分布关系，影响了审计合约的签订及有效执行，导致了低劣的审计服务质量。陈波认为，审计质量的不确定性是审计契约不完备性产生的原因，这种不完备性和注册会计师的机会主义倾向的存在，使得提供高质量审计服务成为不可信的承诺，也可能造成审计师专用性人力资本投资，审计合约面临履约困境。对此，他指出市场和法律提供了基本的履约机制，但由于声誉机制的脆弱性以及法庭裁决的不完备性，政府管制具有必要性。

实证方面，陈世龙和宋伟亚对我国独立审计能否对上市公司会计契约履约情况反映进行了实证，其结果显示：我国的注册会计师部分地承担了"经济警察"的功能，审计只能部分地反映企业会计契约履行情况。当企业的赢利能力不佳时，企业经营者如果违背会计契约披露虚假会计信息，注册会计师能够出具非标准审计意见，披露企业违背会计契约的情况。但若从企业偿债能力的角度考虑，注册会计师并不能披露企业因偿债能力问题违背会计契约的情况。对此他们认为是由我国特有的制度背景造成的。王艳艳等（2006），孙铮、曹宇（2004），曾颖和叶康涛（2005），娄权（2006），周中胜、陈汉文（2006），李明辉（2006）等人对我国上市公司股权契约与审计师选择之间的相关性进行了实证。由于我国上市公司多为国有企业改制而成，股权结构通常是"国有股一股独大"，所以我国的代理问题主要是大股东与外部中小投资者的冲突。曾颖和叶康涛（2005）考察了大股东持股比例、负债与企业外部审计需求之间的关系，发现为了较低代理成本，代理冲突越严重的公司（Tobin Q 值越低）越有可能聘请高质量外部审计师。且第一大股东持股比例与外部审计需求成倒"U"型曲线关系。王艳艳等（2006）检验转型经济下高质量审计需求与企业代理冲突、公司治理机制之间的关系后得出：代理冲突严重的企业为了吸引潜在的投资者有动机选择高质量审计，且高质量审计需求与企业的股权集中度之间呈正相关关系；我国高质量审计确实能有效制约企业的机会主义行为，降低代理成本。孙铮和曹宇（2004）针对我国股权结构中境内法人股比重较大、有一定外资股等特征，检验了我国上市公司股权结构对上市公司管理人员选择注册会计师策略的影响，其结果表明：国有股、法人股及境内个人股股东促进上市公司选择高质量审计的动力较小；境外法人股及境外个人股股东为了维护自身的利益促使上市公司管理人员去选择高质量的注册会计师。但娄权（2006），周中胜、陈汉文（2006），李明辉（2006）等人的研究却并不支持股权契约冲突与审计质量正相关的观点。周中胜、陈汉文（2006）研究表明大股东对上市公司利益侵占的同时为了保配股等市场维护目的，其持股比例越大、资金占用越严重，公司越没有高质量的审计需求。李明辉（2006）发现，IPO 公司规模与是否选择大事务所进行审计有显著正向关系，管理层持股比例与是否选择大事务所审计则呈倒"U"型关系，没有发现财务杠杆、第一大股东持股比例与审计师选择存在显著关系的证据。对此，娄权解释为大股东不喜欢被严格地监督；周中胜、陈汉文从成本—收益角度分析目前中国资本市场选择高质量审计的收益还很有限，但其可能成本比较高，因而大股东资金占用越严重的公司，越没有动机聘请高质量的审计事务所。债务契约与审计需求的相关性方面，曾颖、叶康涛（2005），周中胜、陈汉文（2006）的研究检验出企业负债水平与审计需求呈显著负相关，即企业负债水平越高，企业越不愿与高质量审计师缔约。其他人的实证结果却表明企业负债水平与审计需求的相关性并不显著。陈金勇（2007）对债务契约与企业外部审计需求关系进行实证研究，从债务契约期限、债务契约类型、以及契约金额、债务契约缔结次数等六方面相对全面地研究了二者的相关性，其研究表明，债务契约金额、次数、类型以及期限与外部审计需求无明显相关性，债务契约的限制性条款中债务率、有形资产净值与审计师选择显著正相关，但可抵押性与审计师选择无明显关系。从总体上看，债务契约与审计需求相关性在我国上市公司的实证结果与国外实证结论不一。对此，我国研究者从两方面进行了解释：其一，债务契约中固定性条款（固定期限、固定偿付金额）加强了债权人对管理者以及股东的行为约束，因此，债务契约可能作为替代治理机制弱化企业股东审计契约缔结动机；其二，与国外上市公司相比，我国债券市场相对不发达，企业负债主要是银行信贷方式。由于我国大部分的上市公司是国有控股的，而对国有企业债权人来说存在信用廉价与预算软约束的问题。企业也就没有动力通过聘请高质量的审计师来缓解信息的不对称，从而减少代理冲突，也即债权的公司治理效应在我国目前的市场环境下还未有效地发挥作用。

审计契约是一种为治理实现而产生的特殊契约，公司的其他治理安排也将对其治理功能产生影响，审计质量的高低决定审计契约的效率。对此国内的研究者研究了公司治理机制与审计关系、审计质量的相关性。董事会是公司治理的一个重要组成部分，其独立性和效能发挥状况直接影响公司治理的质量。独立董事制度是董事会独立性的保障机制之一。中国证监会于2001年颁布了《关于在上市公司建立独立董事制度的指导意见》，独立董事开始进入上市公司董事会。朱星文（2005）从传统审计委托模式形式上和实质上的周延性中推论出现行审计委托模式的缺陷，并认为由独立董事为主的审计委员会代位行使审计委托权的模式中，独立董事出于自身规避诉讼风险及法律责任，维护声誉和经济利益，必然选择高质量的审计服务。方军雄等（2004）设立是否聘请独立董事、独立董事比重和董事长是否兼任总经理三个指标运用 Logistic 回归模型检验董事会独立性对审计质量的影响，其结果显示，上市公司董事会的独立状况可能对审计意见的出具产生影响，独立程度越高，注册会计师在面临高风险时如实出具"非标"意见的可能性越大，审计质量也越高。陈小林（2006）以2000年自愿设立外部董事的156家公司及其控制样本公司为研究对象，检验了外部董事的设立与审计意见之间的关系，发现有外部董事的公司更可能收到标准无保留的审计意见，且审计意见反映了公司盈余管理程度，从审计意见类型及其信号反映效果可以看出我国上市公司外部董事的设立对审计质量的提高具有显著效果。

自1998年起，中国证监会要求上市公司在单独列示的"监事会报告"部分对会计师事务所出具的有保留意见或解释性说明的审计报告所涉及事项发表独立意见，并明确说明财务报告是否真实反映公司的财务状况和经营成果。证监会的这一规定加强了监事会的内部监控职能，同时也将其监督对象延伸到独立审计这一外部治理领域。李爽和吴溪（2003）在对监事会在我国公司治理中的作用的研究中，通过描述性分析1998～2001年四年间被注册会计师出具保留意见审计报告的公司监事会对注册会计师审计意见的反应态度，发现监事会更倾向于支持董事会和公司会计报表，而不是注册会计师的保留意见，这意味着监事会对高质量独立审计的消极态度，其经验证据并未发现监事会在对外部审计质量支持方面发挥预期作用。

审计委员会通过行使其对公司会计、审计事务的监督职权嵌入公司的治理体系中。国内外研究者基于代理理论研究了审计委员会的设置动因。从审计师的整个决策过程看，审计委员会参与了独立审计师审计范围的整个协调过程：基于经济利益、声誉影响以及法律责任，独立和积极的审计委员会可能会规劝管理当局选择高质量的审计师；有效的审计委员会保护审计师免于被解雇，且在选择继任审计师时能选择更高质量的审计师；在审计范围的选择和审计意见的出具方面审计委员会也会发挥重要的作用。我国上市公司董事会结构与会计师事务所解聘行为关系研究中，李弢和薛祖云发现：相对于解聘事务所的公司而言，未发生解聘的上市公司则更多地在董事会中设置了审计委员会，表明审计委员会的设立，增强了事务所抵抗上市公司"胁迫"的能力，降低了上市公司解聘会计师事务所的概率。费爱华运用 logistic 回归模型检验出我国上市公司审计委员会对非标准审计意见的出具存在显著影响，但变量的系数符号与预期相反，作者将其归因于我国上市公司审计委员会设立时间不长，机制不健全。王跃堂和涂建明以审计意见和事务所变更为反应变量，对审计委员会治理有效性进行了实证研究，其结论并不支持设立审计委员会和会计师事务所变更之间存在相关性。吴水澎和庄莹在控制了设立审计委员会的自选择问题后的研究发现，设立审计委员会的公司比假设不设立的情况更倾向于选择"四大"会计师事务所，偏好高质量的审计需求，其结果间接验证了审计委员会的有效性；同时，也发现没有设立审计委员会的公司比设立审计委员会的公司更可能聘请"四大"会计师事务所。对此，作者解释为：本身没有设立审计委员会的上市公司需要通过高质量的审计来降低代理成本；并向市场传达其经过"四大"会计师事务所审计的信息质量具有可靠性的信号。李补喜和王平心检验了审计委员会设置与审计费用之间的相关性，发现：在设立审计委员会的样本和未设立审计委员会的样本之间，董事会的规模和独立性、独立董事规模和报酬存在显著差异；且这些变量及独立董事规模、审计任期与审计费用率的相关性不同。其结果表明，审计委员会在加强独立董事责任和董事会、外部审计师独立性的同时，也改善了公司内部控制系统，但整体上并不影响审计任期。

总体来看，目前国内外对审计契约的研究，存在如下不足：西方学者关于契约理论与审计研究结合的一个显著特点是注重模型的运用与定量分析，建立了静态多代理人道德风险模型、动态单代理人道德风险模型、动态多代理人道德风险模型，并得出审计合谋中管理当局愿意支付的最大好处额、审计师愿意接受的最低好处额等一系列量化指标，其研究成果大多还停留在对个别事实的解释上，尚未形成一套严密、完整的理论体系。国内方面，尽管部分学者对审计契约进行了相对系统的理论研究，但现有研究存在以下局限：①侧重从审计契约关系出发研究审计质量问题，却忽视了影响审计契约关系的终极根源，即审计契约自身不完备对审计的契约功能的影响。②侧重从静态视角研究审计契约关系对审计质量的影响，却忽视了审计契约缔结到履行这一动态过程对审计契约效率的影响。③侧重对审计契约关系现状与影响研究，缺乏对审计契约的基础理论研究，此外，尽管有研究对审计契约的不完备性进行了阐述，但其仍建立在代理理论这一完备契约理论之上，逻辑上的错位易造成研究上的混乱。因此，其研究局限于对审计契约某一部分的局部研究，缺乏系统运用契约理论对审计契约的功能与缔结目的；审计契约属性；审计契约关系；审计契约缔结与履约行为；审计契约效率以及其治理等的全面研究。④实证研究方面，现有文献将企业契约冲突、审计契约缔结权配置与审计契约的缔结往往分割开来进行局部研究，其可能的局限有：不同的企业契约冲突会有不同的审计契约缔结动机，但审计契约缔结权配置将最终决定企业与何种审计师缔约，已有研究是基于股东享有审计契约缔结权的情况下，来验证审计契约缔结动机的决定因素与审计契约缔结之间的相关性，其理论前提是企业中的股东能实现审计契约缔结权的控制，现实中审计契约缔结权存在名义缔约权与真实缔约权之分。股东是否能真正享有缔约权受所有权配置的影响，其主要表现为不同所有权结构下企业契约缔约主体间的制衡作用，如股权分散与股权集中情况下，股东与管理者、股东内部间的权利制衡强弱存在差异，自然会对其产生影响。

　　基于上述分析，本书将以不完备契约理论为基础，结合现代审计理论以及系统论等管理理论，对不完备审计契约的缔结、履约机制以及审计契约效率的影响因素进行全面系统的研究，最终提出对不完备审计契约的治理策略。

1.3　研究思路、研究内容与研究方法

1.3.1　本书的研究思路

　　如前所言，审计产生于契约，且审计契约本身也是企业契约耦合体中的子契

约，审计契约因何而缔结，其缔结机制是什么？审计契约在企业契约耦合体中的功能是什么？其具备哪些属性？审计契约不完备产生的根源与经济后果又是哪些？不完备审计契约的履约机制有哪些，不完备审计契约的契约效率受哪些因素的影响，如何对其治理？对此的系统研究鲜有文献涉及。国内外现行的相关文献大多从审计契约关系的静态视角、审计契约的制度背景等研究独立审计契约，但按照系统论的观点，系统功能的发挥既有受环境变化制约的一方面，又要受内部结构制约和决定的一面，而系统结构是指诸要素相互联系和作用的内部秩序。因此，审计契约既受外部审计缔约环境的影响，又受审计契约系统内部供需双方共同作用的影响。单一的研究某一方面因素的影响是片面的和有偏差的。同时，从审计契约缔结的动因出发研究审计契约效率是审计契约研究的逻辑起点，也是独立审计理论研究范式上的革命。尽管现行审计动因理论视角多维，立论不一，却各有其局限性，这也就说明传统的审计理论体系在解释独立审计契约效率的影响机理方面存在内在的缺陷。

按照科斯的观点，企业是一组契约的联结。审计是企业契约网络中的一种社会装置，从实质上讲，审计本身也是一种契约。本书正是基于契约经济学对企业性质解读的基础上，将审计置身于企业契约网络中来系统研究其产生的动因，由于契约大多是不完备的，审计契约本身的不完备性将对审计契约效率产生影响，因此我们试图从审计契约的缔结与履约这一动态过程探索审计契约效率的影响机理。这也是本书研究的主要切入点和研究思路。

1.3.2 研究内容

本书共分为八章，各章具体内容安排如下：

第1章，导论。本章将阐述论题的研究背景与研究意义，并对国内外审计契约研究的相关文献进行系统的梳理，提出本书的研究思路、研究框架和研究方法。

第2章，审计的契约本质：基于完备契约与不完备契约的理论比较。本章首先对企业的契约本质进行了阐述，接着对现有的企业契约理论的发展脉络进行了详细的梳理；其次论述了完备契约理论视角下的审计观，重点阐述了代理理论中审计的功能，并对其展开了批判；本章的重点是提出了不完备契约理论的审计观，指出审计的功能是对企业契约缔约各方的产权及其变动信息的界定，其本质是确定缔约各方是否"公平"的装置。本章的最后对完备契约理论下的审计观与不完备审计契约理论下的审计观进行了对比分析，指出了两种理论的差异。基于不完备契约理论下的审计观是以动态视角分析审计在企业契约从缔结到履约中的功能，这一观点是第 3 章的理论基础，也是全书的基础观点。

第 3 章，审计契约及其不完备性。本章和第 2 章是本书的理论基础。首先提出了审计契约的概念接着从审计契约缔结方构成、缔约目的、缔约的原则以及审计契约缔结的核心对审计契约的科学内涵进行了全面的诠释；其次对企业契约耦合体的耦合机理进行了论述，并明确界定了企业契约网络中的子契约：会计契约、审计契约的关系。本部分重点论述企业契约中审计契约的功能与作用，勾勒了审计契约在企业契约耦合体中的运行图。在对审计契约的内涵以及在企业契约耦合体中的功能等进行阐述后，本章进一步对审计契约的属性展开论述，指出审计契约是一组显性契约与隐性契约、正式契约与非正式契约的组合，并重点提出审计契约不完备的契约特性。本章的最后重点论述了审计契约的不完备性，首先对审计契约不完备产生的原因进行了分析，指出审计契约不完备包括：内生与外生不完备原因以及契约绩效的不可验证性产生的不完备原因。

第 4 章，不完备审计契约的缔结机制研究。契约的缔结是契约运行的基础与前提。本章对不完备审计契约的缔结机制展开研究，从审计契约缔约权与剩余索取权的内在关系着手，研究企业审计契约缔约权的配置本身是企业契约各方对剩余索取权博弈的一种表现和结果，由谁来决定聘请和签约审计师，将决定审计契约的目的与后续的契约履行。首先研究了企业契约主体对剩余争夺中审计契约缔结的需求，由于所有权配置中存在剩余控制权与索取权，因此总存在对剩余控制权与剩余索取权的争夺，会计契约在剩余争夺中起到对剩余与分配计量的作用，会计契约本身的不完备，就需要有相应的制度安排对剩余会计规则的制定与通用会计规则的执行情况进行有效的监督与约束，以协调和保护各产权主体的利益，这正是现代企业审计契约的功能所在。接着本章重点分析了企业契约冲突中的审计契约缔结动机，主要从管理者与股东契约冲突，中小股东契约冲突以及债权人与股东契约冲突三个部分详细论述了不同契约冲突下的审计契约缔结动机。其次从信号机制角度研究了审计契约缔结的动机。本章的最后对审计契约缔结权的配置进行了论述，分析了审计契约缔结权的含义以及配置的基本原则，并对目前存在的缔结权配置模式进行了分类分析，并重点对我国审计契约缔结权配置的历史进程进行了梳理。

第 5 章，我国上市公司审计契约缔结机制实证——以中国上市公司为例。本章是对第 4 章的理论部分进行实证检验，其研究样本是中国上市公司。分为两个实证部分：第一个实证是对我国上市公司契约冲突与审计契约缔结相关性的检验。在这部分我们对上市公司股权契约冲突以及债权契约冲突对审计契约缔结行为，以及审计契约缔结权配置的影响进行实证。第二个实证是基于信号机制对我国上市公司审计契约缔结机制进行检验，此部分我们主要采用联立模型对我国上市公司 IPO 时是否选择高质量审计契约缔结来传递公司价值信号进行实证。以期对前期缔约机制理论依据提供现实依据。

第 6 章，不完备审计契约的履约机制研究。本章进一步研究审计契约的履行机制，契约的履行包括强制履行与自我实施两种机制。本章首先阐述了法在契约中作用的演进。接着重点分析了法在审计契约中的强制履约机理，指出法在审计契约中的强制作用主要通过：事前运用特定立法目的、价值对审计契约自由的纠正以及来引导审计契约的履行；法律体系运用事后"惩罚"与"赔偿"机制对审计契约的履约行为进行规制。其次论述了审计契约的自我实施机制，阐述了审计契约自我实施的原理，接着论述了审计声誉在企业契约中的作用，并对审计声誉作用的条件进行了重点分析。本章最后运用简单的数理模型对审计契约两大履约机制的共同作用机理进行了重点论述，阐明了审计契约履行中审计声誉、法律等第三方强制程度的关系：当审计缔约中的合谋双方（代理人 – 审计师）关注其声誉程度越高，其合谋的概率就越低；当法律等第三方的强制程度越大，合谋被检查出的概率越大，审计契约的有效履约程度就越高。

第 7 章，不完备审计契约效率损失与治理研究。本章的重点研究审计契约缔结与履约中的审计契约效率损失与治理。企业审计契约缔约权的配置本身是企业契约各方对剩余索取权博弈的一种表现和结果，由谁来决定聘请和签约审计师，将决定审计契约的目的与后续的契约履行。审计契约履行中由于实际与名义控制权分离往往造成缔结权配置异化，这种异化的形成的原因是存在审计契约缔结闭环，即制衡股权结构的审计契约机制本身又受到股权结构的影响，其契约缔结必然异化。审计契约缔结权配置的异化是"审计契约缔结悖论"产生的根源：理论与现实中的审计契约缔结总存在差异。其次研究了准则弹性"域"空间大小对审计契约的运行效率的影响：由于准则自身的不完备以及制定者的"寻租"动机审计准则本身存在一定的模糊空间—弹性"域"，弹性"域"影响到审计契约的运行效率，因为事前审计准则提供给缔约者审计契约履约质量的保证机制；事后审计准则作为契约履约行为的判断依据，是法律强制履约的裁决基础。文章重点研究了准则弹性对审计契约缔结质量的影响。审计契约履约障碍是审计契约运行效率低下的另一原因，文章分析了强制履约机制与自我实施机制失灵的原因。本章的最后提出了审计契约效率损失的治理策略。

第8章，研究结论、创新与未来。本章对本书的研究工作进行全面的总结和概述，指出尚存的研究不足与对本论题相关研究的未来展望。

本书的整体研究框架如图1.1所示。

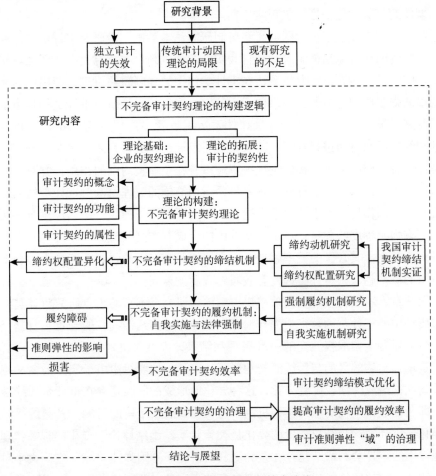

图1.1　本书的研究框架与技术路线

1.3.3　研究方法

1.3.3.1　文献研究法

文献研究法是根据研究的目的，收集、调查与整理文献以获取相关资料，从而全面地、正确地了解与掌握所研究问题的一种研究方法。本书通过文献研究方法对企业契约理论、审计动因理论等审计契约的相关理论进行了回顾与梳理，为构建不完备审计契约的理论框架；以及研究不完备审计契约的契约效率与治理等理论创新提供理论依据。

1.3.3.2 比较研究方法

比较研究方法是通过对个别现象的观察总结出有一定限制条件的规律来指导实践，这种研究方法通过比较研究，不断地发现管理实践中的新问题，并提出相应的管理方法，为管理研究不断地拓展新领域发挥了重要的作用。本书运用比较研究方法对两种审计契约缔结权配置模式：单一配置模式与共享配置模式的特点、理论基础以及应用局限性进行了分析，并以此为基础研究了审计契约缔结权配置对审计契约缔结行为的影响。

1.3.3.3 规范研究与实证研究的结合

本书既涉及对审计、审计质量、审计契约、企业契约与会计契约等方面的基础理论、制度背景，也涉及我国上市公司审计契约缔约与履行对审计质量影响的实证检验。因此，本书采取了实证研究和规范研究相结合的方法，试图较为完整、系统地研究审计契约全过程对审计质量的影响机理。

规范研究是一种传统的会计与审计研究方法，其基本研究框架是：首先提出问题，然后搜集并梳理相关文献，最后通过严密的演绎逻辑推理得出用文字描述的研究结论。本书拟在对审计契约相关文献梳理；传统审计动因理论的阐述；企业契约与会计契约理论等方面的论述中运用规范研究方法，最终为审计的契约本质；不完备审计契约缔结、履约以及契约治理的研究提供基础理论。

实证研究与规范研究不同的是，前者回答的是"应该"或"不应该"的理论命题；后者回答的是"是"或"不是"的价值命题。实证研究的基本研究框架是：首先提出假设，然后收集样本数据并建立分析模型，最后在统计分析的基础上得出具有数量特征的研究结论。从整体上来看，实证会计研究的方法论基础主要是实证主义，但为了避免其研究结论陷入逻辑困境，在对研究结论的经验检验环节上则采纳了证伪主义。本书在不完备审计契约的缔结机制研究中运用相关性分析方法，对我国上市公司契约冲突对审计契约缔结权配置以及审计契约缔结的影响进行实证研究；同时通过构建联立方程模型对我国IPO公司审计契约缔结的信号机制进行实证，以验证审计契约的缔结理论。

1.3.3.4　定性与定量研究相结合的研究方法

定性方法主要判定研究对象中含有哪些因素或特征，以及这些因素或特征之间的关系。定量方法是测定研究对象的数值或求出各个组成成分之间的数量关系的一种方法。其使用一般是在已经确定了研究对象的性质的基础上，再深入了解所含各因素（组成成分）之间的数量关系而采取的实验方法。因此，定性方法是定量方法的基础，定量方法是定性方法的精确化。

审计契约的研究是本书的研究核心，对其的缔结与履约机理的研究一直是本书的研究重点。在本书中针对审计契约缔约与履行过程运用文字描述和推理等定性方法；但在具体的实证检验中我们进行定量说明。

2 审计的契约本质：基于完备契约与不完备契约的理论比较

企业是一组契约的组合，审计在企业契约体中的作用是什么？这一问题的研究是本书研究的逻辑起点。完备契约理论认为：审计功能是通过对最佳契约履行情况进行事后监督，以促进代理成本的降低和代理冲突的消减。而现实中的契约往往是不完备的，契约的不完备为契约缔结主体的机会主义行为的实施预留了缝隙，也加重了契约主体间的利益冲突。不完备契约缔结与履行中的审计的功能，不单纯是事后的验证和证明，更多的是在契约的动态"完备"过程中对缔约各方的产权信息进行明确与界定。从这一角度讲，不完备契约观下的审计是产权结构变化的产物，是为监督企业契约签订和执行而产生的，其功能拓展至企业契约缔结、履行的整个过程。

2.1 企业的契约本质与企业契约理论

2.1.1 企业的契约性质

2.1.1.1 契约的产生与发展

什么是契约？对此的解释有多种。总体归纳为两种观点：其一契约是一种合意的协议或约定，认为契约是一种合意。如：中国古代《说文解字》将契解释为"契，大约也"。《周礼》郑玄注为"大约，邦国约也"，两者的意思是契即是约，是邦国之间的一种盟约、要约。1803～1804 年颁布的《法国民法典》解释为：

契约为一种合意，依此合意，一人或数人对于其他一人或数人负担给付、作为或不作为的债务。即：契约是双方当事人的合意。所谓合意，是指签约当事人意见一致的状态。合意基础上的契约内涵了契约自由与契约正义的思想。其二契约常被定义为在法律上具有强制执行力的许诺或承诺。《牛津法律大词典》将契约解释为：双方当事人以发生、变更、担保或消灭某种法律关系为目的的协议。契约，是由双方意愿一致而产生相互之间（法律）关系的一种约定。即契约是指两人或多人之间为在相互间设定合法义务而达成的具有法律强制力的协议。两种观点的差异在于前者认为契约是一种平等、合意的协议，其主体思想是契约缔约双方地位平等，意思一致；后者认为契约是一种基于法律强制的约定，其前提是存在法律规范的约定标准，强调的是一方对另一方的守诺。现代经济学中的契约概念，实际上是将所有的市场交易都看作是一种契约关系，并以此为分析基础。

正如 19 世纪英国法学家亨利·梅因所说：人类的进步史乃是一部从基于身份的义务获得解放，而代之以基于契约或自由协议的义务的历史。契约是人类社会发展的产物，非现代意义上的契约关系在古代社会就已经产生，契约关系的产生是随着生产力水平提高，分工越来越细，交易活动的出现和业务复杂度的增加，人类社会对各种经济责任和交易行为进行规制和界定的一种必然需要。"是人类迄今为止发现的构建人际关系、平抑冲突、消弭差异的最佳手段之一"。公元前 2000 年以后，古埃及的商业开始走向繁荣，并且首先酝酿了人类史上的财产契约观念。大约在公元前 1762 年颁布的《汉谟拉比法典》，这部世界上迄今为止所发现的最古老且保存最完整的法典，282 个正文条款中就有 150 条直接规范契约关系，占全部条款的 53% 以上。古罗马时期，由于商业的发展、商品货币关系的发展，促进了民事关系的发展，因而产生了买卖契约、租赁契约、劳动雇佣契约、借贷契约、保管契约、合伙契约等多种现代契约关系，因此《罗马法》对契约的定义、契约的分类和契约的执行均做了明确的规定。在我国近千年来，许多少数民族经历或停留在原始社会末期。这些民族使用契约的情况在汉族文献中有所反映。如宋代周去非《岭外代答》曰："两广瑶人无文字，其要约以木契合二板而刻之，人执其一，守之甚信。"原始社会时期的中国少数民族使用的契约都不是以文字形式而是以剖分竹签木片为信物，这种契约形式叫做判书。《周礼·秋官·朝土》曰："凡有责者，有判书以治则听。"郑玄曰："判，半分而合。"这里所说的"判书"应该是中国早期的契约形式。西周至西汉时期，文字形式的契约出现，其形式分为"傅别"（主要用于借贷契约）、"质剂"（主要用于买卖契约）、"书契"（主要用于授予收受契约），在此期间的契约大都以这三种形式刻录于竹简上。随着魏晋时期造纸技术的出现与推广，纸质形式的契约出现，其形式是"书两札"，将两札并起。合写一个大"同"字，后来合并大写"合同"二字。每一札上都有"同"的半字或"合同"的两半字，为合券的验证。近代契约关系是人类社会发展到商品经济这一阶段的产物。17 ~ 18 世纪以后西方社会里，商品经济成为社会经济的主导形式，大量商业交易的出现也使得契约关系成为社会经济关系的主流，商业交易行为中的自由、平等、功利和理性原则也是契约思想的基本内核。文艺复兴和宗教改革以后，大量世俗化契约交易活动已经成为普遍社会现象，这使得契约原则首先成为社会经济生活、民商事活动中的核心原则。随着商品经济的发展，生产社会化程度的进一步提高，以及资本主义生产关系的产生和发展，真正意义上的以确立公民在形式上平等为前提的契约制度逐步形成和完善起来。当代发达资本主义国家的市场经济都是市场契约经济。契约关系是市场经济自由、平等原则的派生物，由于契约关系繁杂多样，反映契约关系的契约也繁杂多样。现代契约关系是随着现代企业制度的形成与发展而产生与发展起来的。由于所有权与经营权的分离以及产权制度的创新，现代契约关系不仅包含商业交易主体的契约关系，也包含了交易体内部契约关系，两权分离后企业作为交易体而存在，其内部契约关系由原来业主与雇佣劳动的关系，转换为法人与雇佣劳动的关系，而且还增加了法人与股东（即拥有财产终极所有权的自然人）之间的契约关系，法人与政府的契约关系（相当程度上体现在立法关系上），这就是现代契约关系。

2.1.1.2 企业的契约本质

什么是企业？这是经济学家一直以来的研究内核，新古典经济学派认为企业是投入和产出的生产函数，这种视企业不是一个组织而是生产计划集，是一个"黑箱"的理论，认为作为生产者的厂商与作为消费者的个人都是利益最大化的行为者，从而理性的厂商与理性的消费者一样，都可以用一套最优化技术来描述。至于其内部，则被当作一个利润最大化的转换机制，关注于其配置效率，而不研究其组织效率。由于忽视了企业的制度结构，无法解释资源为何及如何在企业中配置等问题，新古典经济学派受到了科斯的质疑。为了了解企业的产生和进一步解释企业的性质，科斯引入了交易费用这一核心内容，认为使用价格机制的市场交易中存在着如发现价格与获取信息、谈判和执行合同的费用，这种运用价格机制的成本即交易费用。交易费用普遍存在于现代市场经济之中，企业存在的基本理由在于由它组织交易成本相比要低，原因是一系列合同被一个合同替代。

"企业的显著特征就是作为价格机制的替代物"①。张五常在 1983 年发表的《企业的契约性质》对企业性质给出了更为透彻的解释。张五常认为，企业的本质是以劳动市场替代中间产品市场能节约交易费用，并认为市场的交易对象是商品，而企业的交易对象是生产要素。由于估价某产品及获得某产品的有关信息通常须支付成本，通过对某些投入品代替物进行估价的方式，其成本通常小于对产出物的直接定价，由此节约的交易费用能否弥补由于信息不足造成的损失，就成为两种交易合约安排的取舍标准。因此他认为，企业并不能替代市场，只是一种契约形式替代了另一种契约形式。基于科斯的理论，周其仁（1996）进一步对市场契约与企业契约的差异进行了解释，认为市场的企业合约之所以特别，就是因为在企业合约中包含了人力资本，因此企业是一个物质资本和人力资本的特别市场契约。由于人力资本产权的个人属性的特点，使企业契约不可能事先规定一切，而必须保留一些事前说不清楚的内容而由激励机制来调节。只有"激励"得当，企业契约才能节约一般（产品）市场的交易费用，并使这种节约多于企业本身的组织成本，即达到企业的"组织盈利"。谢德仁（2002）从动态角度对企业性质进行了阐释，他认为企业是一群要素所有者为谋求自身投入要素的保值和增值而签订的要素使用权交易合约的履行过程，它所代表和拥有的是一种创造未来有利现金流量的能力。针对谢德仁（2002）认为要素使用权交易合约的缔结过程属于要素市场的交易契约，雷新途（2007）认为要素使用权的缔结是企业契约的一部分，认为要素使用权契约的缔结已开始了企业契约的运行。与要素使用权交易契约的缔结和履行相对应的是一个完整的企业财务（资金）交易循环过程。上述观点尽管其对企业性质的描述角度不同，但在企业契约性的理论内核上保持一致。

2.1.2 企业契约理论的发展脉络

科斯的《企业的性质》一文标示着现代契约理论的产生。之后的契约经济学家围绕着契约的性质与影响、交易者的行为激励机制设计、契约的性质与设计三个方面进行了不同视角的研究，形成了契约经济学派（费方域，2005）。其主要研究者包括：阿尔钦和德姆塞茨（Alchian & Demsetz，1972）、威廉姆森（Williamson，1975，1980）、詹森和麦克林（Jensen & Meckling，1976，1979）、张五常（Cheung，1983）、格罗斯曼和哈特（Grossman & Hart，1986）、霍姆斯特姆和

---

① 费方域，李靖. 企业理论：合同论视角的回溯 [J]. 系统工程理论方法应用，2005（6）：282 - 284.

泰勒尔（Holmstrom & Tirole，1989）、哈特和莫尔（Hart & Moore，1990）以及杨小凯和黄有光（Yang & Huang，1994）等学者。按照研究视角不同契约理论分为交易费用的企业理论、代理理论和不完全契约理论。其中代理理论关注的是企业内部结构的激励与监控问题，如：谁将成为委托人？谁将成为代理人？如何实现委托人对代理人的监督和激励？作为一个团队，如何激励团队中的每个人从而避免"搭便车"问题等。与代理理论不同的是，交易费用理论聚焦于研究企业与市场的边界（企业的边界是什么？为什么会有企业的存在？）。不完备契约理论主要研究的是契约不完备的原因及其控制与弥补。

2.1.2.1　代理理论

代理理论可以分为两类：一类是由阿尔钦和德姆塞茨（1972）、詹森和麦克林（1976）开拓的实证代理理论或代理成本理论；另一类是委托 – 代理理论，基本上完全以正规的数学模型来表达，更加形式化和抽象，似乎更符合西方学者所追求的科学主义。

阿尔钦和德姆塞茨（1972）提出了"团队生产"理论，认为企业实质是团队生产的方式，由于最终产出是团队共同协作的结果，对每个成员贡献的测量难以精确，因此会产生偷懒和搭便车行为，就需要人对其进行监督，为了使监督更为有效，监督者必须具有修改合约条款和指挥他人的权利，而非所有者的监督者使用成本太高，监督者应是团队固定投入的所有者。因此，经典意义上的资本主义企业应运而生了。Jenson 和 Meckling 围绕企业内部成员之间的利益冲突及其产生的原因，讨论如何构建一个完整的所有权结构以减轻这些冲突。其研究的重点是契约关系。在《企业理论：管理者行为、代理成本和所有权结构》（1976）一文中他们把注意力集中在由公司所有者和高层经营者之间合同安排所产生的代理成本上，研究了产权、融资和代理成本间的关系，并构建了一个相对完整的所有权结构理论框架。在这一研究过程中 Jenson 和 Meckling 分析了审计在企业代理问题中的作用。

Jenson 和 Meckling 认为代理关系是一种契约关系：委托人授予代理人某些决策权，要求代理人提供有利于委托人利益的服务，由于所有者和代理者双方都是效用最大化追求者，就没有理由认为代理人会永远采取对委托人来说最优的行为。代理者（经理人以及内部股东经理人）通过自利行为（如向朋友采购、购置昂贵资产等）谋求额外的"非金钱"利益，从而损害所有者（主要指外部股东）的利益。为了解决这一问题，Jenson 和 Meckling 认为可以一定的成本改变股东经理人谋求非金钱利益的机会，包括：审计、正式的控制体系、预算软约束、激励薪酬体系等。Jenson 和 Clifford 进一步对现代公司中的两种代理关系进行了研究：

（1）控制管理者和股东之间的代理冲突

由于公众公司的普通股的不受限制性（主要是可以通过转让分散风险）导致了决策者与剩余索取者间产生了严重的代理问题。其代理冲突主要表现为三个方面：管理者对努力的偏好不同（企业价值最大化要求其越努力越好，但管理者自身并不喜欢努力）；面临的风险不同（管理者投入人力资本后不可随意转让来分散风险）；不同的时间限制（普通股股东可以自由转让，因而其不受时间限制，而管理者的人力资本一旦投入，在合约内不得撤离）。对此，可以运用薪酬体系和市场控制体系来解决。但同时 Jenson 和 Clifford 也发现管理薪酬若以会计报表业绩的衡量确定，会导致管理者对会计方法和会计政策的不同选择。市场控制机制包括：外部的经理人市场和资本市场，以及公司内部控制体系，如公司章程。

（2）债权人与股东之间的代理冲突

债权人与股东间的冲突包括四个原因：利息固定、企业发行新债导致的权益稀释、企业高风险投资导致可能的资产替代、投资不足（企业可能拒绝净现值为正的投资项目以规避自身风险）。解决这些代理冲突的方法，Jenson 和 Clifford 总结了 Smith（1983）、Hand 和 Kalay（1984）等人的研究成果，提出信贷合约的完善（如发行可转换债券）以及其他的企业约束手段（如提供审计过的财务报表），使用特定的会计方法等控制债权人与股东之间的代理冲突。从这一角度讲审计是为了减少所有者、代理者和债权人的代理成本的一种监督机制。

Berle 和 Means 认为从理论上讲，实证代理理论揭示解决代理问题的控制机制，注重研究大型公有企业的所有者与经理的这种特殊的委托代理关系。与实证代理理论不同的是，委托代理理论大多运用数理模型，研究结果不确定性、回避风险信息等不同条件下，基于行为抑或基于结果的合同谁最为有效的问题，其模型方法主要有以下三种：一是由威尔逊（Wilson，1969）、斯宾塞、泽克豪森（Spence & Zeckhauser，1971）和罗斯等人（Ross，et al.，1973）最初使用的"状态空间模型化方法"。其主要优点是能自然地对各种技术关系进行反映。但其局限是难以得到具体的经济上有信息的解；二是"一般分布方法"，这种方法运用非常简练的一般化模型，但缺乏对代理人行动及发生的成本进行清晰的解释；三是由莫里斯（Mirrlees，1974，1976）最初使用，霍姆斯特姆（Holmstrom，1979）演化的"分布函数参数化方法"，是目前最标准的应用方法。

委托代理理论是过去 40 多年里契约理论最重要的发展之一，它是 20 世纪 60

年代末 70 年代初由一些经济学家深入研究企业内部信息不对称和激励问题发展起来的。其中心任务是研究在利益相冲突和信息不对称的环境下，委托人如何设计最优契约激励代理人，其研究的逻辑中隐含了会计信息与审计在解决企业内部信息不对称的功用：代理人行为的难以观测性以及委托人、代理人目标利益的不一致，可能引起委托人利益的损害，为了最大化委托人利益，一方面委托人将尽量获取反映代理人行为或行为结果的信息进行决策；另一方面委托人通过设计出最优的激励机制来促进代理人选择委托人希望的行动，激励兼容约束是起作用的。前者中的信息主要源自于会计信息，以及借助于第三方审计师所进行的必要信息审核与约束。因此，委托代理理论被认为是与会计研究最密切的经济学理论之一。

2.1.2.2　交易费用理论

交易费用理论的研究起点是认为：企业的功能在于节省市场中的直接定价成本（或市场交易费用）。其研究目的就是要用差别的方式将治理结构和交易的特征匹配起来，以节约交易成本，实现最大的效率收益。

基于科斯从交易费用入手阐释了企业的产生，杨小凯和黄有光（1994）将企业所有权内部结构与定价成本相联系，指出与自给经济比较，尽管企业的交易费用会增加，但只要其收益增加超过费用的增加，那么企业就会出现。同时由于管理服务直接度量成本太高，所以将剩余索取权分配给其是对其的间接定价，节约了定价成本。尽管与科斯的企业存在是为了节约交易费用的基本观点一致，但杨小凯与黄有光运用交易费用进一步揭示了企业内部所有权结构的形成机理。在科斯的企业用以节约交易费用观点的基础上，威廉姆森进一步探讨交易费用的影响因素，他引入了"专用性投资"概念，认为由于专用性投资的事前竞争将在事后垄断或买方独家垄断，从而导致将其准租金攫为己有的机会主义行为，因此，现货市场交易成本更高，这将使得现货市场高的交易成本，并随着专用性资产的重要性增加，市场交易费用也将增加，而纵向一体化企业的出现将有效降低这种交易费用。在后续的研究中，威廉姆森以交易为基本单位考察经济组织，其视角从关注经济组织的选择（生产）理论向契约属性及其治理转移，并从影响交易特征的几个维度来解释经济组织的逻辑。他认为决定市场交易费用进而决定组织治理模式和组织结构选择的因素包括：一是交易因素，指市场的不确定性、潜在交易对手的数量、资产专用性和交易频率等；二是人的因素，即交易主体的人性假设是有限理性和机会主义的。其中，资产专用性是最重要的，也是交易费用经济学与解释经济组织的其他理论相区别的最重要的特点。

总之，威廉姆森等交易费用理论研究者研究了影响企业契约中交易费用的三大因素，即资产专用性、交易频数以及人有限理性，并研究了不完全合同、资产专用性、套牢与事前投资低效率的关系。但其研究重点是契约类型及其治理结构。基本逻辑是：每一种交易都是一种契约，根据不同契约带来的交易费用匹配不同的治理结构。

2.1.2.3 不完备契约理论

尽管代理理论尤其是委托代理理论意识到了信息不对称对委托者与代理者的决策影响，但其理论前提是认为存在最优激励合同将最大可能的明确规定未来所有状态下所有各方的责任，其本质是一种完全合同，其研究的核心是完备契约中的委托者与代理者激励与约束机制的选择与设计。而在现实生活中由于交易费用的存在或者是缔约人的有限理性、信息的非对称性、（缔约）成本的限制以及第三方难以证实性等的存在使得契约并不能明确未来发生的所有状况，或在企业契约中存在一些或许签约方可以辨认的，但第三方（如法院、劳动仲裁机构等）却难以辨认的变量，因此契约总是留有缺口或不完备的。经济学家很早就意识到契约的不完备性，科斯（1937）认识到"由于预测的困难，关于商品或劳务供给的契约期限越长，那么对买方来说，明确对方该干什么就越不可能，也就越不适合"。Williamson 和 Hart 认为："所有复杂的契约都不可避免的是不完善的。因此，参与者将会产生适应意想不到的混乱状况的需要，这种混乱可能是由于最初的契约中的歧义、错误或遗漏造成的。"Grossman 和 Hart（1986）、Hart 和 Moore（1990）的两篇奠基性论文开创了正式的不完全契约理论。

不完备契约理论主要研究了以下三个方面的问题：契约因何不完备？不完备的经济后果以及对不完备契约的修订与控制。契约不完备产生的原因，经济学和法学研究者们的视角不一，总的归集为五个方面的起因，即个人的有限理性和机会主义行为、外在环境的复杂性、信息的不完全性和不对称性以及交易成本的存在等导致了契约的不完备。法律契约理论则提出了以下五个起因：语言的局限性；疏忽；解决契约纠纷的高成本；信息不对称引起的弱或强非契约性契约；垄断经营的偏好。对此，杨瑞龙、聂辉华指出：经济学上的契约不完全性有时与法律上的不完全性定义不同。前者特指契约没有充分地状态依赖，而后者在司法实践中更倾向于界定为责任或功能上不完全。

契约不完备的经济后果什么？Klein 等（1978）、Grout（1984）、Williamson（1985）等认为契约的不完全会导致事前的最优契约失效，当事人在面临被"敲竹杠"的风险时会作出无效率的专用性投资。同样由于未来的不确定性、人的有限理性与交易成本为正，企业契约也是一组不完备的契约。要素所有者将要素使用权投入企业，其目的是获得高于独立行动的较高收益，这种收益即团队生产的"合作盈余"或称"组织租"。企业契约不完备表现为：一方面缔约时契约中除了可以事前规定的具体权利之外，还有事前无法规定的剩余权利，这部分权利就是所谓的剩余控制权；另一方面存在契约缔约事前无法明示的盈余即剩余盈余；同时由于无法事前对该部分剩余盈余进行分配权配置，形成了企业的剩余索取权。剩余索取权和控制权构成了企业所有权的内涵，同时也意味着谁拥有所有权的重要，因为不同的所有权安排决定了企业缔约主体事后讨价还价的既得利益状态。由于剩余控制权直接来源于对物质资产的所有权，它就相当于所有权。剩余盈余的存在使得企业履约过程是一个要素使用者对剩余盈余索取的博弈过程，具体表现为：一是通过对剩余控制权的争夺获取剩余索取权以得到剩余盈余，如管理者通过 MBO 方式获取剩余盈余；二是运用其约定控制权进行寻租以攫取剩余盈余，如管理者运用其对企业"天然"的管理控制权，通过会计方法与政策选择甚至会计造假等会计寻租方式，以及在职消费等管理决策权进行寻租以获取剩余盈余。这种对剩余盈余的争夺其经济后果是：一方面在对剩余控制权争夺过程中，由于剩余控制权是 0/1 分布，得到剩余控制权的一方固然增加了投资激励，但失去的一方却因此减少了投资激励，所以社会最优的投资激励不可能实现（GHM，1990）；另一方面通过"寻租"方式获取剩余盈余将给企业租值的"耗散"，降低企业的效率。由于企业契约的不完备是内生的，其契约功能总是存在漏洞和缺口，就必然借助于一系列约束机制对缔约主体的行为进行约束与监督。审计契约和会计契约正是作为这一社会装置进入了企业契约网络之中。

如何对不完备契约可能导致的投资无效率问题进行约束，不同的研究者从不同的视角对其进行了研究，对此，杨瑞龙、聂辉华将其整理为五个部分：法律干预视角，其代表学者有 Schwartz（1994），Anderlini，Felli 和 Postlewaite（2003），Shavell（2005）；赔偿的视角，其代表学者有 Shavell（1980），Rogerson（1984）；治理结构的视角，其代表学者有 Williamson（1985，1996）；产权的视角，其代表学者有：Grossman 和 Hart（1986），Hart 和 Moore（1995），Hart 和 Holmstrom（2002）、Cai（2003）；履约的视角。

尽管不完备契约理论仍存在有限理性建模上的困难，但其对现实经济生活的解释力较完备契约理论有很大的提高，一方面将契约理论的研究领域拓展至对组织边界、组织内契约结构、金融契约领域、法律契约乃至社会政府公共契约领域，极大地丰富了契约理论的研究内容；另一方面也提高了契约理论的整体解释力。因此，不完备契约理论成为契约理论目前研究的热点和前沿，也成为目前会计、财务与审计研究的热点理论基础，本书也正是基于不完备契约理论对审计质量的形成机理与保证机制展开研究。

2.2 完备契约理论视角的审计观

将完备契约理论应用于审计理论研究领域的研究者，大都以 Jenson 和 Meckling（1976）的代理理论为基础，形成了独立审计的"代理理论观"。

2.2.1 完备契约理论视角中的审计功能：代理理论审计观

代理理论审计观认为：审计作为事后监督的装置是解决企业代理问题的一种重要手段。其主要功能是对反映代理者业绩的财务报告进行"验证"和"证明"，实现对代理人的有效监督。随着 20 世纪末美国审计丑闻的出现，大量持有代理理论审计观的审计研究者将研究视角转向独立审计质量问题的研究中，独立审计失败因何而来？如何减少审计失败？DeAngelo 指出影响审计质量高低的因素主要包括：审计师发现错弊的能力以及报告错弊的意愿。前者与审计师的执业能力有关，后者与审计师的独立性相关。Antle 将注册会计师的独立性进行了分类，认为在注册会计师不独立的情况下不能形成最优委托代理关系契约。部分研究者进一步研究了审计师不独立的根源：独立审计实质上是股份公司委托人和代理人（董事会和总经理）、受托人（会计师事务所）和注册会计师协会之间一组契约的集合。他们之间的契约关系本身也是一种复杂的委托代理关系，即存在企业所有者与独立审计师之间、契约所有者与管理者间的双层代理关系：审计师有偿地接受委托人（所有者）委托，对被审计单位（管理者）进行鉴证，其信息披露的对象却是针对相关投资者、债权人和潜在社会公众，这要求审计师必须与委托人、被审计单位以及相关外部组织之间保持一种超然独立的关系。但由于审计师选聘事前对审计师质量信息的难以观测，以及审计师行为与审计结果难观测等形成的信息不对称，审计师独立性往往依赖于企业内部治理机制的约束，内部治理机制包括：独立审计的委托人、审计师的提名权、审计师的选任程序、审计师任期、审计师的轮换制度、报酬的决定、审计师的解聘和续聘、审计师辞职的程序、审计师宣读审计报告的义务。上述制度及运作程序反映了公司治理结构的状态，也决定了审计师的独立性水平。但企业内部治理机制有着其内在的缺陷，因此 CPA 独立性难以自行保持。如何保持审计师的独立性，研究者从两个方面提出了对策：第一，将独立的第四方引入委托模式以期提高审计师独立性。具体的做法包括：蒋尧明提出了由证监会与注册会计师协会成立联合机构作为代位委托人进行审计师的聘任；罗恩（2002）基于保险论提出由保险公司委托审计师的模式，即由上市公司对其财务报告投保，由保险公司负责委托审计师。此外还有研究者提出采用投标方式进行审计师的选聘。上述方法从理论上讲有利于提高审计师独立性，但将其付诸具体应用可能会存在以下问题：代位委托人和公共投标方式可能产生新的寻租行为（CPA 和被审公司）；保险公司委托模式与公共投标模式下谁来对审计师质量进行评价？其评价标准如何制订等。第二，设计尽量完备的聘任合约或激励机制以消除审计合谋行为。Baiman 认为投资者可以设计出一个委托者与注册会计师的最优合约机制，以抵消注册会计师和管理当局的合谋影响。朱峰指出对激励契约安排进行必要的完善，在外部监督有效的情况下将在促进审计质量和审计独立性上发挥更大效能。

2.2.2　代理理论审计观的批判

代理理论审计观的理论基础是代理理论，其主要原理是由于信息不对称和目标函数的不一致引起企业中代理冲突，通过事前的契约设计和事后的有效监督可以降低代理冲突，审计正是这样的"契约履行的监督工具"。从逻辑上来看，审计的实施与功效依赖于契约的事前设计。应该说代理理论的核心是如何设计出最优的契约来降低或消除代理成本。主流的代理学派提出了两种观点：一种最佳契约为附有破产成本的债务契约；另一种最佳契约为收入分享附带审计的契约。第一种契约履行中，若企业经营正常的情况债权人获取固定收益，这时企业的收益无需审计的监督与验证功能；若企业财务恶化可能破产，这时审计的功能是对破产财产的清算报告进行验证与监督。因此，第一种契约设计后审计的功能仅在特殊情况下发挥作用。尽管第二种契约能够较好解释独立审计的监督功能，但独立审计是否只需对单一的交易处理以及财务报告进行验证就可以了。对此，Willie. Seal（1996）通过图示进行了说明，具体如图 2.1 所示。Willie. Seal 将第一种

"附有破产成本的债务契约"模式称为"高成本的情况验证模式",即会计只需提供简单的交易记录,在没有违约(不申请破产)情况下无需验证(审计功能)。第二种情况 Dowd 称为掠夺模型,即外部股东和税收部门为了最大化从企业中获取或"掠夺"的收益,将有动机对不真实的报告进行惩罚,对真实的报告进行奖励。这种契约模式下会计简单地对交易进行记录,而审计的功能是随机地进行验证。Willie 指出:这些显然与现实中企业契约对审计的需求不符。审计若只履行其验证功能,那么其采用随机抽样进行验证后就可以了,如果是这样又如何解释现实中复杂且不断创新的审计方法的演化呢?

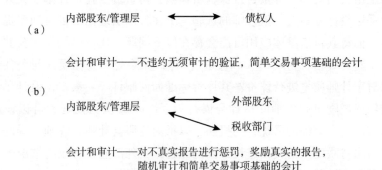

图 2.1　契约理论经济(代理理论)模型以及审计和会计功能

资料来源:Willie. Seal. Security Design, Incomplete Contracts and Relational Contracting: Implication for Accounting and Auditing. British Accounting Review, 1996 (23): 36.

同时 Antle(1984)也认为,审计的功能若仅为验证,那么就很难设计一个单一的期间契约来阻止管理者与审计师的合谋行为,则审计师的独立性只能依赖于偶然的经验主义了。

如前所言,代理理论视角的契约是一种完备契约,它的理论前提是:尽管存在信息不对称和委托代理双方目标不一致带来的代理冲突,但总可以通过最佳的契约设计来进行消除,由于市场是有效的,代理者的行为与结果总是能通过股价进行反映,代理理论审计观认为审计作为事后监督代理者行为的作用并不重要。同时,这种完备契约在现实中并不多见,企业本质上是一组不完备契约的联结,因此基于完备契约理论的审计观并不能充分阐释审计本质与审计现象。

总之,代理理论视角的审计观对审计的功能定位过于简单,其无法对现代审计方法与技术的不断创新与发展提供理论支持。

2.3 基于不完备契约理论的
审计观：一个动态视角

2.3.1 不完备契约理论视角的审计功能

完全契约与不完全契约的根本区别在于：前者在事前规定了各种或然状态下当事人的权利和责任，因此问题的重心就是事后的监督问题；后者不能规定各种或然状态下的权责，而主张在自然状态实现后通过再谈判来解决，因此重心就在于对事前的权利（包括再谈判权利）进行机制设计或制度安排。不完备契约理论认为：企业契约的不完备是内生的，其契约功能总是存在漏洞和缺口，就必然借助于一系列约束机制对缔约主体的行为进行约束与监督。审计正是作为这一社会装置进入了企业契约网络之中。

企业契约缔约阶段，要素投资者（含人力资本要素投资者和非人力要素投资者）将要素使用权投入企业，其缔约的前提是签约人必须对自己投入企业的要素（包括实物资本和人力资本）拥有明确的财产所有权，这种产权交易的结果形成了企业所有权，没有产权的人是无权签约的。由于现代企业中产权结构的多元化和复杂性使得产权的界定成为企业契约缔约的关键，即根据初始投入要素的产权进行企业所有权的配置，并决定产权收益的分配。由于缔约个体受有限理性和信息不对称的约束、外部环境的制约，以及缔约其他方的机会主义行为（甚至强制行为），从而导致博弈结果的不平等。因此，要素所有者通过签订契约将生产要素投入企业，并由此决定企业所有权的分享方式和分享比例，由于要素使用权契约本身并没有分配和计量功能，会计契约作为企业契约的子契约来完成对要素使用权契约缔结与履行中的要素初始投入价值、合作盈余与剩余价值分配的确认、计量、报告、披露与监督。由于信息的不可证实性或不可获得性而具有不可缔约性、会计程序的不确定性以及人类的有限理性，会计规则本身的不确定性，这也使得会计契约具有天然的不完备性。这种不完备也导致了会计缔约主体对其剩余会计规则制定权的争夺，谁拥有剩余会计规则制定权，谁就有可能通过会计行为安排索取更多的剩余。因此通过独立的第三方——审计进行产权的界定（再界定）是企业契约缔约方的必然选择。审计正是作为契约（企业契约和会计契约）

不完备性的修补制度安排进入到企业契约网络中，Ball（1989）指出外部审计（作为第三方）是企业契约技术的固有部件，能帮助契约实现其"功能性完备"。也就是说现代审计的目的是促进企业契约的完善。

由于产权特征以及产权主体谈判能力的差异，企业契约初始缔约时的所有权分配不可能是均等的，对不均等企业所有权的夺取将贯穿企业契约履行的全过程。企业契约的履约过程一方面是"合作盈余"（投入要素的价值创造）生成与分配过程；另一方面也是产权主体不断冲突和合作的博弈过程。按照杨瑞龙、周业安的观点，由于企业契约的不完备性，企业内的更多交易发生在人与人之间体力和智力的交换关系中，而人的行为充满了不确定性，这种交易常常会引致持续性后果。而这种后果反映为产权主体（包括利益相关者）不断地冲突与合作的过程。同时，履约过程中由于投入资产专用性程度在企业中的相对重要性变化，要素投入者获取更多的谈判能力，对初始所有权分配合约进行修订，引起企业所有权初始分配合约的不断边际调整。企业所有权初始分配合约的调整是对缔约者剩余索取权的调整，由于剩余索取权的实现还要依赖相应的控制权，因此也是相应剩余控制权分配的调整。作为企业的重要决策权，剩余控制权影响着合作盈余的生成。在这一过程中审计的主要功能是对资产专用性变动程度（通过会计信息进行反映）进行再确认与评价，为合约修订与调整提供公允意见。具体表现为："与传统的验证功能比，现代审计的功能更多是调节。"；同时，由于要素投资者在投资要素特质、财富品位偏好、心理感受、社会相对位置和风险偏好等方面存在差异，他们对企业契约结构的影响力是不一样的。由此形成企业契约结构中的强势和弱势缔约方，在履约过程中强势缔约方机会主义使然，可能会利用其控制权优势对弱势缔约方剩余份额进行侵占。如报酬合约中，人力资本所有者（如管理者）只获取了固定收入，由于其对企业有"天然控制权"和"企业剩余会计规则制定权"，现实中管理者往往运用会计舞弊等手段间接获取额外企业剩余。除此以外大股东对中小股东的利益侵占也属于此类。此时，审计作为约束与监控机制通过对企业内部控制体系的评价，实施具体的管理审计、经营审计与报表审计，实现对各缔约方履约行为的有效监督，以保障企业契约顺利履行。

2.3.2　基于完备契约与不完备契约理论审计观的比较

完备契约理论的审计观认为，审计通过对最佳契约的履行进行事后监督，能促进代理成本的降低和代理冲突的消减。但审计的功能一方面依赖于事前最佳契约的设计；另一方面审计的目的是事后的监督与控制，其功能主要对财务报告的验证与证明验证和证明。与之相比，不完备契约理论认为，企业契约的不完备是现实存在的，事前的契约安排不可能对未来可能的不确定性与权责进行合理的划分，事后契约各方的谈判和博弈将动态地对契约进行完善与修补。审计的功能不单纯是验证和证明，更多的是在契约的动态"完备"过程中对缔约各方的产权信息进行明确与界定。不完备契约观下的审计是产权结构变化的产物，是为监督企业契约签订和执行而产生的，其功能拓展至企业契约缔结、履行的整个过程。包括：要素投资者初始投入时的权责安排（包括契约正式规定的权责以及剩余控制权与剩余索取权的分配）、契约履行过程的"合作盈余"（投入要素的价值创造）生成、盈余的分配（主要是剩余盈余的分配）等缔约与履行过程。因此，从这一角度讲，完备契约理论审计观是一种静态的审计观，不完备契约理论审计观是一种动态的审计观。

由于完备契约理论审计观下审计的功能是对代理者行为的监督，其最终是使委托方与代理方二者收益最大化。这就意味着审计的独立性更多依赖于其聘任权是否为委托人所有。不完备契约理论审计观认为，审计的功能是对企业契约缔约各方的产权及其变动信息的界定（见图 2.2），其本质是确定缔约各方是否"公平"的装置。因此，在企业契约缔约与履约过程中，审计应基于"公平"原则"等距"地对投入资产专用性程度及其变动情况（会计信息进行反映）进行评价，协调和平衡缔约主体间的冲突，对各缔约方履约行为的有效监督，保障企业契约的顺利履行，最终促进合作盈余的最大化，从这一角度讲，审计也具有价值增值功能。独立审计作为增进企业价值的主要制度安排之一，审计的功能随着企

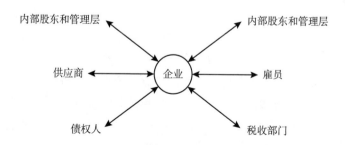

会计和审计——应计制基础的会计，基于"公平"的审计

图 2.2 不完备契约模型中的会计与审计

资料来源：Willie. Seal. Security Design, Incomplete Contracts and Relational Contracting: Implication for Accounting and Auditing. British Accounting Review, 1996（23）：36，笔者进行了翻译。

业契约机制运行所需会计信息的变化而加以拓展，不应仅局限于企业契约缔结后的履行机制维持上，而应向企业契约缔结前的相关环节扩展，延伸至企业契约耦合体成立之初的维护投资合作秩序的功能上。

总之，基于不完备契约的审计观与完备契约理论视角的审计观在审计功能、审计的目的、审计的本质以及审计的性质等方面存在差异，具体如表2.1所示。

表 2.1 二种审计观的具体比较

比较方面	基于完备契约理论的审计观	基于不完备契约理论的审计观
审计目的	降低代理成本	不完备契约的漏洞修补
审计功能	监督代理者行为	界定缔约各方产权及其变动信息，合作盈余的价值增值
审计本质	监督与控制	监督、约束与协调
审计的性质	静态行为	动态过程

2.4 本章小结

本章是本书的基础理论章节。首先沿着企业的契约理论发展的脉络对代理理论、交易费用理论、不完备契约理论的基本理论进行了梳理。重点对完备契约理论下的审计观与不完备契约理论下的审计观进行了论述。

代理理论基础的审计观是一种基于完备契约理论的审计观，它认为契约本身是完备的，因此总可以设计出完备的最佳契约。审计的功能仅仅是通过对最佳契约履行情况进行事后监督，以促进代理成本的降低和代理冲突的消减。因此审计的功能一方面依赖于事前最佳契约的设计；另一方面由于审计的目的是事后监督与控制，其功能主要对财务报告的验证与证明验证和证明。与之相比，不完备契约理论的审计观认为，企业契约的不完备是现实存在的，事前的契约安排不可能对未来可能的不确定性与权责进行合理的划分，事后契约各方的谈判和博弈将动态地对契约进行完善与修补。审计的功能不单纯是验证和证明，更多的是在契约的动态"完备"过程中对缔约各方的产权信息进行明确与界定。不完备契约观下的审计是产权结构变化的产物，是为监督企业契约签订和执行而产生的，其功能拓展至企业契约缔结、履行的整个过程。因此不完备契约理论基础的审计观是一个动态的观点。后面的重点将具体研究审计契约的不完备及其产生的根源。

3 审计契约及其不完备性

独立审计自其产生就被视为一种能劝说公众认为资本主义形态的企业及其管理并不腐败，企业及其董事也是负责任的信任制造技术（Power，1999）。1992年美国企业治理财务方面委员会在其报告中对独立审计的作用这样描述：在充满不确定性的世界里，企业审计被期望能给股东们一种安慰，即其能提供对企业财务报表进行独立和客观检查的技术，且这种技术是检查和必要平衡的必要方式……审计对所有企业利益相关者而言是一种令其可靠与放心的装置。企业要素所有者正是期望具有专业技能且独立于剩余索取权博弈主体之外的第三方①——审计师能基于公正与等距原则对产权界定与剩余生成与分享信息进行鉴证，这才有了审计契约缔结的可能。审计契约以其客观与可靠审计信息产品提供实现对不完备企业契约的功能性修补，成为企业契约主体间利益协调、产权保护、顺利履约的保障性子契约。但审计契约能否有效运行，其对不完备企业契约的修补功能是否实现，更多地依赖于审计师独立性地位与专业技能的发挥。具备专业技能且不参与企业剩余分享的审计师在审计契约缔结时被认为，其独立的专家身份能判断企业面临的不确定性，并对契约各方产权权责与履约情况进行客观公允的鉴证与再界定，从而降低交易费用，提高企业契约运行效率。这种认知隐含于审计契约之中，形成了隐性审计契约。现实中审计契约自身也是不完备的，其不完备性使得审计契约具有天然的漏洞，这些天然的漏洞直接影响到审计契约的运行效率即审计质量的高低，最终影响到对不完备企业要素使用权交易契约的运行。高质量审计通过客观公允的鉴证服务能实现对不完备契约要素使用权交易契约的功能修补，协调产权争议，维

---

① 尽管审计师也是企业契约的参与者，正如夏恩·桑德在《会计与控制理论》一书中所说：其他主体贡献的资源服务于组织的生产职能，审计人员的贡献仅在组织采取特定的形式时才是必需的。笔者对此理解为，以投入生产要素使用权其他主体不同，投入审计服务的审计人员获取的审计收费并不是企业剩余分配的一部分，按照谢德仁（2001）的观点，企业剩余是指企业合约总收入扣除合约固定总支出后的剩余额。正因为审计师不参与企业剩余分享，其才成为其他产权主体都认可独立的第三方。

护产权权益，促进各产权主体顺利履约，从而实现企业"组织租"最大化。反之，低质量审计将破坏产权平等，并可能加剧更严重意义的产权权益争夺，诱发更多的"寻租"行为，最终导致组织租金的耗散。本章将对审计契约的概念及其契约属性进行阐释，并重点对审计契约不完备性特征及其经济后果进行论述，契约的不完备为契约双方机会主义行为提供可能，这将影响到审计契约的契约效率。

3.1　审计契约的概念诠释

按照 1803～1804 年颁布的《法国民法典》的解释：契约是一种合意的协议或约定；中国古代《说文解字》将契解释为："契，大约也"，即邦国之间的一种盟约、要约。从本质上讲，审计本身也是一种契约，是审计行为相关方就审计服务提供或获取形成的一种意愿自治的协议，其文本化为审计业务约定书。

夏恩·桑德在其《会计与控制理论》一文中明确提出"审计契约"，并认为审计契约是企业契约的子契约之一，但并没有对审计契约的内涵进行阐释。对此国内的研究者从各自的研究视角出发提出了不同的审计契约概念，具体包括以下几种：（1）黄晓波认为：审计契约是股份公司委托人和代理人（董事会和总经理）、受托人（会计师事务所）和注册会计师协会之间一组契约的集合。（2）潘琰、辛清泉认为：审计合约是指注册会计师与客户就审计服务所达成的合同或协议，包括审计业务约定书及其他有关协议。（3）冯均科认为：狭义的审计契约应仅仅指由审计人与审计委托人共同签订的契约，广义的审计契约应当指在狭义审计契约之外再增加审计人与被审计人签订的契约。（4）刘国常等指出："从内部看，审计契约是审计组织（主要是会计师事务所的合伙人之间以及合伙人与雇员之间）关于要素投入的契约安排；从外部看，审计契约是审计者与不同利益主体对彼此关系的约定。"①

上述审计契约的界定存在诸多不一致。首先，研究者对审计契约定义的外延并不一致：冯均科定义中的狭义审计契约也就是潘琰、辛清泉定义中的审计合约，即审计实务中的审计约定书；其广义审计契约的内涵与黄晓波（2002）的审计契约内涵一致。刘国常等定义的内部层面契约其实是审计企业契约性质，属于企业契约。其次，涵盖的审计契约参与者存在差异：其中潘琰、辛清泉是"两方

---

① 刘国常、赵兴楣、杨小锋. 审计的契约安排与独立性的互动机制［J］. 会计研究，2007，9.

论"（审计师与客户）；冯均科支持"三方论"（审计师、审计委托方和被审方）；黄晓波为"四方论"（审计师、审计委托方和被审方以及注册会计师协会）；刘国常等支持"利益相关者论"或为"多方论"，即审计契约由企业契约利益相关者共同缔结。刘国常等的界定尽管明确了审计师在契约中的缔约地位，但"彼此关系的约定"放之四海而皆准。

我们认为要对审计契约进行合理的界定应厘清以下三个问题：审计契约缔约方及其缔约目的；审计契约的缔约原则；缔约的核心内容。

3.1.1 审计契约缔约方及其缔约目的

从法律角度讲契约是有关规划将来交换的过程的当事人之间的各种关系（麦克尼尔，1994）。因此界定审计契约当事人即缔约者是哪些人，是审计契约概念的基础。如前所言，审计是企业契约各方进行产权及其变动的界定；合作盈余生成过程各方履约情况的监控，以及合作盈余尤其是剩余盈余分配的界定与协调的契约行为，本质上审计契约是企业契约当事人为保护各自的产权利益进行合作博弈的产物。企业契约当事人具体包括股东、债权人和管理层及其他企业雇员、客户与供应商、政府，其投入不同的要素资源，并获取不同的产权利益，如表 3.1 所示。他们都对产权利益分配与产权利益的计量公允性和真实性有着内在的信息需求，因此他们都有与审计师签订审计契约的动机，但由谁与审计师契约，这一方面与企业所有权主要是剩余控制权的配置有关；另一方面，由于谁拥有审计师契约权，谁就有可能通过选择不同质量审计师以及"胁迫"或"收买"等机会主义行为获取自身产权利益的最大化。因此，一方面企业契约内各产权主体会为此展开合作博弈，应该说，审计契约缔结权的归属是一个动态博弈的结果。而企业雇员、客户与供应商、政府等由于其投入要素的专用性较弱，如政府投入要素的公共性质；一般雇员人力资本的同质性等，他们在企业契约中属于弱势产权主体，也就不具备获取审计契约缔约权的可能。因此事实上是股东、债权人以及管理层三大产权主体进行审计契约缔约权的博弈。另一方面，由于企业所有权配置具有状态依存，在非正常状态下企业经营存在某种程度风险时，企业所有权的配置是缔约主体集体理性的逻辑结果。审计契约的缔约者在一定程度上将代表其他产权主体的需求。我们将在第 4 章中对此进行详细阐述。因此，从狭义上看，审计契约委托方仅指与审计师签订正式书面协议的缔约者；广义上看，所有企业契约主体都是审计契约的委托方。因此我们认为审计契约的缔约主体包括：审计师、审计委托方以及被审方。黄晓波提及"注册会计师协会"也是审计契约的缔约方，笔者并不苟同，注册会计师协会作为审计契约缔约与履行的外部监管机构，本身并不直接参与到"将来交换的过程"的过程当中，它作为审计契约的履约机制而存在，法律和声誉在审计契约中的功能一样。

表3.1 　　　　　　　　　　　企业契约缔约主体与缔约方式

缔约主体	投入的要素	利益要求
股东	权益资本	股利、企业剩余
债权人	借贷资本	本金与利息
经理层	管理类人力资本	薪酬
职工	技能与服务类人力资本	薪酬
供应商	商品或劳务	货币资金
客户	货币资金	商品或劳务
政府	产权保护、其他公共产品	税收

从经济学角度看契约是交易双方为追求更大经济利益，在交易过程中建立起的一种权利义务关系。审计契约签订的目的是缔约各方为获取其经济利益最大化，审计师签约的目的是获取近期的审计公费，以及远期意义的声誉收益即缔约后一般能保持相对长期的合作关系，以获取长期的审计公费①。审计委托方的契约目的是通过审计师的公允服务，保护投入要素的产权利益，降低企业的契约冲突，促进企业契约的顺利履行，保障"组织租"或称"合作盈余"的最大化，最终实现自身投入要素产权增值的最大化。

3.1.2 审计契约的缔约原则

平等不仅是契约缔结的前提，而且还可以看作是契约实现的过程和结果。同时，利益主体在缔结契约时，其意志的表达是自由的。市场主体的双方就是以这种方式，彼此为对方提供服务，以满足自身利益。人们在缔结契约时，思想和信仰自由的权利是会保留的，"此天赋之权，即使出于自愿，也是不能割

---

① 我们认为审计师缔约的收益目的包括近期审计公费和远期收益的预期，这能较好解释"低价揽客"现象的存在，"低价揽客"是指审计师初次签约的审计价格低于审计成本，我们认为审计师之所以这么做，目的可能是"放长线钓大鱼"，当然这里的"大鱼"即本书所指的长期合作的收益预期。这对急切想扩大市场份额的中小型审计师而言非常重要。

弃的，自由比任何事物都珍贵。"① 因此，平等与意愿自治一直是契约缔结的基本原则。

审计契约是各缔约主体在意愿自治以及地位平等基础的一种"合意"。这种意愿自治源自于缔约各方对经济利益最大化的预期以及审计服务效果的期望。应该说独立审计的产生与演进，乃至现代独立审计的完善都是审计供需双方意愿自治的结果。18 世纪初期南海公司破产案中，斯内尔先生对南海分公司会计账目的检查尽管是当时议会的委托，但议会是迫于南海公司数百位股东和债权人的强烈舆论压力，本质上看，这桩最早的独立审计工作是出于南海公司参与者意愿自治的需要。股份有限公司的诞生与发展，是近代独立审计产生的经济背景，是两权分离前提下企业参与者的意愿自治的内在审计需求。尽管独立审计需求研究中有研究者提出了"法定审计需求"和"自愿性审计需求"的分类方式，但我们认为，无论是早期股份公司的产生、发展；还是现代公众公司的繁荣，企业契约参与者意愿自治的独立审计需求是本质的，只不过由于股份制公司在其治理结构的不断演进中，企业契约缔结者的地位不同，因此对独立审计的需求目标不一。如当经理层控制企业时，尽管其他企业契约缔结者有高质量独立审计需求，但经理层机会主义动机使然，其对独立审计的质量需求低下。这样意愿自治的独立审计需求被扭曲甚至无法获取。基于此，各国政府为了保护其他契约主体的利益，制定了强制性的独立审计需求条款，这就是法定审计需求。尽管如此，我们仍应指出独立审计的需求是意愿自治的需求，只不过外部环境或企业内部组织无法为这种自治行为提供实现的条件。产权明晰、治理结构完善的现代公司制企业中缔约各方出于意愿自治和地位平等的独立审计需求是审计契约的缔约基础和原则。

3.1.3　审计契约的缔约核心

审计契约是审计委托方与审计师关于审计服务所签订的协议，其缔约核心是审计产品。审计产品较之其他商业契约产品具有不同的特质：首先，审计产品是一种服务型产品，其表现形式为"软件产品"，包括审计报告、审计建议书、处理决定书等。其次，审计产品是一种信任品，审计目的是为委托人（投资者）提供受托人（经营者）所出具会计信息可信度的信息，而这种信息（审计产品）

---

① ［荷兰］别涅狄克特，斯宾诺莎. 神学政治论［M］. 商务印书馆，1963.

是基于委托人对中介人（审计人员）的信任程度，它自身就是一种信任品。正是由于审计产品作为服务型产品的"无形性"和作为信任品的"认知主观性"使得审计产品的质量难以衡量和定性。最后，按照其消费特征，审计产品属于准公共产品。消费特征是指消费的竞争性和消费的排他性。消费的竞争性是指消费的增加会引起边际成本的增加；消费的排他性是指社会产品在消费过程中所产生的利益能为某些人或某个人所专有。按照消费特征，产品分为公共产品、私人产品和准公共产品三类，其中准公共产品是指具有有限非竞争性或有限非排他性的公共产品，它介于纯公共产品和私人产品之间。独立审计报告强制性的对外公告制度使得审计产品具有消费的非排他性和消费的非竞争性。正是由于审计产品具有广泛消费渠道、具有消费的非排他性和非竞争性，签约方的多重性和模糊性，审计产品更多体现了准公共产品特质。

基于上述分析，本书认为：审计契约是审计师与其他当事人在地位平等意愿自治的前提下就审计产品所达成的约定或协议。狭义的审计契约仅指审计师与企业审计契约缔结者就审计服务所达成的协议；广义的审计契约是指审计师与企业其他契约主体就审计服务所达成的协议。二者的区别是审计缔约者的范围不同。

同时，为了更好地了解审计契约的内涵，必须区分审计的"契约性"与审计契约二者的差异，"审计的契约性"是从审计在企业契约网络中的功能与作用来理解审计本质，是从契约视角对审计基本功能的重新定位。审计契约是缔约各方基于平等自愿就审计产品所达成的一种协议，是企业契约网络中的子契约。审计契约研究是从审计本身涉及的契约关系研究其在企业契约中的作用机理与运行规律，即研究审计契约对审计契约性的影响，本书的研究重点正是如此。

3.2 审计契约在企业契约耦合体中的运行分析

3.2.1 企业契约耦合体及其运行机理

大多数经济研究者都认同企业是一组契约的联结这一观点，不同的是，科斯、迈克尔·詹森和周其仁等从静态角度描述了企业的性质，企业是一组契约的联结，是一组人力资本与非人力资本的特别契约，是不同个体间一系列复杂的隐性与显性契约的法律实体；国内学者谢德仁（2002）、雷新途等（2007）从动态角度阐释了企业的性质。谢德仁认为要素使用权交易契约的缔结形成要素市场，而其履行则形成企业，企业是市场中由要素所有者签订的一组不完备的要素使用权交易契约的履行过程。要素使用权交易合约的履行过程包括要素投入、要素使用权（核心是剩余控制权）的行使以及要素增值的分配（核心是剩余索取权的行使）以及企业组织资本与组织资产的创造和使用等，该组契约的关键内容就在于企业剩余索取权与剩余控制权的安排。雷新途认为谢德仁的观点"涵盖了企业与市场的边界问题的解析，而且对企业契约缔结和履行过程进行动态描述"。但与之不同的是，他认为，谢德仁关于企业是一组契约履行过程的理解，"实际上是剖析企业契约的履行机制问题"。即是从契约的履约过程探讨企业的性质。基于这种认知，雷新途（2007）认为要素使用权契约的缔结已开始了企业契约的运行，企业的性质是要素使用权交易契约的缔结和履行过程。雷新途的观点吸收了谢德仁对科斯（1937）、张五常（1983）、杨小凯和黄有光（1994）的企业要素交易契约模型动态补充的内容，从契约缔结与履行全过程对企业契约性质进行阐释，其观点有一定的创新性。

　　由于企业是一系列契约的耦合①，其究竟由哪些契约构成？它们之间的耦合关系如何？对这些问题的了解是剖析企业契约运行机理的关键。谢德仁（2002）认为企业契约主要包括剩余索取权安排契约和剩余控制权安排契约，剩余索取权安排契约又包括剩余分享安排子契约和剩余计量规则制定权安排子契约，前者涉及企业剩余收益的分配方式，后者主要涉及企业剩余收益的确认、计量与披露等会计内容。雷光勇（2004）基于谢德仁的研究基础，将企业契约耦合体划分为会计契约和非会计契约，会计契约是指把企业契约结构中运用会计数据、会计方法与会计规则，来界定、调整利益相关者的权利与义务的经济契约，进一步划分为股权契约、债权契约、报酬契约、税收契约以及分成契约。雷光勇认为会计契约在企业一系列契约耦合机制中处于中心地位。由于企业契约不完备可能引发"不完全契约的企业签约悖论"，与理论上对会计契约不完备对经济利益影响的高度关注不同，现实中很少有人关注这一影响，这种理论与实际的矛盾现象，刘建秋

---

　　① 雷光勇认为"耦合"更能反映企业组织的生命力或动态性，因此提出了企业契约耦合体这一术语（参见雷光勇. 会计契约论 [M]. 北京：中国财政经济出版社，2004）。

称之为"不完全契约的企业签约悖论",并认为对这一悖论的解读源自于会计诚信契约的存在。会计诚信契约是一种隐形契约,是企业契约的子契约之一。雷新途(2007)从契约的财务性与财务的契约性两个方面研究了企业契约的运行,他认为企业契约的缔结与履行过程对应的是一个完整的企业财务(资金)交易循环过程,从这一角度看,雷光勇所说的具体会计契约(股权契约、债权契约等)不同程度体现财务性,更具有财务契约的特征。本书认为,静态地看企业是一组要素使用权交易的契约,其交易的核心是剩余索取权和控制权的安排,即企业剩余的分享安排(包含分享方式与剩余计量权安排)与控制权安排。按照剩余分享安排与控制权安排的差异,形式化为具体的股权契约、债权契约、报酬契约以及其他的契约,这是企业契约的缔结过程,也是企业财务契约、会计契约与审计契约的缔结过程;动态地看,企业契约总是处于动态的运行过程,是剩余索取权和剩余控制权安排契约的具体履行,其形式化为各种外部契约(主要为商业契约形式)的缔结与履行,其本身也是企业财务契约(投融资与其他财务契约)的运行过程,以及会计契约与审计契约的履行过程(见图3.1)。上述对企业契约构成的不同理解是一个问题的不同视角:从经营流程看,企业是一个从投产、生产与销售到再投产、再生产与销售的循环;从资金流程看,企业是一个从货币资金—储备资金—生产资金—货币资金的循环;从会计视角看,企业是一个从资金筹集、利润形成到利润分配的业务循环;从财务视角看,企业是一个从融资—投资—资金运营—资金分配的循环。

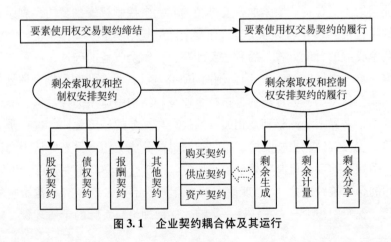

图3.1 企业契约耦合体及其运行

3.2.2　审计在企业契约耦合体中的功能

"功能"是指事物或方法所发挥的有利的作用与效能，"审计功能"是指审计发挥的作用或职能，目前国内外学者对审计功能的理解主要包括如下几种观点：审计的鉴证功能，即审计的作用在于其对信息用户接受信息时的信息判断与识别；莫茨（R. K. Mautz）和夏拉夫（H. A. Sharaf）认为审计注重验证；美国利特尔顿教授在《会计理论的构造》一书中认为审计的功能最重要的是批判地评价；国内研究者提出了审计的"经济监督论"、"经济证明论"、"经济鉴证论"等多种审计功能观点，目前比较主流的观点是蔡春教授的"经济控制论"，他认为审计功能是基于其本质属性所发挥的职能、作用与职责，它既包括审计本身所固有的、本质的、客观的功能，即本质功能，也包括与具体审计形式相结合所发挥的具体作用以及审计师因受托经济责任拓展而承担的新的职责，即具体功能。正是基于对审计功能内涵的这种认知，蔡春教授认为审计在本质上是一种确保受托经济责任全面有效履行的特殊的经济控制，现代审计功能应是在传统审计服务功能上的拓展，因此他认为现代审计功能分为三个层次：第一层次的传统审计服务功能；第二层次的鉴证功能；第三层次的认证功能。

对于上述审计功能的观点，本书认为都从不同视角对审计的作用与效能进行了概括。但正如大多数研究者的观点，本书认为审计的功能应由审计的本质属性来决定。因此上述审计职能的观点反映了审计的外在作用和具体的功用方式，并没有揭示审计的内在本质属性，难以回答：审计发挥鉴证与控制作用的动机与缘由，以及审计因何而来的本质。

如前所言，企业是一组契约的联结，是一组人力资本和非人力资本投入要素使用权的特别契约。要素所有者之所以愿意投入要素使用权形成企业这一法律虚构，是因为其能生产出高于要素所有者单独生产的"合作盈余"或"组织盈余"，由于要素禀赋、所有者风险意识等存在差异，不同的要素所有者选择不同的签约形式，如股权契约、债权契约和管理者报酬契约方式。不同的契约缔结者获取不同的控制权和索取权的分配形式与分配份额。缔约各方在发生投资行为过程中所进行的合作，是一个相当复杂的过程。但是若要合作取得成功，其基本前提就是需要对缔约各方所投入的不同资源和产权收益进行计量，并将相关会计信息进行披露。因此计量与披露方法的谈判是缔约各方合作投资所需要进行互动的重要内容，并最终将互动的结果以会计规则的方式予以表达。由于要素使用权契约本身并没有分配和计量功能，会计契约作为企业契约的子契约来完成对要素使用权契约缔结与履行中的要素初始投入价值、合作盈余与剩余价值分配的确认、计量、报告、披露与监督。但由于会计信息的真实性与会计规则及其制定权的合约安排是密切相关的，因此会计规则由谁来制定，由谁来监督其执行等的合约安排（制度安排）至关重要。按照谢德仁的观点，会计规则制定权合约安排区分为一般通用的会计规则制定权和剩余的会计规则制定权两个方面。前者是指参与会计规则制定的各方关注并作出适当规定的会计事项处理规则的制定权合约安排；而后者则是指对一般通用会计规则中未作出规定的会计事项的处理规则制定权以及对一般通用会计规则中具有较大选择空间的会计事项处理规则的选择权的合约安排。现行会计规则制定权合约安排的一般范式是：政府享有一般通用会计规则的制定权，企业经营者享有剩余的会计规则制定权。由于会计契约自身的不完备，企业经营者享有剩余的会计规则制定权就有可能存在"会计寻租"。因此，需要由独立、公众的第三方来监督企业经营者对一般通用的会计规则的遵守，以及剩余会计规则制定与运行情况，即对会计契约的履约过程与结果进行监督与控制，以保护企业契约缔约各方的产权，促进契约的功能完备与良性履行。独立审计以其独立的身份、专业技术和客观的态度胜任这一企业契约缔约各方的需求。

因此，我们认为审计作为企业契约履行的重要保护机制，是企业契约技术的固有部件，能帮助契约实现其"功能性完备"（Ball，1989），也就是说现代审计的本质是促进企业契约的完善，现代审计的功能不单纯是验证和证明，更多的是在契约的动态"完备"过程中对缔约各方的产权信息进行明确与界定，通过实现对缔约各方产权的保护与利益协调，以促进契约的功能完备与良性履行，具体作用包括：要素投资者初始投入产权界定（包括契约正式规定的权责以及剩余控制权与剩余索取权的分配）的验证功能；契约履行过程的产权"合作盈余"（投入要素的价值创造）生成过程的控制与评价功能，以及履约过程中对资产专用性变动程度（通过会计信息进行反映）进行再确认与评价功能；产权收益分配（主要是剩余盈余的分配）的验证，以及为合约修订与调整（产权重新界定与调整）提供公允意见所形成的裁决功能。因此，审计的契约性即促进企业契约完备与良性履行是审计产生的内在动机，对缔约各方产权的保护是审计的基本功能；而监督、判断、控制等是审计契约功能的具体表现，是审计的具体功能（见图3.2）。由于现代企业契约中缔约方产权形式的多样性，包括产权内容的多样性，如债权形式、股权形式以及混合产权方式；产权主体的多样性，如个人产权形式、法人

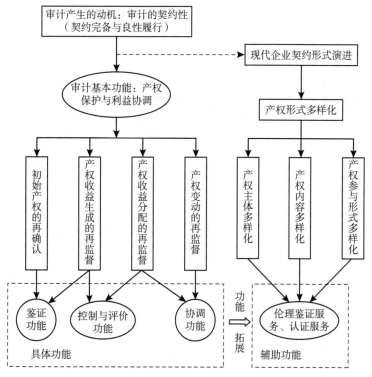

图3.2　审计功能结构

产权形式、国家等公有产权形式；产权参与方式的多样性，如人力资本产权形式与非人力资本产权形式。以及履约环境的复杂性，为了帮助契约实现其"功能性完备"和顺利履行，现代审计功能将进一步拓展，如对企业与社会的伦理关系的鉴证服务，包括企业是否在遵纪守法方面作出表率，遵守所有的法律、法规的鉴证；企业市场营销的伦理鉴证，包括企业产品营销过程与售后行为合法性、公平性与诚实性鉴证；企业人力资源管理的伦理鉴证服务，包括企业人力资源管理公平性、合法性鉴证；企业会计的伦理鉴证，主要是企业会计行为的合法性、合规性的鉴证服务。这些新兴的服务内容是现代审计契约功能的进一步完善和发展，为现代审计更好履行其契约修补与监督功能提供了新的方法与思路，是现代审计拓展的辅助功能。如企业人力资源管理的伦理鉴证服务为解决审计服务中人力资本产权及其收益界定与确认的困难，具有一定的作用。这些新兴业务的出现一方面源自于服务市场的需求；另一方面也是审计师谋求自身发展的需要。由于审计师与客户关系的紧密，同时又具备独立性和专业性等特质，审计师在获取这些服务方面具有天然的优势，因此这些服务已成为现代审计的业务内容。目前，国际著名"四大"会计公司都已开始注重企业伦理审计，培养专门的审计人才，使伦理审计成为会计师事务所新的经济增长点。

3.2.3　审计契约在企业契约耦合体中的运行

如前所言，企业是一组要素使用权交易契约的缔约与履行过程，也是一组剩余索取权与控制权契约的缔结与履行过程。缔约各方缔约的目的是什么？即要素所有者为什么愿意耦合于企业，而不是通过市场交易，对此，学者们从企业与市场的边界这一主题展开研究。科斯（1937）、威廉姆森（1975、1979、1980）以及克莱因（1980）认为是因为企业用一组契约替代市场交易的多种契约，从而节约了交易成本；阿尔钦和德姆塞茨（1995）则认为企业组织这种"团队生产"能提高生产率；鲍尔（1998）基于科斯与张五常的研究思路发现企业是一个专业化的契约中介，其优点在于能将一系列契约集中起来，从而取得规模经济，降低契约的单位成本。谢德仁沿袭科斯（1937）、威廉姆森（1975、1979、1980）、鲍尔（1998）等关于企业边界的研究思路，认为资产与服务种类多样，其交易契约复杂度远胜于要素使用权交易契约，因此将要素使用权交易契约集中于企业这一法律实体，一方面能取得契约自身的规模经济；另一方面，能产生导致单位契约知识学习成本递减的规模经济，因为不同的交易契约需要不同的专业知识。正是由于企业与市场相比有降低交易成本、获取规模经济的优点，天然的自利动机使然，要素投入者才会就其要素使用权交易缔约，从而形成企业这一法律实体。雷新途（2007）从契约的财务性这一视角提出了缔约各方的参与其中的目的理所当然是追求"合作盈余"的最大化的观点。

由于上述学者的理论基础——现有的企业理论都是从成熟的企业出发的，讨论的是已有企业对外部市场的替代及替代方式（间接定价和资产专用性理论）、企业控制权的分配和经营者的选择（现代产权理论和资本雇佣劳动理论）。它没有一个创建过程，而是一下子出现的。也就是说其研究的是企业契约的履行过程，而忽略了缔约过程的研究。对此杨其静博士在其《企业家的企业》一书中把企业建立过程分为谈判签约期、投资发生期和契约实施期。应该说杨博士"描绘和再现了企业家创建企业的过程，使得企业家的企业理论骨架完整，羽翼丰满，自立于企业理论之林"①，拓展了企业理论的研究空间。但我们认为投资发生期是契约缔结的现实实现，本身归属于契约履行期。因此，基于契约理论应从契约缔结与履行两个过程来理解企业的性质。在企业契约缔结前，要素所有者之所以缔约，我们认为人具有天然的趋利性，从缔约个体角度无论是否了解企业与市场的差异，基于其对自身投入要素收益的合理预期即特定投资者所要求报酬权的最低期望值，主观上他会选择是否与他人缔约，当缔约主体预期能从企业获得最低期望值时，其就会参与企业契约的缔结。一旦契约缔结建成了企业，履约过程中要素所有者"他们得到的东西仍然是纸上的，投资者和企业家能够实际取得多大的利益，是与企业的经营盈余或者组织租金相关的，是要经过后者的折算的"。因此履约阶段要素所有者"所关心的与其说是如何运用各自的权力去分享企业利益，而不如说是如何激励经营者去创造企业盈余，因为后者是前者的基础和前提"。这与雷新途（2007）的观点一致。

　　尽管如此，缔约过程中各方对自身投入要素收益的合理预期最终能否成为现实的剩余索取权与控制权安排契约，是缔约各方的"讨价还价的结果"。企业契约履行过程是"组织盈余"的创造与分配过程，也是剩余索取权与控制权契约的履行过程。大多数经济研究者关注的是企业剩余索取权与控制权尤其是控制权如何在要素所有者间的配置问题，认为最优融资契约的设计可以更好地激励企业家的事前努力和保护投资者的事后收益。这些理论的研究前提是组织盈余的形成与分配能够得到正确与公允的计量与信息披露，即组织盈余是外生的②。由于人的机会主义行为倾向，签约前后缔约各方都可能利用信息不对称而谋取自身利益，前者是事前的机会主义，具体表现如虚假出资或对自己投入要素价值的夸大，以获取更多的剩余索取权和控制权；后者为事后机会主义。具体表现为：第一，通过不当行为直接侵占组织盈余，如大股东运用控制权优势进行"隧道挖掘"，获取超额控制权收益，其具体手段有：大股东占用上市公司资金并为其旗下的其他公司所用；大股东强制要求上市公司为其旗下的其他公司提供担保；通过关联交易将上市公司利益转移至大股东属下的其他公司；基于大股东的利益而随意变更上市公司资金投向；通过其他方式向大股东进行利益输送；第二，经营层的在职恶意消费等行为侵

---

　　①　张曙光．企业理论的进展和创新——评杨其静著《企业家的企业理论》［J］．经济研究，2007（8）：153～160．

　　②　此处与谢德仁（2002）在其《企业剩余索取权：分享安排与剩余计量》中提及的剩余外生于企业剩余索取权合约的说法相似，不同的是，谢德仁的说法忽略了企业剩余是企业总收入（组织盈余）扣除契约固定支付后的剩余，剩余的外生从本质上是假设了组织盈余的外生。因此，我们提出了一般研究中都假设"组织盈余外生"的观点。

占组织盈余。操纵组织盈余的计量，以实现组织盈余的隐形侵占，如会计契约的不完备，经营层滥用其剩余组织盈余计量规则权，进行利润操纵谋取私利。

　　契约参与方的机会主义行为使得组织盈余内生于企业契约，即组织盈余的多少取决于企业契约的履行状态以及对契约参与方机会主义行为的约束强度。对履约中的组织盈余侵害行为缔约者通过科层安排、激励契约设计等企业治理手段来进行约束，对事前的机会主义以及组织盈余计量的操纵行为的约束除了企业治理的一般方式外，更多地依赖于审计契约的功能发挥，当缔约方意识到自身的有限理性以及可能遭受的机会主义侵害诱发的对他人不信任时，具有公允独立地位和专业素质的第三方——独立审计成为他们缔约与履约的前提与保障。因此审计契约缔结于企业要素使用权交易契约谈判签约前期（企业筹备期），一旦缔结审计契约开始履行，其履行始于要素使用权交易契约的具体谈判与签约中后期（企业契约耦合体初始成立），实施资产产权与价值验证功能，其目的旨在保护企业契约耦合体成立之初的维护投资合作秩序。在要素使用权交易契约的具体履行中，审计契约通过对组织盈余的生成与分配过程的会计信息进行鉴证，以及对企业各种违约行为的辨识，来从企业外部协调各利益相关者之间的利益冲突，促使经营者切实履行与各利益相关者签订的明契约或隐契约，以保障要素使用权交易契约的顺利履行。因此，审计契约的缔结与企业要素使用权交易契约缔结同时进行，但其履行却先于要素使用权交易契约的履行，其运行目的是保障要素使用权交易契约的顺利履行，审计契约正是如此嵌套于企业契约耦合体，成为企业契约重要的子契约。具体审计契约在企业契约耦合体中的运行如图3.3所示。

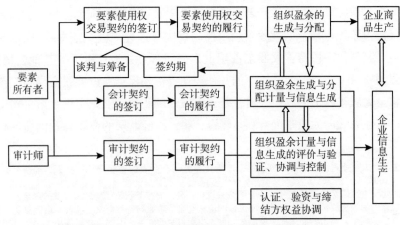

图3.3　审计契约在企业契约耦合体中的运行

3.3 审计契约的属性

3.3.1 审计契约是一组正式契约与非正式的契约

如前所述，审计契约是要素使用者与审计师就其要素使用权交易契约缔结与履行所签订的一种保障性子契约。但在具体实施中，并不是所有的要素所有者将具体参与到审计契约的签订中来，因为投入要素禀赋与稀缺程度差异，要素所有者在企业契约耦合体中的权益并不一致，其对组织盈余的分享预期也不一致。那些取得控制权即对企业的重要事项和主要活动的决策权安排较少的要素所有者，不具备审计师的选聘决策权，实质上也不参与审计契约的签订，对此，刘国常将其划分为非人格化的利益主体如小股东、企业供应商、政府等其他信息使用者。人格化的利益主体（包括大股东、债权人、经营者等）是审计契约的直接参与者，审计者与他们形成直接的审计契约关系。这部分利益主体也可称之为特定相对人，审计者对他们要承担契约责任，并由法律（主要是合同法、民法、审计法、注册会计师法等）、行业规则（主要是审计准则、会计准则等）来规范，因此是一种正式的契约安排。正式审计契约安排是一组以审计业务约定书为载体的私人合约，其具体的契约条款将反映缔约双方权责的要求，主要包括两部分：其一是关于该商品生产、提供程序的技术方面的约定；其二为关于该商品生产、提供过程中注册会计师与相关利益当事人交互行为方面的约定。而非人格化的利益主体（包括小股东、潜在投资者以及其他会计信息使用者）不会直接进行审计业务的委托，但他们通过与大股东之间的协议（或者交易习惯、市场规则）来间接约束审计契约缔结与履行，并以此为条件实施其在企业契约耦合体中的契约行为，并间接参与审计契约的缔结与履行。因此，从这一层面看审计契约是一组正式契约与非正式契约的组合。

由于非人格化利益主体不直接参与审计契约签订，其利益诉求如何得以保护？其本身"弱式"控制权何以制衡"强势"控制权的掠夺，审计契约中审计师的独立性与公允性如何实现？同样，正式审计契约中的委托人究竟是谁，这本身也是企业剩余索取权和控制权安排契约的缔约各方博弈的结果，也就是说谁真正拥有审计师的选聘权和签约权本身内生于企业契约之中，尽管有企业治理制度进行强制性规范，但治理制度自身有效性程度仍旧内生于企业契约。正是由于审计契约的正式性与非正式性的综合属性，才使得审计契约从其缔约开始就异常复杂，对上述问题的解答将有益于审计质量的提高，有助于审计契约的良性运行，我们将在后续进一步展开研究。

3.3.2 审计契约是显性契约和隐性契约的联结

审计契约是审计师与其他当事人在地位平等意愿自治的前提下就审计产品所达成的约定或协议。狭义的其他当事人是指企业审计委托人，即前面人格化的企业审计契约直接参与者（大股东、债权人、经营者），他们与审计师之间就审计产品达成正式的审计契约，这种契约也是一种显性契约。显性契约是契约各方就其权利和义务以明确的条款载明于书面文件上的一种契约。现实中各种正式的合同都是标准的显性契约形式。审计业务约定书是审计委托人与审计师就义务目标与范围、双方责任与义务、审计收费以及违约责任等方面签订的合同，是一份标准的显性契约形式。如前所言，除人格化的利益主体直接参与审计契约缔结外，企业中小股东、供应商及其他信息使用者既通过与大股东缔结正式的通用契约（如公司法、税法）和个别契约（如商业契约），也通过缔结非正式的契约（如企业的社会责任、社会商业伦理、市场规则与交易习惯等）间接参与审计契约的缔结与履行。其中非正式契约一般不能以明确的形式出现在交易双方的正式契约中，而是以默契为基础、以履行隐性承诺为要求的隐含在正式契约之中，这些契约与显性契约相对应被称为隐性契约或默认契约。经济文献中将重复互动中的非合作均衡视为"自我实施"契约或"隐性契约"，Bull（1987）称其为非契约性协议，认为它是一种隐含的、无法写明的契约。基于此，本书将其定义为：在缔约各方之间基于社会规则与交易习惯客观存在的，无须或无法通过特定的文字声明来规定和约束的责权利关系。隐性契约的最大特点是缔约各方的"心照不宣"。在这种契约关系下，交易各方通过讨论或社会惯例而不是外部强制执行来调整彼此的行为期望。隐性契约关系的内涵应包含有两个层面：一是部分交易行为的约束与保障措施在长期的交互关系中内化在组织、制度与文化之中，最终注入个人偏好，形成社会普遍认同的价值观和文化。这部分行为规范无须明文规定却对交易双方有实际约束力，从而形成无正式形式的隐性契约。二是由于商品权利的分次转移或信息的不对称，交易双方无法用正式契约对其行为进行规定与约束，但双方之间又客观存在的权益关系。

作为显性契约,审计业务约定书对缔约各方的权责进行了明晰,但由于契约的不完备,以及机会主义使然,审计师投入专用性人力资本投资后可能受到委托方的"敲竹杠"等胁迫行为,由此产生的审计合谋严重的损害审计质量和审计契约功能,我们将在后面对此展开研究。由于隐性契约不能以明确的形式出现在交易双方的正式契约中,而是以默契为基础、以履行隐性承诺为要求的隐含在正式契约中,其无法得到法律强制力的执行。审计契约中由于缔约一方即企业审计委托方的产权不明晰,签订审计契约时是以企业法人这一独立的法人实体方式缔约,而在现实中缔约者并不是所有的要素所有者,也就意味着承载保护企业缔约各方产权利益功能的审计契约,并不与所有缔约方契约,这份契约究竟保护谁的权益就依赖于签约者的意愿倾向,尽管正式审计契约中有关于审计质量和审计权责的明确条款,但审计质量的难以衡量与明示,加之隐性契约无法得到法律的强制执行,隐性审计契约如何履行成为审计契约研究的难点。尽管如此,受潜在利益如审计声誉以及制度规则如各种中小股东保护条款等的约束,隐性契约的履行将得以一定程度的实现。对此的研究是审计契约缔结与履行研究的重要内容,我们将在后面进行阐述。

3.3.3　审计契约的不完备

所有的契约都是不完备的,但其功能应该是完备的,当契约问题的最好解决办法依赖于契约的一方或双方事后不可观察的信息,或决策方不可能证实的信息时,这个契约就注定是不完备的契约。审计契约是促进不完备契约功能完备的子契约,但其履行是否有效,即审计质量的高低,事前无法在契约条款中无法明确,事后对其的验证又极为困难,因此其自身也是一种不完备契约。首先,由于人的有限理性,缔约双方对外在环境不确定性是无法完全预期的,尽管在审计业务约定书中对委托人、审计师的权责与义务进行了明确,但不可能穷尽所有的可能情况。其次,审计契约的缔约核心是审计服务,审计服务是一种无形的商品,其质量高低取决于事务所收集审计证据的能力和所付出的努力,以及注册会计师报告事情真相的意愿(Deangelo,1982)。而审计师收集审计证据的能力这一专业技能高低,尽管有资格准入的限制,但从业资格证明仅能说明具备技能,并不反映专业技能的高低,尽管理论上和部分实务界认为所在事务所规模或声誉能作为审计师专业技能的高低评价的手段,但事务所规模和声誉与审计师技能之间是否正相关,并没有得到一致的证实。此外,审计师付出的努力和报告事情真相的意愿，本身依赖于审计师的职业操守和道德，而这些都是难以观察和事后验证的。因此，审计（审计产品）质量信息在审计契约缔约双方中分布不对称，审计质量信息难以评定，这就决定了审计契约高度的不完备。同时，由于审计质量本身是基于过程的质量完备的审计契约应对具体情况下审计师的恰当反映作出约定，如应采取的审计程序、应收集的审计证据等，但签约者的有限理性和交易成本的存在，现实的审计契约不可能包括所有情况下的审计过程描述与约定。本质上讲，审计契约不完备是内生的。

综上所述，从缔约主体性质和契约形式的多样性来看，审计契约是一个多边参与的不完备契约，是一个正式契约和非正式契约、显性契约和隐性契约、通用契约和个别契约、书面契约和口头契约的联结体。其非正式性和隐性特质，使得审计契约运行状态，契约产品的好坏——注册会计师职业服务质量会直接影响经营者、投资者、债权人等社会公众的利益，进而影响整个社会的经济秩序。从这一点看审计契约的契约效用具有外部性。审计契约不完备将对审计契约效率产生一定的经济后果，应该采取何种制度安排来最小化契约效率损失，我们将进一步展开研究。

3.4 审计契约不完备产生的根源

3.4.1 不确定性与审计契约不完备

从根本上说，人们的经济活动都是借助契约进行协调和激励的，每一次交易都有一个契约安排与之对应。在现实世界里，交易各方制定和执行的契约往往具有不完全性，总留有遗漏和缺口，总有模棱两可和歧义之处，因此现实中的契约大都是不完备契约，审计契约也是如此。现实的世界是一个充满不确定性的世界，正如美国前财政部长鲁宾所言："天下唯一确定的是不确定性。"不确定性是指对导致一系列可能结果的一种或多种备选方案的认识状态，但这些特定结果的可能性要么无法知道，要么无实际意义。不确定性意味着存在大量可能的偶然性事件，而且要预先了解和明确针对所有这些可能性的反应，费用是非常高的。由于当事人某种程度的有限理性，不可能预见到所有的或然状态，以及由此形成的预见成本。Tirole（1999）认为其是契约不完备产生的原因之一。基于此，本书认为不确定性的存在是审计契约不完备的原因之一。不确定性又分为外生性不确定性与内生性不确定。

（1）外生性不确定

外生于审计契约的不确定性是客观存在的，却又无法在显性审计契约（审计业务约定书）中进行描述或格式化的事项，因此是一种客观存在的不确定性。这种不确定性一方面源自外部审计环境的复杂性与多变性，Segal（1999）认为，环境复杂性是导致契约不完备的原因；另一方面是审计师或其他参与者不能对世界上"一切可能发生的情况和一切有意义的因果关系"进行完全的识别与了解，因此在审计契约缔结中不能对所有可能的权责进行明示，在审计契约履约过程中审计师也不可能对所有的可能事项提供专业判断。如被审企业经济业务本身难以精确计量所带来的不确定性，又如无形资产摊销业务中每期应摊销多少本身难以准确地计算。这种客观世界的不确定性只能假设为一定，人类既不能降低这种不确定性所产生的影响，更无法回避或者消除客观不确定性，这些审计业务自身的复杂性与不确定性导致审计契约不可能完备。

（2）内生性不确定

内生性不确定是指产生于审计契约各方对客观世界的主观认识之中。也就是说，即便客观事物是完全确定的，或者至少可以假设是确定的，但是，由于人类本身对于"信息"认识的不足，或者人类自身"状态—偏好"的不完全可知性，"经济过程本身的前瞻性"也会导致不确定性的产生。内生性不确定性具体又可分为对未来和对变化的结果的不完全知识产生的不确定性类型。

审计契约缔结与履约过程中由于经济业务复杂多变而传统审计知识与方法的局限所引起的不确定性。如企业创新金融工具大多是一种尚未履行的或处于履行中的合约。由于金融市场瞬息万变，金融工具的合约在签订之后，往往存在着流动风险、信用风险和市场风险等多种风险。营销创新，如超"新三包"服务承诺，以旧换新、名目繁多的有奖销售等未来结果高度不确定。审计师专业知识对这些高度不确定新兴经济业务的不完全了解所形成的不确定性。Prem Sikka（2009）在其文《金融危机与审计师的安静》一文中指出：过去近一个世纪中审计师运用工业化时期的多种方法以实现对有形实物的检查与验证、计量与评价，使其价值能从凭单与发票中进行检查。但这个世纪被复杂的金融工具（如衍生品）充塞而走向衰退，其价值依赖于未来不确定事项，任何衍生品的价值都可能由此从零增加至数亿美元或英镑……即使是获诺贝尔经济学奖得主都难以对其价值进行确定，我们怀疑审计师这些方面的知识能超过诺贝尔经济学奖得主。其言下之意是审计师对衍生品价值的准确验证与评估本身是不大可能的，因为依赖于不确定的未来事项的衍生品价值本身也是不确定的。这种审计师及审计契约其他参与者不完全知识形成的不确定，也将造成审计契约缔结方在缔结与履约过程中的行为不确定，这也是审计契约不完备的原因之一。

另一种类型的不确定性是由于审计契约的有效履约主要是审计师运用其专业技能与公允立场作出的"估计或者判断"，在审计契约中仅能对审计师的工作职责进行通用性规范，而无法对审计师具体的估计与判断方法的选择与公允立场的具体行为进行语言刻画，无法列明在所有这些事件出现时缔约当事人必须采取的相应行动、应有权利和应尽义务；无法用准确的语言描述各种状态，这种对审计契约各方权责语言的局限可能导致的审计各方行为的不确定，也是形成审计契约不完备的原因。

总之，由于审计契约缔约中的各种不确定性造成了审计契约本身的不完备。外生性不确定性是客观存在的，也是难以消除与降低的；内生性不确定性源自于审计契约各方自身知识与契约语言的局限。前者通过审计外部制度的完善与审计各方知识的更新可得以减低；后者的不确定性相对复杂，其对审计契约的履约影响也相对大，本书将后续进行重点阐释。表 3.2 对上述原因进行了描述。

表 3.2   审计契约的不完备性与不确定性

分类	客观不确定性	主观不确定性	
		第 1 类	第 2 类
原因	审计外部世界自身所具有的不确定性	审计契约各方知识的不完全与信息不完全	基于估计与判断的主体行为选择的不确定可能，以及审计契约对各方行为与权责"不可描述性"，共同形成的行为不确定
后果	审计契约不完备	审计契约的不完备	

3.4.2 契约绩效的不可验证性与审计契约不完备

由于契约履行中契约当事人或契约仲裁者无法对具体的契约绩效或绩效变量进行考察或证实，或者对其的证实与考察的费用非常高，因此第三方执行者要完满地证实违约往往很难。这种契约绩效或绩效变量的难以验证是契约不完备产生的另一原因。施瓦茨（1999）将这种不完备契约称为"注定不完备"契约。不确定性导致了审计契约的不完备，但是如果契约的履约绩效能够具体考察到或证实，事前的不完备可以得到修补，如一般服务交易契约中尽管无法对服务过程中各方权责及其服务质量（主要是提供服务方）在契约中完全明示，但由于事后可以对服务契约的履约绩效进行验证，如运用客户满意度等指标验证服务质量高低，这种事前契约的不完备得以削弱或者消除。尽管审计契约也是一种服务提供契约，审计契约是否有效履约最终反映为审计师是否提供公允、可靠的验证与产权保护服务，其服务质量的高低由于其缔约参与者各自权责利益目标不同，客户满意度指标并不适合对其履约绩效的验证与考察。审计契约是否有效履约直接表现为公允可靠审计信息的提供，审计契约的履约绩效直接表现为审计质量的高低，最终表现为审计是否降低企业契约运行中的交易费用，维护企业契约产权各方权益，促进不完备契约的功能完备。由于审计质量本身难以验证，按照 Dean-gelo（1982）将审计质量定义为审计师发现会计违规的能力以及对其进行披露的意愿。前者与审计师专业技能与努力程度有关，后者与审计师独立性有关。尽管审计师专业技能通过资格准入制度（如我国的注册会计师考试制度）得以确定，在我国，从 1991 年起开始注册会计师资格考试，从 1993 年起，财政部与证监会对从事上市公司审计业务的事务所和注册会计师予以专门核准，之后更是要求对从事证券及相关业务的审计开设资格考试。这些硬性的契约安排促使目前注册会计师的专业胜任能力基本上能够满足，但并不能据此验证注册会计师专业技能的高低。同样审计师努力程度即审计师人力资本的投入也是难以考察与验证的。此外，通过对企业审计契约缔约权配置等对审计师独立性进行了保障，但缔约权配置本身是企业要素投入者控制权博弈的结果，也受到企业契约内剩余控制权博弈的影响，审计师名义上的独立性是否能实现，其独立性实质上的强弱本身难以考察或验证费用太高。由于审计契约绩效难以验证与考察，违约的一方很容易声称他所做的就是契约所同意的，另一方很难确定事情真相，即便另一方确信他未履约并予指责，第三者（法院等仲裁结构）也难以作出判断。

3.5 本章小结

审计契约是要素使用者与审计师就其要素使用权交易契约缔结与履行所签订的一种保障性子契约。动态地看，审计契约的缔结与企业要素使用权交易契约缔结同时进行，但其履行却先于要素使用权交易契约的履行，其运行目的是保障要素使用权交易契约的顺利履行，审计契约正是如此嵌套于企业契约耦合体，成为企业契约重要的子契约。因为投入要素禀赋与稀缺程度差异，要素所有者在企业契约耦合体中的权益并不一致，并不是所有的要素所有者将具体参与到审计契约的签订中来，人格化的利益主体（包括大股东、债权人、经营者等）是审计契约的直接参与者，审计者与他们形成直接的审计契约关系。非人格化的利益主体（包括小股东、潜在投资者以及其他会计信息使用者）不会直接进行审计业务的委托，但他们通过与大股东之间的协议（或者交易习惯、市场规则）来间接约束审计契约缔结与履行，并以此为条件实施其在企业契约耦合体中的契约行为，并间接参与审计契约的缔结与履行。因此，从这一层面看审计契约是一组正式契约与非正式契约的组合；是一组显性契约与隐性契约的组合。

4 不完备审计契约的
缔结机制研究

审计契约缔结涉及的是缔结目的与缔结参与各方的缔结行为，即为何缔结和由谁缔结以及怎样缔结的问题。审计契约的缔结内生于企业契约的不完备，这种不完备诱发了缔约主体机会主义行为以及对组织租金的争夺。Gul（2000）在《不可观察性投资和敲竹杠问题》（Unobservable Investment and the Hold-Up Problem）一文中认为，当不完备契约缔约和履行存在困难时，审计、信息披露规则或隐私权利等信息配置方法都能够起到优化租金配置，较好地解决"敲竹杠"问题，以保证投资达到合意水平。但现实中的审计契约自身也是不完备的，这种不完备同样为缔结各方对信息租金的争夺等行为提供了可能。因此，由谁来缔结审计契约成为企业各产权主体控制权争夺的一部分，尽管在很多国家对审计师缔结权配置进行了强制性规定，但名义控制权与实际控制权往往存在差异，由谁缔结审计师成为审计契约缔结的关键，因为基于不同的缔结动机，缔结者会选择不同质量的审计师。一方面，审计师作为审计无形服务的提供者，可能面临的是人力资本投入后遭遇对方的"敲竹杠"行为，而增加其审计风险；另一方面，审计师出于对市场份额的追逐又不得不权衡得失，审计师的缔结决策受何者影响，他的权衡策略如何制定，这些将影响到审计契约的后续履约过程。本章将进一步解释契约不完备对审计契约缔结的影响，并对其与审计师独立性与专业性的相关性进行纵深探讨。

4.1 剩余争夺、所有权与审计契约缔结动机

4.1.1 契约冲突与所有权配置

企业契约之所以缔结，是由于各缔约主体预期存在大于其个别要素投资收益

之和的"组织租"或称之为"合作盈余",其缔约的终极目的是要素产权收益最大化,因此可以说,"在契约达成之前,参与博弈的各个产权主体的获利机会至少在原则上是平等的"。但在缔约中由于各要素禀赋、风险承担程度等不同,以及个体有限理性和信息不对称的约束、受外部环境的制约,在做决策时可能会屈从对方的机会主义行为等的因素的影响,具体缔约时各缔约主体所要求的产权收益却并不一致,如债权投资主体其产权收益要求为"固定收益"(利息),人力资本投资者(管理者)因其人力资本价值的难以显现,即刚缔结契约时人力资本的价值无法显示,由此只能获取固定薪酬形成的"资本雇佣劳动",对此,张维迎(1996)、周其仁(1997)解释为是人力资本产权的不可分离,导致其在可抵押性方面与物质资本不同,也就易"敲诈"物质资本,因此资本雇佣劳动是"有效率的"。对此,杨瑞龙、周业安持不同观点,他们认为"当产权的行使受到限制时,人力资本与其所有者事实上并非必定是不可分离的"。并沿用威廉姆斯、加护野忠男、小林孝雄以及 Aoki 等人的观点进一步说明了人力资本专用性的存在,以及其与非人力资本都是组织租金的源泉。对于为何存在资本雇佣劳动,其解释为缔约时产权主体理性选择、谈判实力与技巧反映等导致的博弈结果的不平等。但什么会影响缔约主体谈判实力,在其后续研究《交易费用与企业所有权分配合约的选择》一文中这样解释"谈判力可以理解为当事人拥有的财富和知识……当一个百万富翁雇佣一名保姆时,双方的谈判力之悬殊,使得保姆只能成为价格接受者,而富翁自然是价格决定者"。如果谈判力可以理解为人力资本拥有者所拥有的专业知识,那就应该是劳动雇佣资本,而非资本雇佣劳动,从另一层面讲,不同要素所有者因为要素禀赋不同其谈判筹码并不同质,即拥有知识的人力资本所有者与拥有财富的非人力资本者其谈判力的强弱究竟如何比较?这是要素禀赋的差异抑或是专用性程度差异,还是风险承担程度差异呢?如果是问题似乎又回到了原点,与张维迎、周其仁的观点并无差异。

由于契约费用的存在使企业合约不可能完备,契约的不完备,使得其存在具有"公地"特征的剩余盈余。企业所有权安排的初始合约决定了一个时期内企业参与人的既得利益状态,动态缔约过程中当由投入要素资产专用性程度发生变化,缔约主体将进行契约再谈判,经过一个复杂的讨价还价过程,以实现剩余盈余某种程度上的重新分配。如人力资本通过长时期的学习积累了一定的专用性资产,更重要的是人力资本的学习能力在契约达成后使得其资本价值具有不断升高的趋势,这种新的生产力就是契约各方重新调整利益的基础。即便如此,从企业契约缔结到履约的过程中,由于各缔约主体所面对的都是既定经济结构下的个人优化选择，这使得团队生产中的契约合作与个体产权收益最大化动机的契约冲突等行为共同存在且相互影响。契约合作表现为初始要素产权的如约投入，以及履约过程各要素产权的团队生产合作；其契约冲突表现为各缔约主体对不完备企业契约中总存在"剩余"及影响剩余分配的权利进行或明或暗的争夺。这种争夺可能造成交易费用的增加，围绕剩余诱发的控制权的争夺，是企业"内部人"控制与"大股东隧道挖掘"等现象产生的根源，即便是固定盈余分享的债权投资者（固定的利息获取）和政府（固定的税收比率）等契约参与者也会受到剩余控制权争夺的影响，并由此而利益受到侵害。如管理者为了更多的非现金福利可能举借新债进行低效投资，使债权人权益保障受到损害。Smith 和 Warner（1979）归纳出四种债权人权益可能受到损害的原因：股利发放政策、债券稀释、资产置换与投资不足。这种剩余权利的争夺，其经济后果可能导致事后的租值耗散，增加交易费用，降低契约效率。对此，产权理论（GHM 理论）认为通过对企业所有权的合理安排，以消除企业契约内部的机会主义，以激励专用性资产的事前投资，并防止事后的租值耗散。企业所有权包括剩余索取权和控制权，剩余索取权是指对企业收入在扣除所有固定的合同支付的余额或利润的要求权，影响到每个企业参与人事后讨价还价的既得利益状态，其具有状态依存的特点。剩余控制权是契约中未特别指定的活动的决策权，剩余控制权意味着拥有者有能力在未来不用向其他人支付边际补偿就可以处置未明确写入契约里的财产属性和用途。所有权如何安排才是最合理的，巴泽尔认为，决定所有权最优配置的总原则是：对资产平均收入影响倾向更大的一方，得到剩余的份额也应该更大。Blair（1995）认为如果赋予承担企业全部"剩余风险"者以剩余控制权，企业的财富创造功能就可以与社会福利最大化目标有机结合，即应该通过资产所有权或者剩余控制权的配置，确保在次优条件下实现最大化总剩余的最佳所有权结构，这就要求把所有权安排给投资重要的一方或者不可或缺的一方。国内学者张维迎、谢德仁认为，合理的所有权安排应该是剩余索取权与剩余控制权的对称性分配。谢德仁（2002）进一步明确现代企业所有权对称性分布的基本框架为：企业剩余控制权安排给企业经营者享有，而将企业剩余索取权安排给股东和经营者享有。

现实生活中企业所有权配置都不会只以效率为准则，信息不对称和对未来的不确定预期等因素的影响，不同经济主体之间的合作以及合作收益的分配就出现了冲突，高昂的交易费用使得市场失效了。当合同不完全的时候，资产归谁所有，谁拥有对资产的支配权或控制权，才变成关键性的问题了。这一理论从根本上说明法定产权界定的重要性。产权是界定人们如何受益或受损，因而谁必须向谁提供补偿，以此来修正人的行动以帮助形成交易时的合理预期（德姆塞茨）。从另一层面看，无论是通过契约缔结主体的再谈判重新进行各缔约主体合理的"剩余盈余"分配，还是缔约时企业所有权的合理配置以消除事后的机会主义行为，前者的关键问题是重新谈判时资产专用性程度变化量究竟是多少，如人力资本资产专用性程度随着时间积累而增加与显现，但它的专用性程度增加如何衡量？而后者的关键是，剩余索取权的实现依赖于相应的控制权，剩余控制权的归属不仅影响企业损益的获取，也会影响到剩余的最终分配，即便是其获取了一定比例的剩余索取权，这种剩余索取权的分享比例如何确定？其公平性如何衡量？这与企业契约各投入要素的动态产权界定紧密相关，因为产权界定的核心功能是产生价格信号进而指导人们发挥比较优势，它构成了对社会经济行为的激励并决定谁是经济系统的主角。市场交易要素的产权界定通过价格机制完成，与市场不同的是，企业契约内部只存在着与市场价格机制的准定价机制，会计与审计就是这一准定价机制的重要组成部分，会计与审计在企业契约缔结与履行中的重要性得到了科斯、瓦茨与齐默尔曼、鲍尔等人的认同。

4.1.2 剩余争夺中的会计契约功能

如前所言，企业剩余等于企业收入扣除固定合约支付。企业的固定合约支付包括债权契约利息支付（I），材料与劳务外购契约支付（N），职工的固定薪酬（W）等。此外股东的收益为 S，经营者的收益为 M，公共资源提供者政府的收益（税收收入）为 T。就会有：

$$企业总收入（R）= N + D + W + S + M + T + I$$
$$企业剩余（P）= R - D - N - W - T - I = S + M$$

假设股东和经营者的剩余分享比例分别为 a_s、a_m，则有：

$$剩余分享比例 = a_s + a_m = 1$$

在业主制企业中，股东与经营者身份重叠，此时，业主获得剩余的比例为1，即取得全部剩余。在现代企业中，股东与经营者分离。

股东和经营者的剩余分享额分别为：

$$s = a_s \times p$$
$$m = a_m \times p$$

由于剩余索取权由股东和经营者共同享有，在剩余既定的情况下，二者此长彼消。但二者都有最大化剩余分享额的倾向，剩余分享额（绝对值）与剩余分享

比例 a_s 与 a_m 有关，也与剩余 p 有关。初始剩余分享比例在要素投入契约中进行了明确，但在持续的契约履约过程中，人力资本所有者与非人力资本所有者投入的资产专用性程度不断变化，企业剩余是企业专用性资源所创造的，专用性人力资本与非人力资本是企业准租金的源泉（Aoki，1984；Williamson，1985）。如果存在准确的资产专用性程度的数据描述，那么剩余分享比例就能无争议的确定。在 a_s、a_m 既定的情况下，股东与经营者剩余分享的绝对值依赖于企业剩余 p。如果剩余 p 能准确的计量，那么股东和经营者的剩余分享就能无争议的确定。简单地讲，如果能对企业契约缔结与履行中组织租，以及各缔约主体投入要素对组织租的贡献进行准确的计量，那么就不会产生租值争夺和租值耗散。因此，剩余及其构成的计量至关重要。剩余的计量是会计契约耦合于企业契约的主要功能之一。会计契约这一剩余计量功能受到计量技术与计量规则的影响，如公允价值计量技术运用中的最大限度的利用企业自身输入的变量以及大量的估计技术，以及基于权责发生制的收入与费用等计量规则的应用，客观上看企业剩余的会计计量具有很大的可操控空间。另外，由于剩余的形成是一种"集体产品"或"组织租"，具体来讲，企业剩余受非人力资本投入与人力资本努力程度以及其他不确定因素的影响，但这种"集体产品"显然是无法按个体作原子化区分的。剩余分享比例即剩余构成的会计计量实现也必然存在天然的障碍。尽管运用政府对一般的会计规则以准则方式进行强制性规制，但仍存在"会计准则"这一公共合约之外的剩余会计规则制定权。企业会计契约对企业会计准则的执行以及剩余的企业契约利益的确认和分配规则的约定，由于会计契约的不完备使得其无法对未来不确定情况下的会计规则选择与制定（主要包含会计计量方法、会计政策选择等）进行事无巨细的描述，因此总存在剩余的会计规则制定与选择权。这一天然的契约漏洞往往成为剩余争夺的通道①，谁拥有剩余会计规则的制订权，谁就有可能选择有利可图的剩余计量方法，获取更多的剩余。剩余会计规则的制定权争夺是企业内部的权力斗争，正如斯密指出："每一个人，在他不完全违反正义的法律时，都应给予完全的自由，让其依照自己的方式去追求自己的利益，并以其产业和资本与其他任何人以及其他阶层进行竞争。"② 企业契约主体间的利益追逐永

---

① 国内外会计实证结果表明，企业会计选择与公司影响、规模、红利计划、债务契约、政治过程变量等有关。如大公司倾向于使用减少收入的会计方法。但从本质上讲，所有的研究都认为会计选择源于效率原因或管理机会主义。Ross L. Watts, Jerold L. Iimmerman. Positive Accounting Theory: A Ten Year Perspective [J]. The Accounting Review Vol. 65, No. 1 (Jan. 1990): 131 – 156.

② 亚当·斯密著，郭大力、王亚楠译. 国富论：下卷. 北京：商务印书馆 1974 年版.

不停歇，其内部权力斗争也会如此。在这一斗争中企业契约的强势缔约者能直接或间接控制剩余计量及其分配的执行①，企业强势参与者就很自然地产生利用会计的财富分配功能获取不正当利益的动机。因此，会计契约既可能是企业契约顺利履约的推动机制，也可能成为企业契约履约中的阻碍机制，问题的关键是，会计契约缔结各主体间是否力量均衡，一旦出现了强势缔结者（往往也就是企业契约强势缔结者），剩余会计规则的制定权与执行权很可能成为其攫取控制权私人收益的源泉，国内外研究表明攫取控制权私有收益的一个主要途径就是进行盈余操纵。如：当经营者以其天然控制者身份获取了会计规则的执行权，则企业会计选择将倾向于对其剩余分享有利的方法，如通过对减值计提比例来调整会计利润的高低，以达到预期的目标利润，获取基于业绩基础的报酬。同样当企业股东获取了会计规则的决策权，企业会计选择将可能倾向对其有利的剩余计量与分享方法，如为了达到上市要求对企业利润操纵以包装上市。为此，就需要有相应的制度安排对剩余会计规则的制定与通用会计规则的执行情况进行有效的监督与约束，以协调和保护各产权主体的利益，这正是现代企业审计契约的功能所在。

4.2 基于企业契约冲突的审计契约缔结动机分析

不完备契约理论认为，企业剩余的存在是企业的契约具有不完备性的内生特征，即当不同类型的财产所有者作为参与人组成企业时，每个参与人在什么情况下干什么、得到什么并没有在契约中明确说明，同时不同缔约主体具有不同的效用函数，并且都具有追求自身效用最大化的动机，因而，他们之间的利益就存在着冲突，审计契约对不完备契约进行修补过程中能对不同缔约者的利益冲突协调。不同的契约冲突下相关的各方都存在不同的审计契约缔结动机。

---

① 谢德仁（2002）认为现代会计规则制定权合约安排的范式应该是：一般通用的会计规则制订权由政府享有，现代企业的剩余会计规则制订权由企业经营者来享有，外部审计师享有监督经营者的会计规则执行权。但现实中既然是"剩余"的权利，就是契约之外的权利，由于其影响到剩余的计量与分配，也必然成为企业契约个体争夺的对象。

4.2.1 管理者与股东契约冲突下的审计契约缔结动机分析

最早关注管理者与股东契约冲突的是亚当·斯密，在其《国富论》中描述了股权契约可能存在的利益冲突：股份制公司的董事管理着别人的钱而非自己所有，不能指望他们会像私人合伙企业的合伙者一样时刻小心、谨慎地经营着自己的财富。他们更像地主的管家，关心着与地主利益无关的琐事却不认为自己失职。因此，无论结果严重与否，粗心大意与挥霍浪费都会在这样的公司管理层中滋生。之后，Berly 和 Means（1932）在对当时最大的 200 家股份公司的调查分析中发现，大部分公司的股权分散，经营者掌握着大量的企业控制权。他们指出，由于所有权与控制权的分离引起了可能的利益冲突，也导致了一个基本的契约问题。迈克尔·C·詹森和威廉·H·麦克林在其《企业理论：管理者行为、代理理论和所有权结构》一文中系统研究了所有权与控制权分离下经理人与外部股东的代理冲突。他们认为公司股东（所有者）与经营者的关系是一种代理关系，"是一种契约，在这种契约下，一个人或更多人（委托人）聘用另一人（代理人）代表他们来履行某些服务，包括把若干决策权托付给代理人"。但是，"委托人和代理人之间的最大化目标或多或少会存在差异。这种目标不一致所导致的委托人福利损失的货币等价也就是代理关系的成本，即剩余损失"。初始缔约时非人力资本的可抵押性特征，使得股东承担了相对多的契约风险，因此拥有企业的剩余索取权，而人力资本却以其易退出性和难抵押性，以及与企业的"天然"接近，承担着较小的缔约风险，所以仅享有企业剩余控制权。即便随着人力资本专用性程度的增强，经营者通过股权激励方式获取一定的股份，成为股东经理人，但管理者基于自利动机，也会通过非金钱消费、过度投资等方式攫取控制权私人收益，以增加自己对剩余的索取份额。管理者自利行为还表现为，由于信息不对称，其他缔约者往往通过会计利润等业绩指标作为管理者激励的基础，而企业中的会计规则执行权和剩余规则制订权往往被管理者所控制，管理者运用剩余会计控制权异化会计行为，粉饰会计利润，以达到攫取剩余的自利目的。这种管理者与外部股东间的利益冲突，被称为代理冲突Ⅰ。外部股东通过监督与约束机制来减少剩余损失，其中通过聘请外部审计来加强会计信息质量的可靠性成为其中的重要机制。从这一层面看，代理冲突越严重，股东就越有动机选择高质量的审计师。现代公司中单一的管理者相对少，股东管理者的出现让代理冲突 I 的情况变得更为复杂：管理者持股后具有双重身份，既是股东又是经营者，既享有剩余索取权，又享有剩余控制权，这并不意味着就完全抑制了其自利的动机。其持股比例的多少将影响到他与外部股东代理冲突的程度，以及股东的审计契约缔结动机。

假定投资前 t_0 期的企业价值为 $V_{(0)}$，且 $V_{(0)} = 0$；投资期为 t_1，投资决策由股东授权给管理者决定。投资中管理者可能获取的非现金收益为 F，投资的总价值为 V，投资后企业的价值为 $V - F$，考虑到可能存在的管理者控制权私人收益，所有者将聘任审计师进行审计，假定其聘任成本为 $b \times q^2$，审计收费与审计质量之间并非线形关系，而是呈现出边际审计成本递增的关系（Copley, Gaver & Gaver, 1995）。借鉴曾颖、叶康涛（2005）的做法，我们假设审计费用是审计质量的二次方函数。管理者非现金收益的获得可能发生的成本为 C，其成本包括所有者审计出管理者获取了非现金收益后管理者可能发生的处罚，如可能被辞退的损失。管理者非现金收益的获取与外部审计、独立董事等治理结构的监督与约束强度相关，审计质量越高，非现金收益获取的难度越大，管理者面临的风险越大，其因此我们假设 $C = aqF^2$，假定管理者持股比例为 s，则管理者在 $t = 1$ 期的预期目标收益函数为：$\max s \times (V - F - bq^2) + F - aqF^2$ 其最优解为：$F^* = (1 - s) / 2aq$，即管理者非现金收益与审计质量成反比，审计质量水平越高，则管理者非现金收益的获取量越小。同时管理层持股比例低，则管理层与股东之间的代理成本大，从而股东就越有动机与高质量的审计师缔约，反之，则其高质量审计师缔约动机减弱。

4.2.2 中小股东与大股东契约冲突下的审计契约缔结动机分析

代理冲突 I 发生在股权相对分散的现代公司之中，在股权相对集中的现代公司中其契约冲突的发生更多表现为中小股东和大股东之间。哈佛大学 La Porta 等人的《世界各国的公司所有权》一文中对 27 个富裕国家（和地区）的大公司的所有权结构进行分析，发现在美国之外的公司，特别是在那些股东保护较少的国家，如中国等东亚新兴国家一般呈现出高度集中的股权结构。即使在美国的大公司中也存在所有权与控制权的集中。股权相对集中的结构下，由于大股东可以对企业实施有效控制，因此这些企业所面临的代理问题主要并非管理层与外部投资者之间的利益冲突，而是大股东与小股东之间的利益冲突，我们把这种契约冲突称为冲突Ⅱ。

小股东按照其持有股份获取相应的剩余分配，大股东因为持股比例大，不仅获取持股比例的剩余分享，还会因为其控股决策权而享有超出其应得剩余部分，如某股东持有 A 公司 50% 的股份，A 公司持有 B 公司 20% 的股份，某股东在 B 公司的现金流权为 10%，其应得剩余的分享比例应为 10%，但由于其实际控制权为 20%，控制权比例超过现金流权时大股东的控制能力的上升，使得其可能通过关联交易等方式掏空控股公司，攫取其他相关者的利益，以获取超过其应享有的剩余部分，这些行为被称为大股东的"挖掘行为"，当大股东通过"挖掘行为"攫取私人收益时，其更愿意与低质量审计师缔结审计契约。同时我们应该注意的是，随着大股东持股比例的进一步增加，其利益与公司的整体利益逐渐趋同，大股东有意愿增加对公司的监督，从这一角度讲大股东在与公司的利益协同动机驱动下，更愿意缔结高质量的审计契约，以维护各契约主体的产权权益，防止租值耗散。其具体的推理如下：

假设企业融资方式仅采用权益性融资且公司的股东都是风险中性，在不考虑税收的情况下，企业控股股东持有的股份额分别为 a。企业价值是 V，并假定 V 是不变的常数。假定控股股东掠夺公司价值中的 d 作为控制权私人收益，在这种价值转移的过程存在一定的价值转移损失，控股股东得到的控制权私人收益份额记作 $B_{(d)}$，设函数 $B_{(d)} = kd$，其中 k 为常数，且 $0 \leqslant k \leqslant 1$。股东攫取控制权私人收益具有一定的成本，参考 Johnson 等（2000）以及曾颖、叶康涛（2005）的做法，我们认为攫取成本与攫取水平的平方成正比，与审计质量 q 正相关，且与持股比例负相关，因为攫取水平 d 越高，可能面临攫取风险越大，审计质量越高，攫取产生的风险越高，其产生的机会损失越大；按照 Shleifer 和 Vishny（1986）的观点大股东持股比例越高，其与公司整体利益越协同，产生攫取的可能性越小，攫取的成本也会相对低。基于上述推理，我们假设攫取的成本为 $ca^{-b}qd^2$。与前假设相同，股东聘请外部审计师进行监督，其审计费用为 sq^2，则控股股东的净收益预期为：

$$a(1-d)(V - sq^2) + B_{(d)}(V - sq^2) - ca^{-b}qd^2$$

则有：

$$\max a(1-d)(V - sq^2) + B_{(d)}(V - sq^2) - ca^{-b}qd^2$$

其最佳审计质量为：

$$ca^{-b}d^2/2s[(a-k)d-a]$$

以不完备契约理论视角审视经理自利行为和大股东掏空效应两类代理问题均是以契约不完备为基础的剩余索取权和剩余控制权搭配错位导致的股权契约剩余争夺问题。而且这两类代理问题均是剩余索取权小于剩余控制权的缔约主体攫取剩余索取权大于剩余控制权的缔约主体的资产专用性的准租金。剩余索取权与剩余控制权差距越大，这种冲突便越激励。显然，由于搭配错位，主动攫取方行为具有负外部性，被攫取方行为具有正外部性。因此，在不完备契约理论看来，所谓的代理问题 I 和代理问题 II 是同质的，所不同的是主动攫取方是经理，还是大股东。图 4.1 是一个涵盖两类代理问题的剩余争夺的模型。$C_2 - C_1$ 代表第一类代理问题中经理非生产性的额外津贴（Jensen & Meckling, 1976），也可代表第二类代理问题大股东掏空效应中的控制权的私人利益（Grossman & Hart, 1988）。在第一类代理问题中，C_1 是经理按照股权比例分享的权利 R_1 所对应的（名义）剩余索取权，但经理作为企业契约中心缔约人，具有信息垄断地位，其剩余控制权 R_2 远远超出 R_1。因此，经理有动机和能力将个人剩余收益扩充到 C_2。显然，$C_2 - C_1$ 是经理攫取股东专用性资产准租金的度量。在第二类代理问题中，C_1 是大股东按照股权比例分享的权利 R_1 所对应的（名义）剩余索取权，但由于现代公司一人一票和少数服从多数的议事规则，使大股东剩余控制权 R_2 远远超出 R_1。同样，大股东有动机和能力将剩余收益扩充到 C_2。$C_2 - C_1$ 也便是大股东攫取中小股东资产专用性的准租金的度量。R_1 和 R_2 的不一致，事实上也可以解释第二类代理问题研究范式所谓的"现金流权和控制权的分离"（LLSV, 1999），即 R_1、R_2 分别代表现金流权和控制权，而通过所谓的金字塔结构、交叉持股、双重持股来实现现金流权和控制权的分离就是最大程度和最低成本地攫取中小股东利益，以扩充其控制权的私人收益（$C_2 - C_1$）。

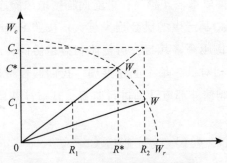

图 4.1　两类代理问题的剩余争夺

契约冲突引发企业缔约主体关系型专用性投入的不足，使租值耗散，效率损失，其最终结果导致企业价值下降。股权契约冲突模式呈现三种形态（见图 4.2）：

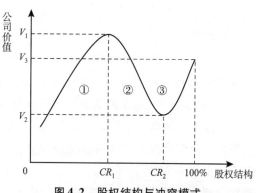

图 4.2　股权结构与冲突模式

第一阶段，在股权结构松散时，主导性股权契约冲突模式为代理问题Ⅰ。此时，经理行为具有负外部性，而股东行为具有正外部性。随着股权结构趋向紧密，经理和股东的外部性逐渐内部化，企业价值不断提高。第二阶段，在股权结构紧密而集中时，主导性股权契约冲突模式为代理问题Ⅱ。此时，大股东行为具有负的外部性，随着股权结构构造进一步趋向紧密、集中，大股东剩余控制权逐渐增大，其行为负外部性也逐渐增大，企业价值相应地逐渐下降。第三阶段，在股权结构构造高度紧密而集中时，大股东剩余几乎等于企业全部剩余。此时，股东集团内部利益由异质转为同质，主导性股权契约冲突模式又转化经理和股东之间的冲突。股东行为的负外部性空间已窄化，而且随着股权结构日益集中而单一时，股东负外部性逐渐减少，直至完全内在化，企业价值相应地逐渐提高。特别是当股权结构极端紧密（即所有权和控制权完全合二为一），古典企业产生了。不过，由于古典企业不具有分工和专业化效应，此阶段企业价值最大值不及前两阶段的拐点对应的最大值。对于上市公司而言，股权集中程度受到某种程度的限制，第一大股东持股比例有法定上限，所以高度集中的股权结构不会出现。比如，中国《证券法》（2006）对上市公司股权规定"公开发行的股份达到公司股份总数的百分之二十五以上；公司股本总额超过人民币四亿元的，公开发行股份的比例为百分之十以上"，当公司"……股权分布等发生变化不再具备上市条件"，将被暂定甚至终止上市。换言之，一般上市公司第一大股东持股比例不超过75%，股本总额超过人民币四亿元的大公司第一大股东持股比例不超过90%。因此，上市公司第三阶段的股权契约冲突模式一般不存在。

审计是产权结构变化的产物，其为监督企业契约签订和执行而产生的。审计本质是企业各缔约方关于对要素投入和产出分配进行确认和监督的契约，即审计契约。未来审计相关事项的不确定性、审计师的有限理性以及包括会计规则在内的会计规则本身的不完备性导致了审计契约的不完备性。特别是，审计契约中有关审计师选择、审计费用标准、审计质量等关键变量，只能"观察"，但却无法被"证实"——企业剩余控制权主导者以外的企业缔约方（即利益相关者）以及第三方（如法院）难以证实这些关键条款的签订和执行是否公正和公平，即便能够证实也因证实成本将无限大而得不偿失。审计契约的不完备性扩大了企业剩余控制权的范围，结果是企业剩余控制者（可能是经理也有可能是大股东）恰恰是利用审计契约关键变量的可观察而不可证实性，对其他缔约主体（包括审计师）专用性投资的准租金进行"敲竹杠"和攫取。审计合谋即为"敲竹杠"和攫取行为的具体手段。审计师不惜牺牲审计质量参与合谋，有时主动为之以获取高额的审计费用（及非审计业务费用）以及在审计竞争市场中争取和维持客户；有时屈从于企业剩余控制者的压力被动参与，因为审计师若不屈从可能会被更换而丧失先前的专用性投入的准租金（DeAngelo，L. E.，1981）。以往的国内外文献研究审计合谋（或审计意见购买）问题之所以主要从审计师选择和变更角度，或者从审计费用角度，原因在于这些与审计合谋（审计意见购买）问题直接相关的关键变量，往往也最有可能存在机会主义之处。

审计合谋是企业剩余控制权主导者"敲竹杠"和攫取行为的具体手段，在股权契约冲突程度与股权结构呈现特定的关系条件下，包括审计意见购买在内的各种审计合谋事件发生的概率也随着股权结构变动而变动，且合谋概率与冲突程度正相关。审计合谋概率、审计师质量选择与股权结构相互变动的具体过程（见图4.3）是：在股权结构相对分散阶段，为自利行为的经理是审计合谋的主导者，随着股权结构的集中，经理自利行为不断受到抑制，审计合谋概率下降，选择的审计师质量不断提高；在股权结构相对集中阶段，为掏空效应的大股东是审计合谋的主导者，随着股权结构的集中，审计合谋概率增大，选择的审计师质量不断降低；当股权结构高度集中阶段，随着股权结构的集中，掏空效应不断下降，审计合谋概率也不断下降，从而选择的审计师质量不断提高。

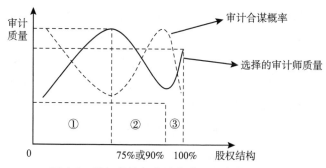

图 4.3 股权结构与审计合谋及审计质量关系

4.2.3 基于债务契约冲突的审计契约缔结机理分析

债权人与其他利益相关者缔结获取固定收益的债权契约进入到企业契约网络，债权契约在契约期限、未来收益、酸性测试等方面与股权契约不同，因此其相对完备。

债务契约的固定收益以及固定契约期限使其具有一定的治理功能，固定收益的支付使管理者在建立管理帝国时受到约束；债务资金的输入可以缓解股东和管理者的财富约束以提高对其控制权，从而可以降低管理者与股东的代理成本。但债权契约仍旧是不完备契约，只不过其天然缺口略小而已。债权契约看似完备的条款也依赖于企业未来的不确定性，如固定利息收益的获取前提是，缔结体——企业未来有足够的收益用于支付，未来收益具有不确定性，企业可能在未来出现亏损，甚至财务困难，没有足够的资金支付债权利息。此外，即便是企业真实收益大于零，收益信息的不对称即内部人了解其真实信息，而外部债权人只能通过会计信息，这种不对称为企业内部人自利行为提供了可能，股东或经理人可以通过造假将会计收益虚低（收益低于0），从而延期支付利息，达到攫取债权人准租金的目的。对此，雷新途将其归纳为：内生性与外生性不确定性原因造成的债务契约不完备；债务契约中行为不确定原因造成的契约不完备。外生不确定的债务契约不完备是指外部资金市场供应、需求、投资者风险态度、市场利率水平、证券市场波动等原因造成的不完备；内生性不完备是信息不对称或不完全情况造成的不完备。行为不确定是指契约参与者行为的复杂与多样性造成的不完备。债务契约不完备也形成了代理成本，具体包括：债务契约激励效果下的高风险投资，造成的企业价值损失。假设股东先发行债券融资后决定投资项目，投资项目有低风险项目 1 和高风险项目 2，项目 1 和项目 2 的投资成本一样，但项目 2 的支付分布与项目 1 的支付分布不一，每个项目的投资支付为 $\bar{X}_j (j = 1, 2)$，其分布方差大于前者即 $\sigma_1^2 > \sigma_2^2$，投资后企业的总市值相同。用 X^* 表示发行无息债券的固定收益，债权人的实际总回报为 $R_j (j = 1, 2$，表示经理人选择项目 1、项目 2 的未来回报分布）为：

$$R_j = X^*, \ 若 \bar{X}_j \geq X^*$$
$$R_j = \bar{X}_j, \ 若 \bar{X}_j \leq X^*$$

意思是指若投资项目的回报高于债券固定收益，则债权人的收益为固定收益，若投资项目未来投资报酬小于固定债券收益，则债权人只能收回投资项目的报酬。发行债券融资时，若债权人知道股东选择投资项目 1 或项目 2，则债券现值分别为 B_1 和 B_2，未来收益相同的情况下，风险越大，债券现值越低，所以 $B_1 > B_2$，但股票价格市场与风险正相关，$S_2 > S_1$。为了股价更高，股东可能发行债券时使潜在的债权人相信其将投资项目 1，这时的债券发行价格为 B_1，但债券融资后，股东将资金投资于项目 2。项目 1 和项目 2 的预期投资收益 $E(X_1) > E(X_2)$，即 $V_1 > V_2$。则有 $V_1 - V_2 = \Delta V$

$$\Delta V = V_1 - V_2 = (S_1 - S_2) + (B_1 - B_2)$$
$$S_2 - S_1 = (B_1 - B_2) - (V_1 - V_2)$$

等式左边为股东投资项目 2 获取的股价差，这部分多的股价部分来自于两个项目债券价值差异和企业价值差异，前者为债权人财富被股东攫取部分，后者为债务契约代理成本即企业剩余的损失。

史密斯和沃纳（1979）进一步研究了股东与债权人利益冲突产生的四种方式：（1）利息支付，如果债券是在固定红利假设下被定价，那么他们的价值会随着意外红利的增发而减少。布莱克（1976）曾这样说"一个公司要摆脱负债的压力，没有比将其所有资产以红利形式支付给股东后，将空壳留给债权人更简单的事了"。（2）收益稀释，如果债券是在假定不增发同类型或更高优先级债券的情况下定价，当增发新债券时，其价值将降低。（3）资产替代，即股东可能选择高风险投资项目，其股票价值上升但债券价值降低，这也就是詹森等所说的投资过度现象。（4）投资不足，股东可能拒绝那些净现值为正，但全部收益只能归债权人所有的项目。此外，运用关联方交易或担保等方式，股东可以将公司资产转移，留给债权人一个空壳，也是常见的股东与债权人利益冲突的行为。

债务契约代理成本降低以及债权人保护的举措包括：债务契约设计和外部监

督机制的约束。独立审计在债务契约中的作用属于后者。债务协议一般包括以会计信息为基础的条款以限制资产转移，从而降低剩余损失，经审计过的财务报告作为约束手段可能控制债权人和股东之间的利益冲突（迈克尔·C·詹森和威廉·H·麦克林，1976）。当股东先发行债券融资后，债权人收益受项目投资回报的影响，而投资回报是会计数据，是股东或股东经理人对外公告的收益信号，这个数据可能是真实的也可能是虚假的，进一步假设股东发行债券时，该无息债券的固定收益为80元，若投资收益为100元，则债权人收益为80元；项目收益为50元（低于80元），则债权人收益只能为50元。现在真实的投资收益为90元，而股东将其会计收益虚报为60元，则债权人收益仅能获取60元收益。因此，投资信息不对称以及会计方法的可选择性，可能导致股东（企业内部控制人）选择不同的会计方法来减轻债务压力。基于上述分析，我们认为债权人有动机缔结高质量审计师以降低代理成本。债权人对独立审计的需求早在19世纪的美国就已经显现，囿于当时资本市场的不发达，公司主要依靠银行借贷筹资，为了了解借款人的偿债能力降低风险，银行要求公司提供经审计的资产负债表。1913年美国会计师协会进行的信用审计实态调查表明，75.6%的银行要求贷款申请人出具审计证明后的计算书。[1] 史密斯和沃纳（1979）、莱福特维奇等（1981）、皮尔特（2001）、林（2003）等人的研究也验证了债务契约代理冲突越严重，债权人就越有高质量审计契约的缔结动机。

4.3　基于信号机制的企业审计契约缔结动机分析

4.3.1　企业价值传递的信号机制

　　由于企业信息披露的非激励相容和投资者高昂的信息成本，投资者和发行企业间存在严重的信息不对称，这在资本市场中易产生"道德风险"导致市场成为"逆向选择"的"柠檬市场"，即市场中理性的投资者无法甄别出反映企业价值的会计信息的真伪，就会采取降低愿意支付购买股票的价格。此时为了规避信息

---

①　文硕.《世界审计史》[M].北京：中国审计出版社，1990：237.

不对称引起的"柠檬市场"效用，企业总会以一定的信号来将其价值信息揭示给外部市场，从而改进帕累托效率，这就是信号机制的基本原理。为了使投资者不低估公司价值，发行企业运用一系列信号向投资者传递公司价值质量信息。这些信号包括审计师缔约的选择、公司股权留存比例、公司盈余揭露以及承销商商誉等。

国外大多数研究都支持经审计的财务报告能解决企业和投资者信息不对称，审计师质量的选择本身具有向市场传递公司价值的信号传递功能这一观点。由于高风险发行企业增加了审计师的诉讼风险，审计师一般会通过审计收费溢价来规避其自身风险。基于成本收益原则，企业在选择与审计师缔约时，将在审计收费溢价和聘用高质量审计师带来的收益之间进行权衡。Titman 和 Trueman 认为高质量的审计师能提高财务信息的准确性，并引导投资者对公司合理估值。拥有"好信息"的优质公司比起拥有"坏信息"的高风险公司（如面临清算的公司），更愿意支付较多的审计费用选择高质量审计师；高风险公司因为不愿意向市场披露其高风险的不利信息，同时考虑到高质量审计成本较高，不会选择高质量审计师。Datar 等对此持反对意见，他们认为审计质量和企业留存股权比例是两种公司价值信息的传递信号，公司风险越大，企业留存股权的持有成本越高。高风险公司一般会选择高质量审计这一价值传递信号，因为相对而言高质量审计的成本小于留存股权的持有成本。Simunic 运用加拿大 IPO 市场对 DFH 模型进行验证，发现在法律环境相对宽松的资本市场，由于高风险企业留存股权的持有成本较高，一般选择高质量审计师，同时其留存股权比例较低。因此，Simunic 得出了如下结论：在低诉讼风险的国家，高风险企业进行审计师选择依赖于审计成本（审计收费）与股权留存成本之间的比较。

一方面，Hughes（1986）、Lev 和 Penman（1990）、Clarkson（1994）等从信号传递理论视角研究发现，由于投资者对公司价值信息的"闭塞"，无法按照优质优价原则购买股票，为了防止公司股价低估，公司将披露盈利预测作为信号，优质公司在 IPO 前愿意向市场披露其盈余预测信息，向投资者传达其优于未披露盈利预测公司的信息以减低公司股票价值被低估的风险。由于市场对错误的盈余预测信息存在一定的惩戒机制，盈余预测作为传递公司价值的信号作用在 IPO 市场是有用的。此外，Leland 和 Pyle 研究了公司留存股权比例的公司价值市场信号传递功能：当公司价值信息不对称时，业主通过其在公司的留存股权比例向市场证明公司价值信息的可靠性；当业主对公司未来盈利有较大把握时，才会将比较高的股票份额留在公司里，因此公司价值是留存股权比例的增函数，即公司价值越高，其留存股权比例越高。

4.3.2 信号机制下企业审计契约主体的缔结动机分析

在审计契约缔结中，企业审计契约缔结者基于向市场传递企业价值的目的，会选择不同的审计师进行缔约。

股权分散的公司中，其契约冲突是管理者与股东的代理冲突，股东基于代理成本降低的目的，会选择高质量审计师缔约。与此同时，管理者也会有审计契约缔结动机，其原因是：由于人力资本使用权和所有权不可分离的产权特征，使其具有不可抵押性，不具备事前的"信号显示"功能（张维迎，1995）。知识专用性程度决定了其在企业契约中的缔约地位与既得利益的分配状态。经理人市场的发展使得人力资本在企业契约中具有易流动性，只有具有专用性程度高的、异质性人力资本所有者才会不易被动退出企业。知识专用性与异质性程度只有通过利润等公司价值信号才能显示出来。这种显示机制成为一把双刃剑，如上所述管理者一方面可能通过操纵会计利润，与低质量审计师缔约以制造含噪音信号；另一方面，真正拥有高专用性知识的管理者将会自愿与高质量审计师缔约来提高他们行为的可观察性，以其向其他缔约主体显示其人力资本的专用性程度。迈克尔·C·詹森和威廉·H·麦克林（1976）也认为，独立审计的存在产生于股东对管理者失职行为的监督，管理者有动机聘请独立审计师来提高其行为的可观察性。Balachandran 和 Ramakrishnan（1980）的研究也表明管理者也希望通过外部审计来证实其提供的财务报告的真实性以及他们良好的经营业绩。另外，为了增加外部融资，管理者也有动机缔结高质量审计师以证明其私人收益（如非货币性在职消费）的攫取受到外部审计师的约束与监督。

而在债务契约中，缔结主体的一方股东（或内部控制人）为了与债权人缔结资金借贷契约，就愿意向债权人显示企业价值与风险信号，也会有审计契约缔结的动机。主要表现为：首先，为了及时足额的筹资，股东（内部控制人）有动机缔结高质量审计师以证实其投资项目收益的真实性；其次，考虑到如果债权人对股东提供的会计信息（主要是项目收益信息和可抵押资产价值信息）质疑，可能会设计强约束性条款的债务契约来保护自身利益，如缩短债务契约时间；减少债务契约金额；要求更多的补偿性余额；提高债务利息率；对投资项目的资本性支出进行约束，股东（或内部控制人）权衡这些约束形成的机会成本（比如贷款额度限制造成投资资金不足形成的损失）与审计契约缔结成本，当前者大于后者时，股东有动机与高质量审计师缔约。

基于信号传递的目的，缔约者会选择不同的机制以向资本市场信息相关者传递企业价值信号。企业选择何种信号向市场传递价值信号，将直接影响到审计契约的缔结行为。企业缔约者作出选择决策时主要通过对不同信号传递的效益进行权衡，其权衡的核心是：选择何种信号产生的市场效益与信号成本相比，其差值最大。

4.4 审计契约缔结权的配置

4.4.1 审计契约缔结权配置原则

审计契约缔结权是指企业中拥有对审计师选择与聘任、审计契约内容约定、审计信息占有以及审计费用额度等直接与审计师缔结审计契约的权利。理论上讲企业契约要素投入各主体谁都想获取审计契约缔结权，因为谁拥有了缔结权，谁就能将其缔约动机付诸实现的可能。因此，审计契约缔结权的争夺也就成为必然，动态地看，审计契约的缔结过程既是审计师与企业契约缔结者双方对于自己承诺责任履行的博弈过程，也是企业审计契约缔结者对审计契约缔约权争夺与博弈的过程。审计契约缔结权的争夺将造成交易费用的增加与审计信息租值耗散，对审计契约缔结权进行配置将有效地降低交易费用和租值的耗散。问题的关键是审计契约缔结权应该配置给谁？

"配置"是指遵循一定原则对资源或权利的分配。审计契约缔结权配置是指在企业契约中按照一定原则对审计师聘任、审计契约内容约定以及审计费用支付等权利的分配。审计契约是企业契约耦合体固有的技术修补契约，其功能是实现对不完备要素投入契约的修补与完善，通过对契约参与主体要素投入及其增值形成的鉴证，以及剩余分享过程的协调来实现各产权主体的利益平衡，因此，审计契约的缔结权的归属直接影响到剩余及其分配。权利的分配原则一直以来都是哲学家、法学家以及经济学家研究的重要命题。亚里士多德、黑格尔、罗尔斯等哲学家先后提出了"比例分配"、"平等"以及"自由"等权利分配原则，其中亚里士多德认为，"给予平等者平等的分配，给予不平等者不平等的分配"，即比例分配原则，但其缺陷也显而易见，"公正的区别性对待必须基于个人之间相关的差异；公正的相同对待也必须基于个人之间相关的类似之处。当个人在各个相关方面（并不是绝对的任何方面）都相似时，但受到不同的对待，或当个人在某些相关方面不同而受到相同的对待时，那么，这种对待就有失公允。"① 黑格尔提出"人们当然是平等的，但他们仅仅作为人，即在他们的占有来源上，是平等的"。至于罗尔斯所提出的"最大均等自由"和"差异"原则，由于其试图将权利制度的正当性完全建立在社会集中的模式化分配上，同样存在理性不足。权利是利益的法律外壳，经济学家与法学家认为"公平"与"效率"原则下的权利分配，是解决利益平衡的关键。而在企业契约内部，这种公平性体现为，凡是能给企业带来损益或其利益受企业行为直接影响的行为人均有可能参与或影响企业所有权的分配。也就是说从公平原则看，审计契约缔结权应该配置给所有企业契约缔结者。从效率原则的角度，就是以最少的资源消耗取得同样多的效果，或以同样的资源消耗取得最大的效果。美国法学家波斯纳在《法律的经济分析》（1973）一书中给出了契约中权利安排应遵循的"效率原则"的一般范式："如果市场交易成本过高而抑制交易，那么权利应赋予那些最珍视它们的人。"具体到审计契约缔结权的配置，基于公平原则与效率原则，就形成了两种不同的配置观：单一配置观和共同享有配置观。前者是基于效率原则，认为审计契约缔结权应分配给契约耦合体中主要风险承担者。后者是基于公平原则，认为企业契约参与者都以这样或那样的要素投入企业，基于公平原则都有参与权利分配的权利，因此，所有企业契约缔约者都应享有与审计师的缔约权。

4.4.2　审计契约单一配置观及其应用模式

审计契约是企业契约耦合体固有的技术修补契约，其功能是实现对不完备要素投入契约的修补与完善，通过对契约参与主体要素投入及其增值形成的鉴证，以及剩余分享过程的协调来实现各产权主体的利益平衡，因此，审计契约的缔结权的归属直接影响到剩余及其分配。审计契约缔结权与企业产权信息资源的生产与处置紧密相关，其权利归属也直接影响到企业产权主体的收益分享，因此，无论从完备契约理论视角下的监督工具，或是不完备契约理论视角下的修补工具来看，审计契约的缔结权都归属于控制权的范畴。控制权通常包括监督权、投票权等，它可以是明确指定的，也可以是暗含的，但它一定与企业决策有关。按照德姆塞茨的观点，企业控制权是一组排他性使用和处置企业稀缺资源（包括财务资

---

① 范伯格·J. 自由、权利和社会正义［M］. 贵州人民出版社，1998.

源和人力资源）的权利束。阿尔钦和德姆塞茨指出在企业的团队生产中，为减少成员偷懒而实施有效监督的监督者特权，源于他是剩余索取者，是物质资本的所有者。在现代企业中，股东是企业的所有者，企业的财产是由他们所投入的实物资本形成的，他们承担了企业的剩余风险，理所当然地应该享有企业的剩余控制权和剩余索取权，由于股东为债权人的投资提供风险担保，股东承担着企业的最终风险和享有剩余索取权，所以，在企业处于持续经营的正常情形下，股东享有包括选聘和激励经理人的权力在内的企业重要控制权，因此，企业的注册会计师审计事务的管理权在经济逻辑上也应归属于股东，现代公司审计契约缔结权单一配置观是基于"股东至上"的单边治理模式。

按照单一配置观，正常情况下审计契约缔结权应配置给企业股东，在股东众多的公众公司（上市公司）中契约缔结权如何配置给为数众多的股东，怎样将全部股东的审计契约缔结意愿进行合理的反映，成为股东享有缔结权配置模式应用中的关键。现有的方式主要有股东大会享有缔结权配置模式和董事会（审计委员会）享有缔结权配置模式。

（1）股东大会享有缔约权的配置模式

股东大会是由全体股东组成的权力机关，它是全体股东参加的大会，股东不能亲自到会的，应委托他人代为出席投票，以体现全体股东的意志。股东大会既是一种定期或临时举行的由全体股东出席的会议，又是一种非常设的由全体股东所组成的公司制企业的最高权力机关。将审计契约缔结权配置给股东大会有利于全体股东参与审计契约缔结，保护自身产权利益。其具体的缔约程序是由董事会提议外部审计师，股东投票（一股一票方式）决定审计师的缔约与否。

（2）董事会或其下属专业委员会享有缔结权配置模式

董事会是由股东大会选举产生，可以是股东，也可以不是股东，如独立董事、职工董事等，董事会作为公司经营决策机构，是股东大会代理机构，代表股东大会行使公司管理权限董事会向股东负责，董事会所作的决议必须符合股东大会决议，如有冲突，要以股东大会决议为准；股东大会可以否决董事会决议，直至改组、解散董事会。将审计契约缔结权配置给董事会与股东大会配置模式仅在缔约流程上由董事会董事表决来决定具体与何种审计师缔约，董事本身由股东大会选出，因此本质上看，董事会缔结权配置也能反映股东的意愿。随着公司现代治理结构的进一步完善，董事会中独立董事（非执行董事）的参与，其设置目的在于规避股权分散和股权集中情况下的企业控制权转移。独立董事参与公司治理，是现代企业制度的一次重要创新和尝试，因为它在解决利益公司冲突时，给所有参与契约的利益相关者们一个可以接受的解。独立董事的引入，从董事会审计契约缔结权配置来看，其目的是防止审计为内部董事所操控，保证审计独立性，以维护各企业契约主体的产权利益。与股东大会缔结权配置模式比较，其在一定程度上体现了审计契约缔结权共同享有的配置的理念。引入独立董事的董事会究竟能否体现利益相关者的审计缔结意愿，主要依赖于独立董事在董事会中话语权的分量以及独立董事的独立性。

为了保证独立董事的独立性，越来越多的现代公司在董事会下设置专业委员会，并将其审计契约缔结权配置给相应的专业委员会——审计委员会。审计委员会有一定比例的独立董事，且其中必须有财务专家构成。财务专家参与能更好地在审计契约缔结时选择质量高的审计师，以保护投资者利益。

4.4.3 利益相关者共同享有缔约权配置模式

共同享有配置观是基于"利益相关者"共同治理逻辑所提出的，利益相关者理论认为，包括股东在内的所有的企业利益相关者都对企业的生存和发展注入了一定的专用性投资，同时也分担了一定的企业经营风险，或者是为企业的经营活动付出了代价，因而都应该拥有企业所有权，企业在其经营决策和治理构架中必须要考虑利益相关者的利益，并给予他们相应的发言权，否则他们就会威胁撤出其投资，影响企业的生存和发展。Blair 认为，与企业股东投入专用性物质资产不同的是，其他利益相关者投入了关系专用性资产。关系专用性资产的价值依赖于公司的价值，一旦改作他用，价值就会降低。因此，那些投入关系性专用资产的利益相关者，也承担了该资产投入企业后可能价值失效的剩余风险，也就应该拥有与之相关的剩余控制权。克拉克森认为，利益相关者以及在企业中投入了一些实物资本、人力资本、财务资本或一些有价值的东西，并由此而承担了某些形式的风险；或者说，他们因企业活动而承受风险。Freeman 和 Evan 在对 Williamson、Grossman 和 Hart（1986）的股东治理观进行批判的基础上，指出由于其他利益相关者一旦投入关系专用资产，也经常处于不能退出企业的状态，因此，他们也应享有与股东一样的参与决策权。

在企业契约耦合体中股东、债权人、政府、供应商与雇员以不同的要素所有权投入，且有不同的权责要求，但在缔约过程中，企业契约的不完备为剩余索取及其获取权利留下了天然的漏洞，契约履行中强势缔约者对其他缔约者的准租的掠夺动机始终存在，尽管其他缔约者可能通过这样或那样的形式（如固定债务契约、固定税率的税收契约）尽量将被掠夺的风险降低，但获取审计契约缔结权以实现产权保护的必要性以及意愿仍旧存在，共同享有审计契约缔结权的逻辑基础正是如此。

4.4.4 国内外审计契约缔结权配置的历史演变

4.4.4.1 国外审计契约缔结权配置的历史进程

（1）独立审计产生的早期

1844 年，英国议会颁布了《股份公司法》，在该法案中明确规定：股份公司的董事有登记账簿的义务，账簿的审计工作由董事以外的第三方监事实施，负责审计业务的监事由股东大会选举产生。几个月后，又出台了新规定：监事可以用公司的费用聘请有记账技能的会计师和其他人协助办理审计业务。1855 年和 1856 年在其有限公司法和公司法中进一步明确，监事不一定是企业的股东，实施公司审计业务的外部会计师可以直接担任公司的监事。1862 年在颁布的另一补充性法案《股份公司经营的法规》中又一次强调监事办理审计业务时可用公司的费用聘请会计师。同时期的德国和日本也受到英国影响，股份公司的基本会计业务由董事会执行，由监事会对其实施审查；非股份制公司的审计业务由专业审计师完成，对其的选择权归商会或法院任命。独立审计发展的早期，由于股份制公司发展尚早，尽管意识到审计的重要性，但对审计师专业技能与独立性特征缺乏深入的了解，独立审计作为一项单独的职业范畴尚在形成之中，因此这一期间对审计师选择权利的配置缺乏关注。

（2）法定审计形成与发展期，审计契约缔结权配置逐渐明确时期

法定审计形成与发展期，是指 20 世纪 30 年代至 20 世纪末，这一期间是审计契约缔结权配置逐渐明确时期。1929～1933 年由纽约证券市场股价暴跌诱发的全球性经济大萧条，在此期间，有 5 500 家银行倒闭，13 万多家企业破产，美国对外贸易下降了 70%。大萧条中，整个资本主义世界全失业工人人数加上半失业工人，总数则高达 4 500 万人左右。德国失业率最高，1933 年接近 45%，美国 30%，一度高达 3 000 万以上。1933 年和 1929 年相比各国物价下降的幅度是：美国 33%、英国 31%、法国 36%。整个危机期间，全美平均每股由 365 美元跌到 81 美元，降低 78%。由此所引起的证券贬值，全美国计 840 亿美元，超过了

1928 年国民收入总额（817 亿美元）①。经济危机的发生对各国独立审计的发展产生了深远的影响，各国纷纷意识到，强制性规制要求对公司财务信息真实性的审查的重要性，开始规定公众公司上市时以及以后的各年必须提交经审计的财务报表。法定审计形成后各国也对外部审计师的选聘进行了明确：美国证券交易理事会发布的会计系列文告第 19 号中首次建议由董事会设置一个专门委员会代表股东负责选任外部审计师，并参与洽谈审计范围与合约，以增强审计师的独立性。1931 年德国政府为了加强对公司的监管，颁布了著名的《关于股票法、银行审计和租税减免的紧急命令》，明确规定由经济审计师对大型股份公司、银行以及保险公司进行年度审计，且经济审计师由股东大会选举产生。1940 年，美国证监会提出由外部董事提名外部审计师，股东投票选聘由外部董事提名的会计师事务所。1975 年美国律师协会在其"公司董事指导手册"中建议，作为公司董事会和外部审计师之间的沟通机制的审计委员会（the Audit Committee），审计委员会由非管理层董事组成，并且有权在需要的时候聘请他们自己的律师、会计师和其他专家。20 世纪早期至 20 世纪末这一期间，尽管各国意识到独立审计在资本市场维护与会计信息质量保护的重要性，对其在公众公司中的应用进行了强制性规范，并对审计契约缔结权的归属通过"建议"、"规定"等方式逐渐进行了明确，但由于缺乏法律对其的强制性规范，股权相对分散的英美各国上市公司经营者"内部人"实际控制了审计契约的缔结权，经营者享有审计契约的聘任权；审计费用的议定与支付权，这种缔结权配置模式下经营者胁迫审计师共谋成为必然，20 世纪末美国世通公司、安然公司等一系列造假案使广大投资者损失惨重，也引起了社会各界对独立审计职业的普遍质疑，经营者实际享有审计契约缔结权的配置模式受到实务界与理论界的诟病。

（3）21 世纪初至今，多种审计契约缔结权配置模式共存

这一期间是审计契约缔结权明确配置时期。如前所言 20 世纪末美国爆发一系列审计丑闻，引发社会公众对审计师"经济警察"职能的广泛质疑，审计师独立性与审计质量的相关性问题的研究成为审计研究的重心。审计师由谁聘任即审计契约缔结权配置在随之出台的在《萨班斯法案》中得到强制性规定，在其法案第 204 节规定：公司的审计委员会负责选择和监督会计师事务所，并决定会计师事务所的付费标准；被聘会计师事务所须定期向公司的审计委员会报告。为了保

---

① 胡方. 1929～1933 年经济危机与当前中国经济之比较［J］. 吉林财税高等专科学校学报，2000，(1).

持审计委员会的独立性，《萨班斯法案》205 节中对审计委员会的含义进行了明确："审计委员会"的含义为：（A）由发行证券公司的董事会发起并由董事会成员组成的委员会（或同等意义的团体），其目的是监督公司的会计、财务报告以及公司会计报表的审计；并且（B）如果发行证券公司没有这种委员会，那么该公司的整个董事会就是公司的审计委员会。其 302 节中规定，发行证券公司审计委员会由公司董事会成员中的独立董事组成；除了作为公司审计委员会，董事会或其他董事会委员会成员外，发行证券公司审计委员会成员不能从发行证券公司收受任何咨询或其他报酬，亦不能成为发行证券公司或其任何附属机构的关联人员。达到上述要求的发行证券公司审计委员会成员是独立的。同时为了保证设计委员会具备必要的财务知识，由 SEC 制定规则，强制要求公司审计委员会至少应有一名财务专家，并且要予以披露。审计委员会的组织形式，在美国、加拿大都按法定要求设立，在英国没有法定要求，但大公司设置审计委员会非常普遍。英国企业审计契约缔结权的配置采用的是审计委员会推荐，董事会聘任的交互模式。2002 年 Smith 报告关于审计委员会职责的建议，就提出设计委员会有职责批准外部审计师的薪酬和任期并审查外部审计师的独立性、客观性、有效性。具体的操作模式是：审计委员会应就外部审计师的聘任、续聘和辞退向董事会提出推荐建议。若董事会不接受审计委员会的推荐，应在董事会的报告中说明理由。

与英、美、加拿大等国公司审计契约缔结权配置给董事会下设的审计委员会不同的是，日本的公司治理是一种可选择治理模式，2002 年 2 月对日本《关于股份公司监察的商法典特例法》修订的纲要规定，大公司在章程中选择适应设置委员会的治理结构，但无论是选择传统二元公司治理模式，即设置董事会、监事会与股东大会；还是一元制即仅设置董事会和股东大会，董事会下设各级委员会的治理模式，其审计师（会计监察人）的聘任由股东大会执行，董事向股东全会提出选任会计监察人的议案时，应经监事会同意。监事会也可以请求董事会将会计监察人的聘任作为股东全会会议内容，或直接提出聘任会计监察人的议案。

德国现行《股份法》明确规定监事会享有财务监督权和业务监督权。监事会有权检查公司财务状况，可以查阅公司账簿等财务会计资料，可以委托监事或专家检查公司财务。德国监事会的构成如图 4.4 所示，由股东大会选举产生资方代表进入监事会，并从中产生监事会主席，由职工选举产生劳方代表进入监事会，从中选出监事会副主席，且规定员工数多于 2 000 人的公司，劳方在监事会中有一半的投票权，低于 2 000 人的公司其投票权应占 1/3；另外债权银行以独立监事方式参与到公司监事会中。德国公司治理专家小组于 2000 年 1 月公布的《德国上市公司治理规则》中规定：监事会任命审计师对公示的年度会计报表进行审计。从德国监事会的构成我们可以看出，其公司审计契约缔结权配置模式属于一种利益相关者共享模式。

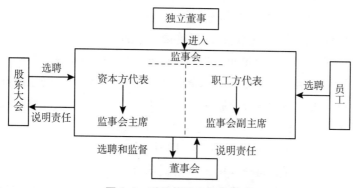

图 4.4　利益相关者共享模式

4.4.4.2　我国企业审计契约缔结权配置的演进

我国近代工商企业的产生是在鸦片战争之后，真正意义的中国公司的实践历史开始于"洋务运动"时期。19 世纪末中国发行股票的股份制企业以及形成的交易市场在上海已经存在且初具规模。与此同时也产生了中国注册会计师这一职业。1929 年国民政府颁布的《公司法》第 156、157、158 条中明确规定，股份有限公司的监察人需代表公司委托注册会计师，将董事会所造送于股东会议之各种表册核对簿据，调查实况，并将意见报告于股东会议（谢德仁，2002）。1949 年新中国成立后至 1980 年期间，我国全面推行计划经济和国有化模式，由于商品经济在中国大地上基本消亡，公司制企业不复存在，高度计划、国家指令的经济模式下，独立审计以及中国注册会计师行业名存实亡。20 世纪末期"经济建设为中心"成为基本国策，计划经济逐渐退出历史舞台，随着改革开放的深入，"三资"企业以及国有企业成为市场经济的主力，独立审计重新走上历史的舞台。1990 年对 1979 年 7 月 1 日出台的《中华人民共和国中外合资经营企业法》进行修订后的第六条规定，董事会的职权是按合营企业章程规定，讨论决定合营企业的一切重大问题：企业发展规划、生产经营活动方案、收支预算、利润分配、劳动工资计划、停业，以及总经理、副总经理、总工程师、总会计师、审计师的任命或聘请及其职权和待遇等。1993 年 12 月 29 日，《中华人民共和国公司法》正式出台，并于 1994 年 7 月 1 日起施行。在这部公司法中尽管对不同类型的公司制企业的设立、机构组织以及解散等方面进行了详细的规定，但并没有对审计师聘任等权限明确归属。这一期间（1994～2002）由于没有明确的法律规制，公司制企业（主要是上市公司）现实中的审计契约缔结权企业究竟配置给了谁，申香华 2002 年 5 月～2002 年 8 月期间发放的调查问卷显示，在 423 家调查样本中有 43.4% 其缔结权配置给了总经理，配置给董事长的有 22.3%，配置给财务负责人的有 27.4%，股东大会和内部审计部门仅为 6.9%。应该说这一期间我国公司制企业的审计契约缔结权主要配置给了企业经营者①。刘明辉、张宜霞在对这一期间我国大量审计失败案例的分析后认为，管理当局享有审计契约缔结权对审计质量对产生了重大的不利影响。

按照中国证监会于 2000 年 5 月 18 日修订的《上市公司股东大会规范意见》规定，"会计师事务所的聘任，由董事会提出提案，股东大会表决通过"。2005 年 10 月 27 日第十届全国人民代表大会常务委员会第十八次会议对公司法进行了第二次修订，修订后的公司法第一百七十条规定，股份有限公司聘用、解聘承办公司审计业务的会计师事务所，依照公司章程的规定，由股东会、股东大会或者董事会决定。2002 年 1 月 9 日中国证监会和经贸委联合发布了《上市公司治理准则》，要求上市公司的董事会设立审计委员会，并规定：审计委员会的主要职责包括提议聘请或更换外部审计机构。2005 年 10 月 19 日国务院批转《证监会关于提高上市公司质量意见的通知》，在通知中明确上市公司要设立以独立董事为主的审计委员会、薪酬与考核委员会并充分发挥其作用。2007 年 1 月 30 日证监会颁布的《上市公司信息披露管理办法》规定上市公司解聘会计师事务所的，应当在董事会决议后及时通知会计师事务所，公司股东大会就解聘会计师事务所进行表决时，应当允许会计师事务所陈述意见。从我国上市公司相关规定可以看出，表面上目前我国上市公司的股东大会直接拥有审计师缔约权，由于审计师的提议权属于董事会或其下属审计委员会，这就意味着股东大会只能对董事会审计委员会提名的审计师接受或否决，这表明本质上审计师缔约权已经由上市公司董事会所控制。按照相关统计，2007 年深圳证券交易所主板上市的 488 家上市公司中，428 家设立了审计委员会，占深市主板上市公司总数的 87.7%；2007 年年报统计数据显示，862 家沪市上市公司中有 816 家已经设置了审计委员会，仅有

---

① 申香华. 审计质量保障的权利配置研究视角 [J]. 财经理论与实践. 2007, 1：70-74.

5%左右的上市公司没有设置审计师委员会①。另外，笔者通过查阅相关上市公司的资料亦未发现股东大会否决董事会提议审计师的案例，这进一步证明在我国上市公司中审计师缔约权为董事会（审计委员会）享有。上市公司设置审计委员会其目的在于完善公司治理结构，并借助独立董事的第三方超然地位与相关专业知识，推进外部审计独立性以及内外部审计的有效沟通，以提高审计契约的运行效率。

4.5　本章小结

本章从审计契约缔结动机和缔结权配置模式两个角度对审计契约的缔结机制展开研究。审计契约的缔结动机的研究主要包括：基于契约冲突的审计契约缔结动机与基于信号机制的审计契约动机。企业契约冲突主要包括：股权契约冲突、债务契约冲突。在股权结构相对分散阶段，自利行为的经理是审计合谋的主导者，随着股权结构的集中，经理自利行为不断受到抑制，审计合谋概率下降，企业选择缔约的审计师质量不断提高；在股权结构相对集中阶段，为掏空效应的大股东是审计合谋的主导者，随着股权结构的集中，审计合谋概率增大，企业选择缔约的审计师质量不断降低；当股权结构高度集中阶段，随着股权结构的集中，掏空效应不断下降，审计合谋概率也不断下降，从而选择缔约的审计师质量不断提高。债务契约的冲突主要表现为股东与债权人利益冲突，审计契约作为债务契约的外部监督机制将有利于代理成本降低以及债权人的保护。因此，债务契约代理冲突越严重，债权人就越有高质量审计契约的缔结动机。债务契约的另一缔结主体股东（或内部控制人）为了及时足额的筹资，股东（内部控制人）有动机证实其投资项目收益的真实性等原因，也会有审计契约缔结的动机。

公众公司为了在资本市场中顺利融资，也会有动机选择不同的审计师缔结审计契约，向市场传递企业契约耦合体的运行状态与价值信号。对此的研究我们将主要在后面运用实证展开研究。

在企业契约冲突中，不同的缔约者基于不同的利益动机会有不同的审计契约

---

① 该数据来自于上海证券交易所上市公司部吴明辉发布的 2007 年沪市上市公司董事会下审计委员会及薪酬委员会履职情况分析。

缔结动机。与何种审计师缔约将直接影响到审计契约的运行效率。现行审计契约缔结权配置模式包括：股东享有缔结权的单一配置模式和利益相关者现有缔结权的共享模式。我国上市公司审计契约缔约权配置经历了从无明确规范的自主配置到强制规范的阶段，目前采用的是股东享有缔结权的配置模式。

5 我国上市公司审计契约缔结机制的实证

5.1 契约冲突、缔约权配置与审计契约缔结的实证

5.1.1 研究目的

从制度变迁、制度选择和制度设计目标而言，（外部独立）审计契约功能在于抑制代理或冲突问题（Chow，1982；Jensen & Mechling，1976；Watts & Zimmerman，1983；Wallace，1987），也即抑制企业契约的缔约方利用契约不完备攫取另一缔约方专用性投资的准租金。不同所有权结构下的企业契约冲突不同，不同利益主体对审计契约的缔约动机也会存在差异。股权契约和债务契约是企业核心的财务契约，契约冲突的本质是契约的缔约方为攫取其他缔约方专用性投资的准租而对股权契约的"剩余"的争夺，其根源在于财务契约的不完备性导致剩余控制权和剩余索取权的错位（即产权残缺）。经理自利行为和大股东的掏空效应是股权契约两个基本冲突的模式，也即形成了公司治理研究的代理问题 I 和代理问题 II 的两类代理或冲突问题。而两类代理或冲突问题具有状态依存性，其转换依存的关键变量在于企业的股权结构。在股权结构构造相对分散时，代理问题 I 为股权契约的主导性冲突，在股权结构构造相对集中时，代理问题 II 为股权契约的主导性冲突。公司股东对债权人的利益侵占是债务契约冲突的主要表现。国外大量的实证证明，股权分散的上市公司，代理冲突越严重其与高质量审计师缔约的可能性越大。与股权相对分散的英美上市公司不同，我国上市公司的所有权结

构相对复杂，既有股权相对集中，管理者持股相对较少的国有控股公司，又有股权集中但管理者持有一定股权的家族制上市公司。此外，随着股权改制的进一步深化，部分上市公司的股权呈现相对分散的态势。这些企业有着不同的契约关系和代理冲突，其审计契约的缔约动机会存在差异。

不同的企业契约冲突会有不同的审计契约缔结动机，但审计契约缔结权配置将最终决定企业与何种审计师缔约，我国上市公司目前采用的是，审计委员会代表股东享有审计契约缔结权的配置权。国内已有研究正是基于股东享有审计契约缔结权的情况下，验证契约冲突与审计契约缔结之间的相关性，其理论前提是审计委员会能代表股东真正行使审计契约缔结权，现实中审计契约缔结权存在名义缔约权与真实缔约权之分。股东是否能真正享有缔约权，一方面受所有权配置的影响，其主要表现为不同所有权结构下企业契约缔约主体间的制衡作用，如股权分散与股权集中情况下，股东与管理者、股东内部间的权利制衡强弱存在差异，自然会对其产生影响；另一方面受到企业治理机制的影响，如独立董事的引入等。我国上市公司审计契约缔结与契约冲突的相关性如何？审计委员会这一外部治理机制的引入是否促使审计契约缔结动机的实现呢？本节将参考国内外相关研究成果，按照契约冲突—审计契约缔结动机—审计契约缔约权配置—审计契约缔结的逻辑链条，系统地研究审计契约缔约动机、缔约权配置影响以及缔约行为（即审计师选择）三者间的相关性，以期发现我国新兴转型经济中上市公司审计契约缔结机制的形成机理，为后续研究提供理论依据。

5.1.2　研究思路、研究假设与模型设计

5.1.2.1　研究思路

为了研究审计契约缔约动机、缔约权配置影响以及缔约行为（即审计师选择）三者间的相关性，首先，我们将按照契约冲突—审计契约缔结动机—审计契约缔约权配置—审计契约缔结的逻辑链条，验证企业契约冲突与审计契约缔约行为的相关性；其次，我们将验证企业契约冲突与审计契约缔约权配置（审计委员会的设置或不设置）的相关性。

5.1.2.2　研究假设

股权契约与债务契约是企业契约的核心子契约，因此企业的契约冲突也主要

表现为股权契约冲突与债务契约冲突两种，在第 4 章中我们对股权契约与债务契约冲突与审计契约缔结的关系进行了理论阐述。基于此，我们也将假设 1 具体分解为：股权契约冲突与审计契约缔结模式，以及债务契约与审计契约缔结模式的相关性检验。

股权契约冲突包括代理冲突 I 和代理冲突 II，股权契约冲突由企业股权结构决定，股权结构的主要特征主要体现控股股东（第一大股东）持股程度，是决定企业股权契约冲突模式从而决定审计合谋动机与发生概率，研究选择的审计师质量变化的关键变量。股权分散的公司其契约冲突主要表现为管理者与股东之间的代理冲突，其内部控制人往往为企业管理者，基于自利动机，掌握了企业内部权利配置的管理者将不愿意将审计契约缔结权配置给审计委员会，审计契约缔结权实质归其所有，基于自利动机，管理者也不愿意与高质量审计师缔约。股权相对集中的公司，控股股东（第一大股东）持股程度较大时，企业的契约冲突由第一种代理冲突转变为第二种代理冲突：控股股东与小股东的契约冲突，即控股股东通过"隧道挖掘"侵占中小股东利益，此时控股股东获取了包括审计契约缔结权在内的控制权，因此，当第一股东认为，审计委员会将会运用监督者身份对侵占行为实施监督，从而影响其对少数股东利益的剥夺时，它就有动机运用其控制权阻止公司设立审计委员会，并选择低质量审计师缔约。股权高度集中的公司其控股股东持股程度很高，此时他与中小股东之间具有利益协同的效应，因此，其愿意设置独立性强的审计委员会，提供外部审计师缔约与履约的专业支持，具有独立性与专业性的审计委员会将选择高质量审计师缔约。根据上述分析，我们认为：

H_1：审计委员会的设置概率与企业股权集中度呈倒"U"型。

H_2："高质量"审计师选择的概率与股权集中度呈倒"U"型关系。

Pagano 和 Roell（1998）的研究认为，股东之间的制衡与相互监督可以使控制权收益内部化。拥有足够股份的第二大股东可以一定程度上限制大股东对其他股东的剥夺行为。其他股东持股如果达到一定的比例能够形成有效的制衡作用，则控股股东主导实施审计合谋等机会主义行为将受到抑制，股权制衡影响企业剩余控制者实施审计合谋的收益以及审计师参与合谋的成本和风险，因此，从这一角度看，股权制衡将促使上市公司设置审计委员会并选择高质量审计师。但从另一角度看，控股股东也有可能伙同前几大股东与审计师合谋，多个股东达成合谋的共识，将提高合谋成本，降低合谋收益。不过，股权是否具有制衡作用还取决于制度环境和产权特征，以往实证文献表明中国上市公司在一定程度上存在股权制衡的治理效应，但也有文献表明部分上市公司股权制衡难以发挥作用，取而代之的是大股东之间的合谋。基于上述分析我们认为：

H_3：股权制衡（第一大股东在前十大股东的股权比重越小，股权制衡程度越高）程度与审计委员会设置概率、高质量审计师选择概率成正比。

董事会中独立董事的多少与代理冲突直接相关，独立董事比例越高，企业管理者与股东的利益协同关系越紧密，企业契约冲突越小，其越有动机设置审计委员会和选择高质量审计师。因此我们认为：

H_4：董事会中独立董事比例与审计委员会设置概率、高质量审计师选择概率成正比。

按照 Jensen 和 Meckling 的观点，债务契约可能的冲突主要表现为股东和债权人之间的冲突，为了降低冲突在债务契约中会提出要求提供经审计的财务报告等相关协议。为取信于债权人，获取更多的债权融资，降低融资成本，公司有动机设置审计委员会来监督管理者，以约束其可能运用会计政策调整等方式来实现收入变动，以掩饰其可能出现对债务契约的违背情况。同时也有动机通过聘请高品质的审计师来传递债务契约良好履约的信号。但从另一角度看，负债高的企业，"股东—经理"与"债权人"之间往往存在相对严重的资产替代效应或投资不足的财务冲突问题（即所谓的代理冲突Ⅲ），又会加大企业剩余控制者（股东）聘请低质量审计师以实施审计合谋的动机。基于此，我们将对我国上市公司债务契约与审计委员会设置，以及审计师选择之间的相关性进行验证，提出如下假设：

H_5：审计委员会设置与企业债务契约冲突正相关，且高质量的审计师选择概率与债务契约冲突正相关。

5. 1. 2. 3　模型设计

根据上面的分析及研究假设的提出，并借鉴吴水澎、彭莹、翟华云（2007）等的审计委员会设置与审计师选择模型，我们构建了如下回归方程分别检验假设 1 ~ 3。其中，AC、BIG10 分别表示审计委员会设置与高质量审计师，在进行审计师选择决策中会计师事务所声誉往往作为其审计服务质量的一个信号。近年来，中国注册会计师协会以总收入、注册会计师人数、培训完成率、行业领军人才后备人选人数（领军人才人数）、处罚和惩戒情况等五项指标为标准对中国会计师事务所进行了排名，中国注册会计师协会的排名将影响到会计师事务所的市场声誉，吴水澎、李奇凤的研究也验证出与非十所比较，"十大"所的审计质量较高。因此，按照 2007 年中国注册会计师协会公布的国内会计师事务所的排名①，我们将上市公司选择"十大"会计师事务所的概率，以及设置审计委员会的概率分别对大股东持股比例和大股东持股比例平方进行回归，检验假设 1、假设 2 是否成立。同时，通过在回归方程中加入资产负债率，以检验债务契约与审计委员会设置以及审计师选择的相关性。此外，由于审计委员会以及"十大"所的选择还受到企业规模、上市公司盈利水平的影响等都与企业选择"十大"会计师事务所的概率以及设置审计委员会的概率相关，因此，我们在回归方程中加入了企业盈利情况、企业规模等控制变量。此外，由于契约冲突与管理者持股以及第一大股东性质相关，其都将对审计委员会设置以及审计师选择产生影响，我们将其作为解释变量引入回归方程。我们构建了以下两个模型：

$$AC = \alpha_0 + \alpha_1 Lnasset + \alpha_2 Fshare + \alpha_3 Fshare^2 + \alpha_4 Lever + \alpha_5 Cshare + \alpha_6 Depb + \alpha_7 Mshare + \alpha_8 ROE + \alpha_9 CX + \varepsilon_d \tag{5-1}$$

$$AD = r_0 + r_1 FShare + r_2 Lnassest + r_3 Fshare^2 + r_4 Mshare + r_5 lever + r_6 ROE + r_7 Depb + r_8 Cshare + r_9 CX + \varepsilon_r \tag{5-2}$$

变量定义如表 5.1 所示。

表 5.1　　　　　　　　　　　　　　主要变量表

变量名称		变量定义
被解释变量		
审计委员会	AC	公司若设置审计委员会取 1，否则取 0
审计师选择	AD	审计质量变量；若选择与国内"十所"缔约，则取值为 1，否则为 0
解释变量		
企业规模	Lnassest	年末总资产以 10 为底的对数
第一大股东持股比例	Fshare	年末持股比例最大的股东持有的股票数量占总股本的比例
负债比率	Lever	年末总负债/年末总资产
管理层持股比例	Mshare	除董事、监事以外的高级管理人员所持的股票数占总股本的比例
控制人性质	CX	控股股东为国有（含中央与地方国有）为 1，否则为 0
股权制衡度	Cshare	第 1 股东在前十股东中的比重
董事会独立性	Depb	董事会中独立董事人数/董事会董事人数
盈利能力	ROE	公司当年净利润/年末股东权益
ε_d、ε_r		干扰项

---

① 按照中国注册会计师协会 2007 年的综合排名，前十位的事务所分别是：普华永道，安永华明，德勤华永，毕马威华振，立信，岳华，信永中和，中审，中瑞华恒信，万隆事务所。

式 5 - 1 是审计契约缔结权配置模型,Menon 和 Williams(1994)认为企业为了降低代理冲突将自愿性设置审计委员会。我们将运用第一大股东持股比例、第一大股东持股比例的平方管理层持股比例、股权制衡度以及负债比率等指标来描述企业权益契约冲突与债务契约冲突程度。其中,第一大股东持股比例越小,企业股权越分散,其股权契约冲突可能主要表现为代理冲突Ⅰ;反之,其可能的契约冲突表现为代理冲突Ⅱ。负债比率用来描述企业的债务契约,负债比率越大,可能的契约冲突越大,就越可能自愿性选择积极的审计委员会来监督管理者行为(股东行为)。此外,独立董事在董事会所占比重越大,董事会越有可能设置审计委员会来降低契约冲突;企业规模越大,企业契约耦合体关系越复杂,其契约冲突可能更为复杂,自愿性设置审计委员会的可能性越强。式 5 - 2 是审计契约缔结模型:我们预期规模越大,契约冲突越高的公司越有可能选择高质量审计师,以降低契约冲突;同时,我们也认为审计委员会享有审计契约缔约权将会督促公司选择好的审计师。

5.1.3 样本获取与基本分析

5.1.3.1 研究样本

本研究的初选样本为 2007 年所有在上海和深圳证券交易所进行交易的 A 股公司数据。所需的数据全部取自 CSMAR 数据库和上海 Wind 数据库。选取样本中剔除了(1)受特殊监管的金融保险类公司;(2)数据缺失的上市公司;(3)所有的 S、ST 及 SST 上市公司。总计选取了 862 家上市公司。本研究的数据处理使用 Microsoft Excel 软件和 SPSS17.0 统计软件进行。

5.1.3.2 描述性统计分析

对全样本进行描述性统计,其统计结果如表 5.2 所示。

表 5.2 描述性统计

	N	极小值	极大值	均值	标准差
Fshare	862	5.18	83.83	34.8287	14.75829
ROE	860	- 2 333.7691	151.8755	8.899919	81.0512303
Lever	862	2.7168	113.5698	48.741312	17.4723806

续表

	N	极小值	极大值	均值	标准差
AC	862	0	1	0.71	0.455
CX	855	0	1	0.49	0.500
AD	862	0	2	0.15	0.371
Depb	862	0	0.5358	0.357973	0.0458514
Mshare	862	0	0.7500	0.051151	0.1398642
Cshare	862	15.3858	98.4358	64.196596	20.3501864
Lnassest	862	19.0041	25.9615	21.587177	1.1096676

我们发现，样本公司第一大股东持股比例最小值为 5.18%，最大值为 83.83%，均值为 34.8287%。从统计数据看，资产负债均值为 48.74%，但最高值为 113.5698%。进一步按照第一大股东持股比例细分（见表 5.3），第一大股东持股比例在 10% 以内的占样本的 1.86%；20% 以内的公司占 15.32%；20%～50% 的公司占 62.7%；50% 以上公司占 17.98%。且随着第一大股东持股比例的增加，股权制衡程度越来越低，从均值看，我国上市公司第一大股东在前 10 股东持股比例中所占比重为 64.197%，且随着第一控股股东持股比例的增加，其在前 10 股东持股中所占的比重呈现增加的趋势，说明股权越集中，其他股东的股权制衡程度越弱。由此可见，我国上市公司股权相对集中。

（1）第一大股东持股比例与审计委员会设置以及审计师选择的基本分析

进一步将股权集中度与审计委员会设置、审计师选择情况进行比照（见图 5.1），且按照第一大股东持股比例对其审计委员会设置与审计师选择情况分样本，运用 Kruskal-Wallis 非参数检验方法进行差异检验，其结果显示主要变量均通过 0.05 的置信水平下的非参数检验，说明不同股权集中度下其存在显著差异（见表 5.3）。我们发现，审计委员会设置情况呈现 W 形，即股权相对分散情况下（第一大控股股东持股比例为 0～30% 时），审计委员会设置概率随股权集中度增加而减少；但当股权相对集中后其正向变动，且在股权分散程度较高时设置审计委员会的概率最大为 75%，即在第一股东持股比例低于 20% 的上市公司有 75% 会设置审计委员会。股权绝对集中（第一大股东持股超过 50%）的上市公司其设置审计委员会的概率也随着股权集中度增加而正向增加。这与我们的假设 1 不完全一致。从审计师选择与股权集中度的关系看，我们发现呈现明显的倒"U"型，这与曾颖、叶康涛（2005）的研究一致，从图 5.1

看，股权集中度在30%～40%之间出现了明显的拐点：其左侧随着股权集中度增加，选择10大所的概率增加，且在20%～30%股权集中度时增加最为明显；40%～50%股权集中度间审计师（"十大"所）选择概率明显下降。这与我们的假设2一致。

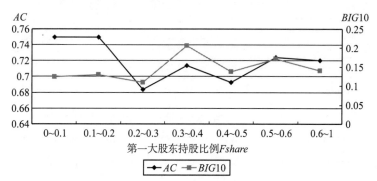

图5.1 第一大股东持股比例与审计委员会设置概率、审计师选择情况

（2）第一大股东性质与其审计委员会设置以及审计师选择的分布

我们按照第一大股东性质分为国有持股（含中央国有和地方国有）以及非国有持股（个人、投资机构、集体以及民营企业及职工持股会），并对不同股权性质控制下的上市公司审计委员会与审计师选择情况进行差异性分析，分析方法仍旧采用 Kruskal-Wallis 非参数检验方法，其结果显示主要变量（独立董事比例除外）都在置信水平 0.05 下具有显著差异（见表5.4）。

差异分析表明：第一，国有控股上市公司第一大股东持股比例明显高于非国有控股公司，这与雷新途（2009）的统计结果一致；且其他股东的制衡程度也明显低于非国有上市公司，这表明我国上市公司中国有企业的股权集中度高于非国有上市公司。第二，国有上市公司的资产负债率也明显高于非国有企业（国有企业资产负债率均值为51.085%，非国有企业为46.6027%），这可能与我国作为所有者的政府、最大债权人的国有银行对国有企业预算软约束有关。第三，国有企业审计委员会设置概率（0.7163）明显高于非国有企业（0.7061）。第四，并没有发现审计师选择在控股性质上存在差异。

（3）上市公司债务契约分布及其审计委员会设置、审计师选择情况分析

样本公司负债比例与审计委员会设置的概率，以及"十大"所选择的概率情况如图5.2所示。我们发现，在负债比例较低时，随着其增加，审计委员会的设

表 5.3 第一大股东持股比例与审计委员会设置、审计师选择

	参股 (0~0.20)		一般相对控股 (0.20~0.40)		强势相对控股 (0.40~0.50)		一般绝对控股 (0.50~0.6)		高度绝对控股 (0.60~1)	
N	N=132		N=421		N=153		N=105		N=50	
	Mean	Std.D	Mean	Std.D	Mean	Std.D	mean	Std.D	Mean	Std.D
Cshare	0.4222	0.1643	0.5922	0.1705	0.7630	0.1236	0.82784	0.1033	0.8838	0.0651
ROE	0.11421	0.1596	0.0537	0.115	0.1234	0.0806	0.1161	0.0810	0.1543	0.1061
Lever	0.487	0.1740	0.49870	0.1793	0.48894	0.16058	0.44029	0.1679	0.4919	0.1796
AC	0.75	0.4346	0.6959	0.4605	0.6928	0.4628	0.72380	0.4492	0.72	0.4535
CX	0.3409	0.4758	0.4412	0.4971	0.5723	0.4963	0.65048	0.4791	0.66	0.4785
AD	0.1287	0.3582	0.1496	0.3828	0.1372	0.3452	0.1814	0.3786	0.14	0.3505
Depb	0.3601	0.0432	0.3551	0.0451	0.3626	0.0493	0.35850	0.0461	0.3590	0.0462
Mshare	0.0440	0.1131	0.0668	0.1591	0.0406	0.1253	0.02318	0.1014	0.0299	0.1303
Lnassest	22.0773	22.9857	22.0207	22.8423	22.4146	22.8632	22.5809	22.9828	23.6129	24.2330

Kruskal-Wallis 非参数检验

	Fshare	Cshare	ROE	Lever	AC	CX	AD	Depb	Mshare	Lnassest
Chi-Square	5.4101	6.3922	2.16886	813.010	9.0983	14.2546	1.5195	7.8949	18.8424	4.7254
df	4	4	4	4	4	4	4	4	4	4
Asymp. Sig. (2-tailed)	0.0247	0.0171	0.00704	0.0163	0.05086	0.00658	0.00823	0.95	0.0008	0

注：置信水平为 0.1。

表 5.4　股权性质与审计委员会设置、审计师选择

产权性质	国有控股上市公司						民营控股上市公司					
区间	全部	0~0.20	0.20~0.40	0.40~0.50	0.50~0.60	0.60~1	全部	0~0.20	0.20~0.40	0.40~0.50	0.50~0.60	0.60~1
N	416	45	184	87	67	33	439	87	234	65	36	17
Fshare	38.3317	14.8404	30.0692	45.3702	53.7562	66.5624	31.4812	14.9116	28.2081	44.575	53.5716	64.485
Cshare	0.7034	0.4391	0.6429	0.78427	0.84596	0.8987	0.5837	0.4135	0.55328	0.7367	0.7886	0.8550
Lever	51.085	53.35897	52.7680	50.8622	45.2525	51.0311	46.6027	46.3328	47.5888	46.5384	41.4224	45.626
AC	0.7163	0.7111	0.7336	0.7011	0.6865	0.7272	0.7061	0.7701	0.6709	0.6923	0.8055	0.7058
CX	1	1	1	1	1	1	0	0	0	0	0	0
AD	0.1826	0.1777	0.1902	0.1379	0.2089	0.2121	0.1138	0.1034	0.1239	0.1230	0.1111	0
Depb	0.3576	0.3537	0.356	0.3632	0.35468	0.3635	0.3584	0.3634	0.3547	0.3622	0.36700	0.3502
Mshare	0.0033	0.0042	0.0050	0.002	0.0016	0.0001	0.0960	0.0645	0.1152	0.0887	0.0645	0.0876
Lnassest	22.775	22.696	22.4269	22.6797	22.6632	23.939	21.7323	21.4905	21.533	21.9149	22.4406	22.22

主要变量显著差异 K-S 非参数检验

	Fshare	Cshare	ROE	Lever	AC	AD	Depb	Mshare	Assest
Kolmogorov-Smirnov Z	3.305703328	4.038736	0.9762	1.9396	0.15872	1.0642	0.43289	5.0807	4.9787
Asymp. Sig.（2 – tailed）	0	0	0.02963	0.00107	0.0001	0.8207	0.991990	0	0

注：置信水平为 0.05。

置概率相对降低,"十大"所的选择概率相对增加;当负债率达到40%以上,审计委员会的设置概率逐渐减低,"十大"所的选择概率则变动较大;当负债率在40%向60%负债率增加时,"十大"所的选择概率明显变大;当负债率由50% ~ 70%变动时,上市公司选择"十大"所的概率明显降低;在负债率在60% ~ 70%之间时,上市公司选择"十大"所的概率最低;当负债率高于70%,上市公司选择"十大"所的概率递增。我们将进一步按照负债比例对上市公司审计委员会设置,以及"十大"所的选择情况进行差异性分析。

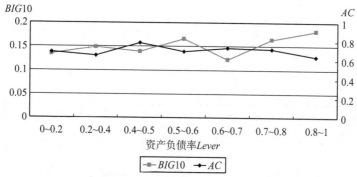

图5.2　负债比例与审计委员会设置、审计师选择情况

按照负债比率对样本公司分区间进行 Kruskal-Wallis 非参数检验(见表5.5),我们发现:不同负债比率的上市公司在审计委员会设置、高声誉审计师选择的概率方面并不存在显著差异,但管理者持股比例与资产规模方面存在显著差异。

对此,我们进一步进行回归分析,检验契约冲突与审计委员会设置与审计师选择之间的相关性。

5.1.4　回归分析

我们对模型1、模型2按照全样本和不同股权性质分样本进行了回归分析,由于审计委员会设置与否;审计师是否为"十大"所是0或1的二元变量,因此采用了 Logist 回归方法进行分析。回归结果如表5.6、表5.7所示。

表 5.5　负债比率与审计委员会设置、审计师选择的差异分析

分组区间	0~0.20 N=52		0.20~0.40 N=216		0.40~0.50 N=166		0.50~0.60 N=192		0.60~0.70 N=147		0.70~0.80 N=67		0.80~1 N=22	
N	Mean	Std.D	Mean	Std.D	Mean	Std.D	Mean	Std.D	Mean	Std.D	Mean	Std.D	Mean	Std.D
Fshare	36.7273	14.5747	36.2175	15.2068	33.2775	14.8175	34.8597	14.7982	35.1171	15.2092	32.8050	11.8798	32.3759	14.5029
ROE	11.8433	10.5749	12.1888	10.3189	11.0234	8.9707	10.6256	11.3215	11.5050	13.0512	13.4075	13.8395	-97.3147	514.5832
Lever	13.2516	4.2955	31.8885	5.4105	45.0956	2.8997	54.9022	2.9475	64.9396	2.7286	73.7995	2.7816	87.2839	7.9027
AC	0.6923	0.4660	0.6528	0.4772	0.7892	0.4091	0.6927	0.4626	0.7347	0.4430	0.7164	0.4541	0.6364	0.4924
CX	0.3462	0.4804	0.4206	0.4948	0.4601	0.4999	0.5474	0.4991	0.5510	0.4991	0.5522	0.5010	0.5000	0.5118
Big10	0.1154	0.3226	0.1389	0.3466	0.1265	0.3334	0.1667	0.3737	0.1224	0.3289	0.1642	0.3732	0.1818	0.3948
Depb	0.3616	0.0462	0.3593	0.0434	0.3546	0.0526	0.3628	0.0439	0.3563	0.0420	0.3503	0.0523	0.3532	0.0323
Mshare	0.1393	0.2449	0.0714	0.1596	0.0609	0.1531	0.0323	0.1023	0.0212	0.0819	0.0231	0.0852	0.0212	0.0977
Gshare	62.2075	21.8841	63.5941	21.0812	61.9561	20.7821	67.1676	20.0295	65.2732	19.7761	63.7712	17.7339	59.8919	18.8287
Lnassest	20.7890	0.9276	21.2343	1.0970	21.4215	0.9634	21.7525	1.0412	22.0556	1.0791	22.1087	1.0674	22.0272	1.1473

Kruskal-Wallis 非参数检验

	Fshare	ROE	Lever	AC	CX	Big10	Depb	Mshare	Gshare	Lnassest
Chi-Square	6.4333	4.2759	826.9130	9.8316	14.7037	2.6261	10.4949	19.3077	7.8480	112.9176
df	6	6	6	6	6	6	6	6	6	6
Asymp. Sig. (2-tailed)	0.3764	0.6394	0	0.1319	0.0227	0.8541	0.1053	0.0037	0.2495	0

注：置信水平为 0.05。

表 5.6　　　　　　　　　　　回归方程 1 的估计结果

变量	全样本		CX = 1		CX = 0	
被解释变量	AD		AD		AD	
解释变量	回归系数	P 值	回归系数	P 值	回归系数	P 值
Fshare	0.0675	0.0478 **	0.0416	0.3283	0.1723	0.0165 **
ROE	0.0001	0.9773	0.0001	0.9509	− 0.0041	0.7881
Lever	− 0.0140	0.0290 **	− 0.0104	0.2208	− 0.0214	0.0350 **
Depb	0.8189	0.7107	− 0.4010	0.8965	1.8095	0.5734
Mshare	0.2420	0.7941	1.0929	0.8415	− 0.1798	0.8612
Cshare	− 0.0141	0.0777 *	− 0.0094	0.3417	− 0.0251	0.0894 **
Lnassest	0.6400	0.0000 ***	0.6261	0.000 ***	0.6880	0.0004 ***
$Fshare^2$	− 0.0008	0.0558 *	− 0.0004	0.3508	− 0.0022	0.0231 **
− 2 Log likelihood	643.564		366.9122		278.1390	
样本量	865		431		434	

注：*** 表示在 1% 水平下显著；** 表示在 5% 水平下显著；* 表示在 10% 水平下显著。

表 5.7　　　　　　　　　　　回归方程 2 的估计结果

变量	全样本		CX = 1		CX = 0	
被解释变量	AC		AC		AC	
解释变量	回归系数	P 值	回归系数	P 值	回归系数	P 值
Fshare	− 0.0365	0.1559	− 0.0319	0.3749	− 0.0500	0.2063
ROE	0.0021	0.4017	0.0017	0.3178	0.0094	0.3007
Lever	0.0062	0.2006	0.0118	0.0914 *	0.0023	0.7410
Depb	1.7800	0.2943	3.5375	0.1926	0.9180	0.6755
Mshare	− 0.9786	0.1031	− 0.2059	0.9581	− 1.387	0.0356 **
Cshare	0.0123	0.0418 **	0.181	0.259	0.0087	0.3517
Lnassest	− 0.1814	0.0300 **	− 0.1144	0.0303 **	− 0.268	0.0441 **
$Fshare^2$	0.0003	0.2659	0.0002	0.6106	0.0006	0.2549
− 2 Log likelihood	1 005.135		495.1333		516.1447	
样本量	865		431		434	

注：*** 表示在 1% 水平下显著；** 表示在 5% 水平下显著；* 表示在 10% 水平下显著。

模型 1 的全样本分析发现：第一，样本公司选择"十大"所与第一大股东持股比例、资产规模显著正相关，即股权越集中，资产规模越大的公司越有可能选择"十大"所缔结审计契约。第二，股权制衡度与"十大"所选择之间正相关，即第一大股东在前十大股东中所占股权越低，其他股权的制衡度越高，企业越有可能选择高质量审计师缔结审计契约。第三，负债水平与"十大"所选择之间显著负相关，这说明负债比例越高的企业越不可能选择"十大"所缔结审计契约，即债务契约冲突越小的企业越有可能选择高声誉审计师缔约。第四，第一大股东持股比例的平方，与"十大"所选择之间存在显著负相关；且第一大股东持股比例与"十大"所选择之间显著正相关，这与曾颖、叶康涛（2005）的研究结论一致，进一步验证出我国企业选择高声誉审计师的概率与第一大股东持股比例呈显著的倒"U"型曲线关系，假设2得到了支持。

从全样本分析可知，首先，在我国上市公司中契约冲突（包括股权契约冲突与债务契约冲突）与审计师选择正相关，契约冲突越严重，企业基于降低代理成本的需要越有可能选择高质量审计师缔约；其次，我国上市公司不同股权分布情况其选择审计师缔约存在差异。我们进一步在模型1中将 AD 对 Fshare 求导，发现当第一大股东持股比例在32.36%，企业对"十大"所的需求最高。即当第一大股东持股比例在0～29.36%之间（股权相对分散，主要冲突为代理冲突 I），随着第一大股东持股比例的增加，企业越有可能选择"十大"所缔约；第一大股东持股比例超过29.36%的上市公司（股权相对集中，主要冲突为代理冲突 II）中，随着第一大股东持股比例的进一步增加，企业越不可能与"十大"所缔约。

模型1的分样本分析发现：第一，非国有上市公司与国有上市公司，公司规模与"十大"所选择之间都存在显著正相关，即资产规模越大的公司越有可能选择"十大"所缔结审计契约。第二，国有与非国有上市公司的审计师选择方面存在显著差异：非国有上市公司的第一大股东持股比例、第一大股东股权制衡程度与选择"十大"所之间具有显著正相关；负债比例、第一大股东持股比例的平方与"十大"所选择之间具有显著的负相关，但国有上市公司的"十大"所选择与这些变量并不显著相关。这一结论与 Qian Wanga、TJ Wong、Lijun Xia 的研究一致。其可能的原因是在中国转型经济条件下国有上市公司主要由政府控制，企业的国有股权性质将妨碍其对其他治理机制的需求，尤其是像外部审计等保护中小股权利益的治理机制的需求。此外，国家对国有上市公司的负债软预算，也使其与银行等金融机构签订债务契约时较少需要审计信息。而非国有企业股权集中度越高，债务比例越高，企业的代理冲突越严重，为了降低代理成本，企业越有动机与高质量审计师缔约。这也间接揭示了非上市公司缔结审计契约的本质动因：修补企业要素投入与剩余分享契约的不完备，协调利益冲突，降低代理成本。

模型 2 的全样本分析发现：第一，审计委员会设置与公司规模负相关。第二，与其他股权的制衡度负相关，即其他股东对第一大股东制衡度越低，企业越有可能设置审计委员会。模型 2 的分样本分析发现：其一，国有上市公司审计委员会设置与负债比例负相关审计委员会设置与股权制衡度正相关。其二，非国有上市审计委员会设置与管理者持股比例负相关；与制衡度负相关，即其他股东对第一大股东制衡度越低，企业越有可能设置审计委员会。这也进一步说明国有企业基于政治或其他原因，行政权力干预将妨碍其他治理机制的需求；非国有企业中代理冲突越严重，设置审计委员会将审计契约缔结权配置给其的可能性越大。

总之，我们的研究发现，非国有上市公司中"高质量"审计师选择的概率与股权结构呈倒"U"型关系，H_2 得以验证。股权制衡程度与高质量审计师选择概率成正比，但与审计委员会设置的相关性并不显著，H_3 的部分假设得以验证。尽管总样本与分样本检验结果都显示独立董事比例与"十大"所选择、审计委员会设置之间正相关，但结果并不显著，H_4 并没有得到有效验证。负债契约冲突与审计师选择、审计委员会设置的相关性与 H_5 的假设并不一致，负债比例越低的非国有上市公司越有可能选择"十大"所缔结审计契约，负债比例越高的公司越有可能设置审计委员会，但结果并不显著。这表明，非国有上市公司负债契约冲突越大，考虑到风险揭示对筹资的影响，越不愿意与高声誉审计师缔约。实证结果中假设 1 审计委员会设置与股权结构呈倒"U"型结构并没有得到实证结论的支持。非国有上市公司的审计委员会设置与管理者持股比例负相关，说明管理者控制越少的企业，越有可能设置审计委员会。

国有上市公司由于其行政干预作用可能抑制企业对其他治理机制的需求，我们的实证结论都不支持上述假设。

5.2 基于信号机制的审计契约缔结机制实证

5.2.1 研究目的与相关文献回顾

5.2.1.1 研究目的

由于企业信息披露的非激励相容和投资者高昂的信息成本，投资者和发行企业间存在严重的信息不对称，为了使投资者不低估公司价值，发行企业运用一系列信号向投资者传递公司价值质量信息。这些信号包括审计师缔约的选择、发行公司股权留存比例、公司盈余揭露以及承销商商誉等。王艳艳和陈汉文、杜俊涛、魏刚和陈工孟、乔旭东等学者的研究都支持信号理论在中国股市有一定的适用性，我国 IPO 市场发行公司股权留存比例、公司盈余揭露及承销商商誉等的信号传递功能也得到了验证。我国上市公司基于向外传递价值信号动机将选择何种与审计师缔约？如果考虑公司信号传递机制的内生性问题，审计师缔约与其他信号传递机制之间是否存在替代性，这也是研究我国上市公司审计师缔约行为必须关注的问题，而基于信号机制研究我国审计师缔约机制在国内尚为空白。

我们将以首度发行上市公司（IPO 公司）为研究样本（因为首度上市，其对公司价值信号传递机制的需求比已上市公司更为迫切），借鉴国外的研究成果，对我国 IPO 市场公司信号传递机制（主要研究留存股权、盈余揭露和审计师选择）的相关性及审计师缔约行为进行研究。目的包括：考察我国现行 IPO 公司的信号选择倾向，引导投资者正确进行公司价值投资；从信息经济学角度研究我国IPO 市场的审计师缔约行为，为进一步研究我国上市公司的审计师缔约提供一定的研究空间。

5.2.1.2　相关文献回顾

国外大多数研究都支持经审计的财务报告能解决企业和投资者信息不对称，审计师质量的选择本身具有向市场传递公司价值的信号传递功能这一观点。

由于公司在选择价值传递信号时，某一信号仅仅是公司价值传递信号系统的一部分，由于各信号同时生效且相互影响，上述将其他信号作为外生变量的单信号选择模型研究具有片面性。Copley 和 Douthett 在 DFH 和 Hughes 等人的研究基础上，考虑到信号传递机制的内生性，以及高企业风险下审计收费的增加将对审计师选择产生影响[1]，构建了一个基于审计师选择、审计收费和留存股权比例的联立方程模型，以美国 1990～1997 年 IPO 市场为样本，对审计师选择、留存股权比例以及盈余预测等公司价值传递信号的相关性进行验证。其研究结论显示：在公司价值信息的信号传递方面，审计师选择、盈余揭露、留存股权比例具有一定的相关性，前二者是后者的替代信号；研究支持 DFH 的观点，即高风险的公

---

[1]　企业风险增加将引起审计费用的增加，从而减少了高质量审计的收益。Copley 和 Douthett（2002）认为这将减少市场对高质量审计师的需求。

司更可能通过选择高质量审计师而不选择高留存股权比例向市场传递公司价值信息。由于 Copley 和 Douthett 在样本选择时将 IPO 前三年盈余数据不全的公司（近 1 100 家公司）剔除，Kun Wang 和 Zahid Iqbal 认为这很可能将部分高风险公司排除在研究之外，其研究样本可能不具有代表性，从而使得研究结论可能存在偏差，同时 Kun Wang 和 Zahid Iqbal 认为审计产品与其他商品不同，Copley 和 Douthett 关于审计收费对审计师选择的影响的假设并不合理。对此，Kun Wang 和 Zahid Iqbal 按照 Copley 和 Douthett 的研究框架，在同时间视窗下，以 IPO 前一年盈余数据完整的公司作为扩展研究样本，与严格意义的样本（IPO 前三年盈余数据且上市后股权比例等数据都完整的公司为样本）进行比照研究。其结论迥异：审计师质量与留存股权比例并不是替代信号，IPO 前的盈余质量的好坏与 IPO 后股权留存比例的多少并无关系；随着风险的增加，公司更可能运用留存股权比例信号而不是选择高质量审计师来传递公司价值信息。

国内对审计师缔约的研究大多从代理理论出发，研究代理冲突对审计师缔约的影响，王艳艳、曾颖等人得出了如下研究结论：在中国资本市场代理冲突严重的企业有动机选择与高质量审计缔约，向市场传递信号，以吸引潜在的投资者。其结论间接支持高风险公司选择高质量审计师的观点。罗栋梁、漆江娜、朱小平等以 Simunic 经典收费模型为基础验证了我国审计市场审计收费与审计质量正相关，说明我国审计市场价格具有质量信号传递功能。张继勋等发现我国上市公司风险对审计师收费具有一定的影响，但由于我国法律环境的不完善，企业风险对审计收费的影响并不显著。审计收费是否影响企业的审计师选择行为这一论点，国内部分研究者通过检验审计师变更前后的审计收费差异，发现在我国审计收费并不影响上市公司审计师选择。这与 Copley 和 Douthett 的研究假设并不相符。另外，杜俊涛（2005）验证了我国 IPO 公司股权结构对公司价值的信号显示作用，发现我国 IPO 市场存在以留存比例为信号的单元信号传递现象，即公司初始上市价值越高的情况，风险越小，其留存股权比例越高。魏刚、陈工孟（2001）对我国 IPO 公司盈余预测精确性进行了实证，其研究尽管验证了我国 IPO 公司的盈余预测是管理当局向投资者传递企业信息的一个主要机制的论点，但其结论并不支持"咨询专家假说"，审计师或承销商的"质量"，与 IPO 公司盈余预测的精确性并不存在显著的相关关系。

尽管对审计师缔约、留存股权比例和盈余预测的公司价值信号传递功能，国内的研究结论与国外的研究一致，但对三者间的相关性，尤其是留存股权比例内生性对 IPO 公司价值信号传递机制选择的影响，并没有涉及。

5.2.2 研究假设

由于我国法律环境相对宽松，诉讼成本低廉，高风险企业留存股权的持有成本较高，因此可能会选择高质量审计师向市场和投资者提供信号——公司价值信号和投资者受保护信号，以促使顺利募资。为此，发展了我们的第1个假设：

假设1：高风险企业 IPO 时更可能选择与高声誉审计师缔约。

基于信号成本与市场收益的权衡，IPO 公司将股权留存成本与审计师选择成本（审计收费）进行比较，以确定公司信号机制的选择，即留存股权比例与审计师选择之间存在一定的内生性。这本身也隐含了另一前提，即审计师选择和审计收费间同样具有内生性：一方面不同的审计师审计收费存在差异；另一方面，审计收费差异可能影响 IPO 公司审计产品的质量需求。在此基础上我们得出了第2个假设：

假设2：留存股权比例与审计师缔约、审计师选择与审计收费之间存在一定的内生性。

盈余预测是管理当局向投资者传递公司价值信息的另一个信号机制，其信号成本是市场的惩罚成本。在预期公司未来盈利良好时，发行公司将持有较多股权以使大股东获益。这在 2000 ~ 2002 年存在"一股独大"现象的中国资本市场可能更为明显。在此基础上我们进一步综合假设1和假设2，提出了如下假设：

假设3：IPO 公司留存股权比例与企业风险、审计师选择、盈余披露有关。

5.2.3 研究设计

我们在 Copley 和 Douthett 研究基础上，考虑到我国上市公司特点及资本市场 IPO 的制度背景，在 Copley 和 Douthett 的审计费用模型中引入了合并子公司数变量用以反映审计内容复杂程度，对本书假设进行检验。设计如下：

$$Audrep = a_0 + a_1 LnFee + a_2 Retain + a_3 Risk + a_4 LnMKtval + a_5 Uwrep + \varepsilon_d$$

$$(5 - 3)$$

$$LnFee = \beta_0 + \beta_1 Audrep + \beta_2 Risk + \beta_3 LnAssest + \beta_4 INV\&REC + \beta_5 Sqsubs + \varepsilon_s$$

$$(5 - 4)$$

$$Retain = r_0 + r_1 Audrep + r_2 Risk + r_3 Forcast + r_4 MKttoeq + r_5 LnMKtval + \varepsilon_r$$

$$(5 - 5)$$

其中各个变量的含义与数据来源解释如下：

Audrep 是 IPO 公司审计师声誉的定性变量。中国证监会（2002）以审计总收入、证券收入、客户数、客户总资产、CPA 人数、有证券职业资格的注册会计师人数等几项指标为标准来确定大事务所。审计总收入列入前 3 名，或证券收入列入前 3 名同时还有 1 项其他指标列入前 10 名，或有 2 项以上除收入外的指标列入前 10 名，则被认为是大事务所。根据以上标准最后确定 10 家大事务所：安永大华、岳华、上海立信长江、浙江天健、信永中和、北京京都、深圳鹏城、毕马威华振、德勤华永、普华永道中天。若 IPO 公司选择的会计师事务所为"十大"取值为 1，否则为 0。

ln*Fee* 为审计费用的自然对数。由于大多数公司仅披露审计费用和验资费用的合计数，一般情况下审计费用与合计数正相关（Mayhew & Wilkins，2003）。本书以其作为审计收费的替代数据，并不影响实证结果。

Retain 是 IPO 发行公司的股权留存比例，由于我国大多数上市公司 IPO 前为国有企业，因此我们将以非流通股比例替代留存股权比例。

Risk 是指发行公司的风险，考虑公司 IPO 前可能进行财务包装，其收益指标值可能存在"噪音"，我们借鉴 Firth 和 Chee Keng Liau-Tan（1998）运用 IPO 股票上市后收益率方差，用此事后变量来描述 IPO 公司的事前不确定性风险，取公司上市后 20 个交易日的收益率方差作为公司风险变量。

Uwrep 是主承销商声誉。关于承销商声誉的度量方法，国际学术界上通行的有三种，即 C-M 法、J-M 法和 M-W 法。本书借鉴国外 M-W 法，即以市场份额为基础对承销商的声誉等级进行度量①。当主承销商为高级，赋值为 2；为中等时取值为 1；为低等时取值为 0。

ln*Assest* 是 IPO 前公司的总资产（与 IPO 最近资产负债表上的数据）的自然对数，反映公司的规模。INV&REC 是应收款项与存货之和与总资产的比用以反映发行公司业务的复杂程度。

Sqsubs 是纳入 IPO 公司合并的子公司数的平方根，我们认为合并子公司越多，审计内容越复杂。

---

① 我们统计了各承销商在 2001～2004 年期间作为主承销商承销 IPO 的累计次数以及在这些 IPO 中为发行企业筹集的资金总额，然后根据各承销商的承销次数和筹资总额分别在总样本中所占的比例来给各承销商计分，再根据各承销商的得分算出承销商的排名顺序，最后根据这一排名顺序将我国承销商分成 3 个等级，业绩排名在 1～10 位的为高声誉等级的承销商，业绩排名在 11～30 位为中声誉等级的承销商，而业绩排名在 30 位以后的为低声誉等级的承销商。

Forcast 为公司盈利预测。

MKtval 是 IPO 公司上市后的权益市值，为上市日收盘价乘以总股本的乘积。

MKttoeq 是公司 IPO 后权益市值（上市日收盘价乘以总股本的乘积）与 IPO 前公司权益账面价值之比。

ε_d、ε_s、ε_r 为干扰项。

式 5–3 和式 5–4 是审计师缔约的供需模型。式 5–3 是审计师选择的需求模型：我们预期规模越大，风险越高的公司越有可能选择高声誉审计师，向市场提供公司价值与投资者受保护信息，高声誉承销商为了减少承销风险，也会督促公司选择好的审计师。另外，由于审计收费影响发行公司的审计师选择，发行公司在审计师选择的决策时会考虑到审计收费这一信号成本。我们预期高审计收费可能降低高质量审计师的需求，高股权留存比例的企业基于成本考虑可能会选择低声誉审计师。式 5–4 是收费模型：我们预期被审公司规模、公司业务复杂度、审计内容的复杂度、审计师声誉与审计收费正相关。

式 5–5 是留存股权比例模型：我们预期审计师声誉、公司风险与公司股权留存比例负相关，即高风险的发行公司为了自我保护可能选择保留较少股权。盈利预测、公司上市后规模、上市后权益变动与股权留存比例正相关：当公司预期未来盈利状况良好，上市后市值增加幅度较大的情况下会选择多留存股权。

5.2.4 样本选取与研究方法

本书以 2000 年 1 月 1 日~2002 年 12 月 31 日间沪、深两市 IPO 公司为研究样本，研究样本选择是基于以下原因：第一，2001 年 3 月 15 日中国证监会发布《公开发行证券的公司信息披露内容与格式准则第 1 号——招股说明书》，要求发行人应披露本次股票上市前首次公开发行股票的发行费用总额及项目，并将自愿披露 IPO 盈利预测改为强制披露。2001 年以后公司 IPO 盈利预测自愿性减弱，2001 年、2002 年、2003 年披露盈利预测公司的比例逐年下降，分别为 71.43%、28.79% 和 7.58%。为了防止出现样本选择偏误，我们的时间选择截至 2002 年年末。第二，由于 1997 年 1 月 7 日中国证监会颁布的《发行股票公司信息披露的内容和格式准则 1 号》（招股说明书内容和格式）中并没有明确要求 IPO 公司招股说明书中对发行费用明细项目进行披露，因此，2001 年前上市公司很少有公司在招股说明书中披露发行时的审计费用。中国证监会于 2001 年 12 月 24 日制定了《公开发行证券的公司信息披露规范问答第 6 号——支付会计师事务所报酬及其披露》，对上市公司支付给会计师事务所报酬的披露内容和格式作了明确规定，其中一条要求上市公司年报披露本年度和上一年度的支付给会计师事务所的报酬，所以，我们能查阅到2000年的上市审计费用。基于上述原因，剔除金融公司以及数据不全的公司我们共收集到样本公司155家（见表5.8）。数据来源于上海证券交易所（www.sse.com.cn）和深圳证券交易所（www.szse.com.cn）网上公布以及WIND数据库提供的相关公司招股说明书，部分数据由手工计算所得。数据处理运用EVIEWS5.0完成。

表5.8　　　　　　　　　　　　　样本公司分布表

上市时间		2000 年	2001 年	2002 年	合计
IPO 公司		135	52	71	258
剔除样本	数据不全	25	24	53	102
	金融公司	1	0	0	1
样本公司		119	28	18	155

如前所述，模型1中审计费用、留存股权，以及模型2和模型3中审计师声誉解释变量可能有联立内生性问题，如审计收费可能影响IPO公司的审计师声誉选择行为，但同时审计师声誉又影响审计收费。因此，我们将运用Hausman检验其内生性，基本思路是，将单一方程进行OLS估计的结果和联立方程TSLS估计量进行比较，若二者存在显著区别，我们认为以上解释变量存在内生性（Hausman，1978）。并根据联立方程模型TSLS回归结果对研究假设进行分析。

5.2.5　实证结果与分析

5.2.5.1　描述性统计

样本公司中的67家IPO公司选择了"十大"所进行审计；98家公司选择了非"十大"所进行审计。我们分别按照审计师为我国"十大"所和非"十大"所进行了分类统计描述，其统计结果如表5.9所示。

从表5.9中可以看出，审计师为"十大"所的上市公司在审计费用、资产、合并子公司数、承销商声誉、权益市值、风险、资产负债率等方面与非"十大"所审计上市公司存在显著差异："十大"所审计的IPO公司在公司规模、业务复杂程度方面较非"十大"所审计的IPO公司要高；风险与资产负债率明显低于非"十大"所审计的 IPO 公司，且其聘请的承销商声誉优于后者，支付审计费用也高于后者。

表 5. 9   描述性统计结果

项目	BIG 10 （67 家）		NON BIG 10 （98 家）		均值差异 T 检验
	Mean	Median	Mean	Median	
Retain	0.656885	0.6667	0.659537	0.6824	0.083284
Fee （万元）	269.1667	208	167.2273	150	- 2.74105 ***
Assest （百万元）	26 383.81	503.0365	1 512.313	399.0553	- 1.6952 *
INV & REC	0.3112	0.2561	0.348539	0.037187	0.539264
Forcast （万元）	4 774.351	35.07239	1 391.16	30.1851	0.482833
Uwrep	1.333333	2	0.969697	1.0000	- 1.84375 *
Risk	0.023882	0.020785	0.029164	0.025499	1.700231 *
Sqsubs	2.068273	2	1.397596	1.414214	- 1.86456 *
MKtval （百万元）	30 257.15	4 910.01	6 807.025	3 274.854	- 2.07037 **
MKttoeq	23.80264	10.55962	20.21028	14.63411	- 0.33837

注：*** 表示 1% 水平上显著；** 表示 5% 水平上显著；* 表示 10% 水平上显著（双尾检验）。

5.2.5.2　单变量间的相关性分析

表 5.10 给出了各变量间简单相关系数及其显著性水平，从表中可看出，审计师声誉与审计收费、资产规模及公司市值显著正相关；审计收费与审计师声誉、资产规模以及合并子公司数、应收账款及存货/总资产之比等显著正相关，这与国内大多数审计收费的研究结论保持一致；留存股权比例与公司市值显著正相关，与风险指标负相关，这与杜俊涛（2006）的研究结论基本一致。同时，表 5 - 10 中我们发现外生变量间虽然存在一定的相关性，但相关系数较小。因此，我们认为多元回归中不存在多重共线性。

5.2.5.3　回归分析

首先，我们对单个方程运用 OLS 进行回归分析；其次，我们运用 2SLS 对整个联立方程模型进行系统参数估计。我们将单方程 OLS 回归估计量和联立方程系统 2SLS 回归估计量差异进行比较，其比较结果如表 5.11 所示。我们发现，审计师选择单方程回归结果在 lnFee、Risk、lnMKtval 等指标与联立方程的回归结果存在显著差异；审计收费单方程回归结果在 INC & VER 指标与联立方程回归结果存在显著差异；股权留存比例方程回归结果在 Risk 指标与联立方程回归结果存在显著差异。主承销商对审计师选择的影响，合并子公司、资产规模对审计收费的影响，公司权益市值及权益变动对股权留存比例的影响方面，单方程回归与联立方程回归结果基本类似。与单方程模型比较，联立方程系统的拟合优度较高。

表 5. 10　　　　　　　　　　　　　主要变量相关性分析

	Audre	lnFee	Retain	lnAssest	lnMKtval	Sqsubs	Risk	Uwrep	Forcast	INV & REC
Audre	1.0									
lnFee	0. 3747 ***	1.0								
Retain	− 0. 01227	0. 0873	1.0							
lnAssest	0. 2890 ***	0. 6054 ***	0. 04816	1.0						
lnMKtval	0. 2522 **	0. 1905 *	0. 2855 ***	0. 0081	1.0					
Sqsubs	0. 0265	0. 2642 ***	0. 0005	0. 0377	− 0. 003307	1.0				
Risk	− 0. 1259	− 0. 0573	− 0. 2257 **	− 0. 0925	− 0. 007898	− 0. 1135	1.0			
Uwrep	0. 1705 *	− 0. 0102	− 0. 0008	0. 1259	0. 18844 *	0. 07663	− 0. 0221	1.0	1.0	
INV & REC	− 0. 0792	0. 3924 ***	0. 0830	0. 1120	− 0. 106955	− 0. 1278	0. 1190	− 0. 0175	− 0. 0677	1.0

注：* 表示 10% 水平上显著；** 表示 5% 水平上显著。

表 5. 11　　　　　　　　　　　　　回归结果对比表

	单方程（OLS）	联立方程（2SLS）
Audrep 方程		
lnFee	0. 109327（1. 351967）	0. 275491（3. 557769 *** ）
Retain	− 4. 611832（− 1. 408818）	− 0. 22687（− 0. 732371）
Risk	− 4. 54466（− 0. 7691948）	− 2. 314760（− 1. 896571 * ）
lnMKtval	1. 2306（1. 196053）	1. 5034（3. 225696 *** ）
Uwrep	0. 117231（1. 747564 * ）	0. 137647（3. 26667 *** ）
Adjusted − Squared	0. 141815	0. 214368
Fee 方程 2		
Audrep	0. 119766（1. 757402 * ）	0. 239217（2. 43228 ** ）
Risk	− 5. 26675（− 0. 510592）	− 4. 435763（− 1. 394884）
lnAssest	0. 180806（3. 721280 *** ）	0. 189870（4. 123643 *** ）
INV&REC	0. 080879（0. 080879）	1. 704411（3. 302498 *** ）
Sqsubs	0. 04522（1. 78763 * ）	0. 056668（2. 548363 ** ）
Adjusted R − Squared	0. 394206	0. 510184

续表

	单方程（OLS）	联立方程（2SLS）
Retain 方程 3		
Audrep	− 0.002232（− 0.068429）	− 0.00857（− 0.24098）
Risk	− 1.91231	− 2.0249694
Forcast	（− 1.637787）	（− 1.67487 *）
MKttoeq	1.05436（0.699609）	1.93347（0.280095）
LnMKtval	0.1295（1.73193 *）	0.232（2.553105 **）
Adjusted	1.43213（1.671747 *）	2.88843（1.847617 **）
R − Squared	0.021129	0.139818

注： *** 表示 1% 水平上显著；** 表示 5% 水平上显著；* 表示 10% 水平上显著（双尾检验）。

表 5 – 11 联立方程系统的回归结果表明：

第一，我国 IPO 公司的审计师缔约行为，与公司资产规模正相关，这与国内大多数研究结论保持一致；与上市主承销商声誉正相关，原因可能是高声誉承销商为了规避风险会促使 IPO 公司选择高声誉审计师；与审计收费正相关，这与基于美国审计市场的 Copley 和 Douthett 研究结论相反，其原因很可能如 Kun Wang 和 Zahid Iqbal 所言：审计产品与其他商品不一样，其价格的边际增加并不会抑制高声誉审计需求可能是审计收费越高，IPO 公司基于成本 – 收益考虑就越要求高质量审计。此外，公司风险与审计师声誉选择负相关，结果与我们的研究假设 1 相悖，其原因可能因为高风险公司不愿意向市场披露其高风险的不利信息，同时考虑到高质量审计成本较高，不会选择与高质量审计师缔约，这与 Copley 和 Douthett 的研究结论相反，与 Titman 和 Trueman 的研究结论一致。

第二，审计收费方面。我们发现：首先，审计师声誉越高，其审计收费越高，说明我国 IPO 市场审计收费具有一定的作用产品质量信号；其次，公司规模、上市后市值的变动以及审计业务的复杂程度与审计收费正相关，这与 Copley 和 Douthett（2002）、Kun Wang 和 Zahid Iqbal（2006）以及国内相关研究保持一致。但与公司风险无显著相关性。

第三，股权留存方面，与公司上市规模、上市后市值及其变动正相关，即公司上市规模越大，权益市值/账面变动越大，基于控制权考虑，IPO 公司会保留较高的股权。同时，风险变量与留存股权比例负相关，这与 Copley 和 Douthett（2002）的研究结论相悖，这验证了我国 IPO 市场留存股权比例具有公司价值信号传递功能。但我们并没有发现盈余预测与股权留存比例间的显著相关性。

5.2.5.4   研究结论

尽管国内研究支持我国上市公司审计师缔约、留存股权比例及盈利预测等具有价值信号传递功能，但上市公司尤其是 IPO 公司选择何种或哪几种信号机制向资本市场传递信号，对其的研究有利于引导投资者进行正确的投资决策。我们运用 2000 ~ 2002 年相关数据，通过构建审计师缔约、审计收费以及股权留存比例联立方程系统，对中国 IPO 公司价值传递信号机制的选择行为进行实证。结果表明：第一，在我国 IPO 市场，审计师缔约及股权留存比例具有向市场传递公司价值的信号功能：风险较低的 IPO 公司一般选择高质量审计师；规模较大、风险较低的公司 IPO 时一般保留较高的股权留存比例。第二，我国 IPO 市场盈余预测、留存股权与审计师选择等价值信号之间并不存在替代关系。第三，审计收费与审计师选择间存在一定的内生性。高质量审计师会收取相对较高的审计费用；审计收费越高，IPO 公司对审计师声誉需求越高。这间接说明我国审计市场"审计费用溢价"产生的原因可能与"风险溢价"无关，而与"声誉溢价"有关。

5.2.5.5   本研究的局限性

本书对研究样本进行了严格的筛选，一方面是出于过滤噪音的需要，但同时也可能带来选择偏误问题，主要表现为将没有进行自愿性盈利预测的公司排除在样本之外，这部分公司可能具有某些特征（如高风险、规模小等），这些特征可能对本书研究结论的稳定性产生影响。

5.3   本 章 小 结

在对我国上市公司审计契约缔结的实证中我们发现：

第一，非国有上市公司中"高质量"审计师选择的概率与股权结构呈倒"U"型关系；股权制衡程度与高质量审计师选择概率成正比，但与审计委员会设置的相关性并不显著；负债比例越低的非国有上市公司越有可能选择"十大"所缔结审计契约，负债比例越高的公司越有可能设置审计委员会，但结果并不显著。非国有上市公司的审计委员会设置与管理者持股比例负相关，说明管理者控制越少的企业，越有可能设置审计委员会，说明非国有企业中代理冲突越严重，设置审计委员会将审计契约缔结权配置给其的可能性越大。但研究发现：国有与非国有上市公司的审计师选择以及审计契约缔结权配置方面存在显著差异；国有上市公司的"十大"所选择与其契约冲突并不显著相关；国有上市公司审计委员会设置与负债比例呈负相关；与股权制衡度正相关。这也进一步说明转型经济中我国国有企业基于政治或其他原因，行政权力干预将妨碍其他治理机制的需求。

第二，在我国 IPO 市场，审计师缔约及股权留存比例具有向市场传递公司价值的信号功能：风险较低的 IPO 公司一般选择高质量审计师；规模较大、风险较低的公司 IPO 时一般保留较高的股权留存比例；我国 IPO 市场盈余预测、留存股权与审计师选择等价值信号之间并不存在替代关系。审计收费与审计师选择间存在一定的内生性。

6 不完备审计契约的 履约机制研究

契约的履约机制是解决契约冲突与契约纠纷的重要机制。完备契约能对未来不确定情况下的缔约方权责进行事无巨细的描述，因此完备契约主要依赖强制履约；不完备契约由于留有一定的"缝隙"，极易诱发违约契机以及契约纠纷，解决契约冲突的根源在于"契约缺口填补"，而以法律规制为基础的强制履约机制其自身也具有不完备性，因此不完备契约的履约更多依赖自我履约机制。

法律与契约具有互补与互替的作用，其在契约中的作用是一个随着契约精神变革而变化的过程，基于"契约自由"古典契约精神，法律更多的是对完备契约缔约与履行中的自由意愿的维护，其作用是消极和被动的；现代经济社会的发展冲击着"契约自由"的基础，契约的缔结与履行中的隐含的不自由：信息获取的不自由；缔约双方不对等，是契约不完备的根源。如何应对契约不完备的挑战，如何充分完备契约以及保护契约效率的最大化，是法律机制作为契约的强制履行机制的主要内容。法律机制在解决不完备审计契约纠纷；充分修补其不完备性时，由于审计技术的专业性；执法者的认知有限；法律条款无法穷尽所有的可能等原因，法律作为一种国家规制机制与公共契约，自身的不完备性将使其强制作用受到约束。因此，不完备契约的履行将更多地依赖自我实施机制。本章将对不完备审计契约的履约机制进行论述。

6.1 审计契约的强制履约机制

6.1.1 法律在契约中作用的演进

如果说法律制度是支撑市场经济最基本的"硬制度"或"他律机制"的

话，那么"契约"就可以称为是降低市场经济中的摩擦的一种"软制度"或"自律机制"。契约通过当事人权责与利益界限的事前约定，以节省双方行为冲突的法律诉讼成本；法律制度通过提供有效的裁定机关和裁定规则来解决契约履约中的双方冲突与契约纠纷。因此，契约与法律制度之间具有互补与互替的作用。

　　法律在契约中的作用是一个是随着契约精神变革不断演进的过程。19 世纪期间的古典契约理论强调"契约自由"的契约精神。契约自由表现为：主体缔约或不缔约的选择自由；与谁缔约的自由；缔约内容的自由；缔约形式的自由。卢梭在其《社会契约论》的开篇中指出："人是生而自由的，但却无所不在枷锁之中。自以为是其他一切的主人的人，反而比其他一切更是奴隶。"他认为"要寻找出一种结合的形式，使它能以全部共同的力量来维护和保障每个结合者的人身和财富，并且由于这一结合而使每一个与全体相联合的个人又只不过是在服从自己本人，并且仍然像以往一样地自由"。这种结合形式只能是社会契约，而从本质看他所主张的社会契约实际就是被贴上了社会标识的经济契约。在这种"契约即自由"的认识下，契约的自由将导向公正与正义。康德指出，当事人就他人事务作出决定时，可能存在某种不公正，但他就自己的事务作出决定时，则决不能存在任何不公正。古典契约理论的契约自由是基于以下假设：存在一个完备自由的市场，市场中有足够多可供选择的当事人；契约仅涉及缔约双方，不涉及除当事人之外的任何第三人，契约不会对第三人构成损害；缔约双方的信息充分。随着古典契约理论的发展，"契约自由"原则进而演变为"契约神圣"。《法国民法典》的 1134 条明确规定"依法订立的契约在当事人之间具有相当于法律的效力"。古典契约理论发展期间，强调的是契约充分自由，法律在契约中的作用是消极的，其在契约中的作用仅仅为捍卫契约当事人之间的自由意志。

　　20 世纪以来，随着社会经济的发展，契约自由的基础发生了巨大的改变。首先，资本主义垄断经济的出现，使得契约主体的"自由意愿"往往受到经济关系中不对等关系的制约，如垄断型企业与其供应商之间的契约关系；就业压力下的劳资契约关系。这一期间美国凯恩斯主义经济政策的实施，标志着国家干预经济取代了古典契约理论时期的经济自由主义。经济体制的变革对以"完备自由市场"为基础的契约自由精神产生了冲击：缔约双方往往是不平等的，契约自由应该是有限的。其次，经济发展的错综复杂也使得契约关系往往与第三方息息相关，而非"契约不得涉及除当事人之外的任何第三人"。契约自由基础的丧失，其必然导致"契约失灵"，这种失灵表现为契约的不完备以及契约正义的扭曲。

法律作为一种强制机制，其作用更多的是通过对契约自由的干预，实现对不完备契约的修补以及契约冲突的解决。

6.1.2　契约不完备与法律强制性履约

　　基于"契约自由"理念下的契约是完备的，由于缔约双方地位完全平等，其缔约意愿充分自由，缔约内容与形式，缔约对象的完全自由，完备契约能对未来的不确定情况下的权责进行全面详细的描述，其契约条款涵盖了所有可能的细节与行为要求，法律仅需维持契约缔结与履约中的双方意愿自由，即便是有缔约者违约，第三方（法院）能根据明确的契约条款进行裁定与强制履行。"假如可强制履行，就能理想地实现当事人目标的契约"被称为完备契约。完备契约是有效率的契约，但它的成立有赖于个人理性和市场环境两方面的假设。其中个人理性假设包括稳定的偏好，受约束的选择，最大化；市场环境假设包括没有不利的第三方效应，充分的信息，众多可选择的契约伙伴，零交易成本。一旦这些假设动摇，"契约失灵"现象就会出现，完备契约的泡沫就会破灭。现实中的契约是不完备的，法律若仍保持消极、超然的姿态，契约不完备留有的"缺口"、契约缔约双方的不平等、缔约影响的外部性等将为缔约主体的机会主义动机转化为机会主义行为提供必然的通道。因此，法律将作为一种强制机制干预或规制不完备契约的缔结与履约行为：一方面"通过加入遗漏条款而使当事人的协议更完美"；另一方面则要"有选择地而非严格地履行当事人之间达成的契约条款"①。前者通过立法加入对默示条款以及交易惯例等的法律规定（如依照交易惯例形成的默示条款虽然没有写入契约条款，但英、美国家的法律认同其具有法律意义），以其为补丁条款修补契约不完备形成的遗漏，促使其充分完备。后者通过对定约自由的限制，以防止欺诈、胁迫等行为或者在被强制的情况下作出损害他人或社会利益的行为，以弥补契约不完备带来的可能后果。法律体系存在的目的是给社会提供一种解决争议与冲突的有序途径。如何解决契约冲突，传统的法理理论以及法与经济学理论存在差异。传统的法理理论认为，法院应当根据超越契约关系的标准，也就是社会公正原则予以判决，其维护的是契约缔约各方的公平权益。法律制度要素（如事前监督、事后调查、检举和处罚等）尽管有不同的组合，但使法律制度保持一定的威慑力和抑制力对于社会公正的维系是必不可少的。法与经

　　①　彭亚楠. 解析契约自由 [J]. 人大法律评论, 2000, (2): 376～392.

济学理论则认为，"法律理念与道德理念混淆不清的许多负面影响之一就是理论总是倾向于置车于马前，将权利或义务当作某种与其违反后果相分离或独立之物，而违反总会招致惩罚的。"因此，法律应当从契约关系隐含的价值标准来推断出判定规则予以解决冲突与违约纠纷。"在市场交易成本为零时，法院有关损害责任的判决对资源的配置毫无影响……如果市场交易是无成本的，则所有的问题（衡平法的问题除外）就是当事人的权利的充分界定和对法律行为的后果的预测。但是，正如我们已经看到的，当市场交易成本是如此之高以至于难以改变法律已经确定的权利安排时，情况就完全不同了。因此，看来法院应该了解其判决的经济结果，并在判决时考虑这些后果"①，与传统法理理论强调法律在解决契约冲突应遵循公平原则不同，法与经济学理论更注重效率原则。无效率的公平和无公平的效率都是社会发展的障碍，法律在解决契约冲突应当兼顾公平与效率原则。

总之，完备契约通过法律强制履约机制得以实现其契约效率；不完备契约条件下法律作为填补契约不完全缺口的文件保障契约的履行，其解决契约不完备的主要方法包括：将不完备契约视同完备契约；以契约双方共同利益最大化为标准来弥补契约不完备的缺口。但是正如张维迎（2002）所言："法律规则过于含糊，……再健全的法律也得给执法者留下一定的自由空间。正如买卖双方难以在事前预期到未来所有的可能状态一样，立法者也不可能在事前预料到所有可能出现的情况。法律一定是不完备的，法律的空白要在事后由执法者填补。"② 没有任何法律可以得到如此精确的限定，以至于明确地包含了一切可能出现的情况。法律这一强制履约机制其自身也具有不完备特征，如执法者自身认知的有限性；法律无法穷尽所有的可能条款。法律机制的不完备也削弱了其对契约的履约强制能力。不完备契约的履约不能单纯依赖于法律的强制约束，更多的依赖契约的自我履约机制。

6.1.3 审计契约的强制性履约机制

审计产品的公共性使得审计契约违约的损害具有很强的外部性，法律这一国家公共强制机制对审计契约违约、契约当事人过失以及欺诈行为进行规制。其中，审计契约违约包括审计师违约和审计委托人违约两种，前者是指审计师未能

---

① 科斯著，盛洪译. 生产的制度结构. 上海三联书店1992年版.
② 张维迎. 法律制度的信誉基础 [J]. 经济研究，2002，（1）.

按照审计契约约定履行审计服务，如审计师没有完成审计契约约定的审计程序，或审计师不能如期完成审计工作；后者是指审计委托人未能按照审计契约约定义务，从而影响审计契约的履行，如不提交被审资料或不配合审计工作等。审计契约当事人过失，主要是指审计师因为职业能力低下或职业道德缺失等因素造成其不能保持应有的职业谨慎或职业判断，由此产生的审计契约效率低下，造成契约他方受损的行为。按照我国《最高人民法院关于贯彻执行〈民法通则〉若干问题的意见》第67条规定，欺诈是指"一方当事人故意告知对方虚假情况，或者故意隐瞒真实情况，诱使对方当事人作出错误意思表示的，可以认定为欺诈行为"。审计契约当事人的欺诈主要是审计师在明知被审单位会计报告虚假或存在错、弊时仍出具不实审计报告，或者故意隐瞒真实情况，从而诱使信息使用者作出错误决策的行为。

　　法律对审计契约履约的规制，一方面事前运用特定立法目的、价值对审计契约自由的纠正以及来引导审计契约的履行：第一，对审计契约缔约选择自由的限制。考虑到会计信息的外部性（会计信息作为公共品，其质量好坏影响社会公众），国家法律强制公众公司必须与审计师缔约，这种强制性缔约是对缔约自由的限制。如我国2005年修订的《证券法》第五十二条明确要求：申请股票上市交易，应当向证券交易所报送依法经会计师事务所审计的公司最近三年的财务会计报告；我国2006年颁布的《公司法》第一百六十五条规定：公司应当在每一会计年度终了时编制财务会计报告，并依法经会计师事务所审计。第二，审计契约缔约对象选择自由的限制。在审计契约缔结对象的选择方面，法律对审计契约缔约当事人资质及身份进行强制性规定，如我国财政部、证监会2007年4月9日联合发布的《会计师事务所从事上市公司审计业务管理办法》，对上市公司审计契约缔结对象——审计师的身份进行了强制规定，只有具有证券期货资格的会计师事务所才能承担上市公司的审计业务。同时，对公司审计契约缔结的委托方身份，不同国家的法律也进行了约束，如英国企业审计契约缔结由审计委员会推荐，董事会聘任；美国《萨班斯法案》204节规定：公司的审计委员会负责选择和监督会计师事务所；我国《公司法》第一百七十条规定，公司聘用、解聘承办公司审计业务的会计师事务所，依照公司章程的规定，由股东会、股东大会或者董事会决定。第三，缔约内容选择自由的干预，以约束缔约主体实质不平等情况下可能出现的缔约内容的遗漏，如考虑到审计契约委托人的优势地位，我国《会计法》第三十一条明确规定：须经注册会计师进行审计的单位，应当向受委托的会计师事务所如实提供会计凭证、会计账簿、财务会计报告和其他会计资料以及有关情况。任何单位或者个人不得以任何方式要求或者示意注册会计师及其所在的会计师事务所出具不实或者不当的审计报告。这种将契约当事人契约行为强制进入审计契约缔约内容，是法律强制履约的重要方式。

另一方面，法律体系运用事后"惩罚"与"赔偿"机制对审计契约的履约行为进行规制。如法律体系强制要求审计契约当事人——审计师承担虚假会计信息连带赔偿责任，以规制其依约履行。我国《证券法》第一百八十九条规定：证券交易所、证券公司、证券登记结算机构、证券交易服务机构、社会中介机构及其从业人员，或者证券业协会、证券监督管理机构及其工作人员，在证券交易活动中作出虚假陈述或者信息误导的，责令改正，处以三万元以上二十万元以下的罚款；构成犯罪的，依法追究刑事责任。第二百零二条规定：为证券的发行、上市或者证券交易活动出具审计报告、资产评估报告或者法律意见书等文件的专业机构，就其所应负责的内容弄虚作假的，没收违法所得，并处以违法所得一倍以上五倍以下的罚款，并由有关主管部门责令该机构停业，吊销直接责任人员的资格证书。造成损失的，承担连带赔偿责任。

总之，法律体系作为强制履约机制，在审计契约运行中的作用体现为：通过法律裁决或庭外和解等方式解决审计契约各方的契约冲突；提供审计诉讼判例等来调整公众与审计师对审计契约效率的期望差距；审计师民事赔偿机制一方面可以弥补审计契约受损方的损失，另一方面也起到了震慑契约履约中的违约或欺诈行为的作用；此外，法律通过对审计契约当事人事后不当行为的惩罚机制，起到事前抑制其机会主义动机的作用。尽管如此，法律这一国家公共契约本身也是不完备的，其法律条例不可能预计所有的未来可能，也无法对所有审计契约缔结与履约细节事无大小进行描述，以提供契约冲突与违约裁决规则，法律体系在审计契约履约的强制规制也依赖于法官的判决。由于审计技术具有专业性，法官的判决将以审计准则为基础，审计准则的模糊性将影响到法官的裁决。因此，法律体系对审计契约的履约强制是有限的。

6.2 审计契约自我实施机制

如第3章所言，审计契约包括以审计业务约定书为载体的明示契约，以及其他信息使用者通过非正式契约方式（如企业的社会责任、社会商业伦理、市场规则与交易习惯等）间接参与的隐性审计契约。明示契约一般表示为格式化条款，如审计业务约定书，法律能对格式化明示契约的履行进行强制，而隐性审计契约的缔约是当事人之间基于信赖基础的无法写明的签约，其履约要依赖自我实施机制。

6.2.1 个人履约资本与自我实施机制

克莱因（1992）认为，不依赖法院强制实施的传闻的契约条款，依赖一种私人自我实施的机制，作为一种对付未能说明的契约条款但双方都能理解契约安排中的所有要素手段，交易者能够处理"敲竹杠"的威胁问题。契约的自我实施机制是以声誉机制、诚信机制等形式存在的内生性制度，是一种自我维系的系统，其规则是由行为者的策略互动内生的，存在于行为者的意识中，是自我实施的行为模式。自我实施机制运用非正式私人惩罚机制来约束他人的履约行为：一是直接与交易者交易关系终止有关的损失，即终止交易关系的威胁，使部分专用性投资没收回的交易者可能蒙受潜在的损失；二是市场声誉贬值诱发的损失。即由于声誉不良导致市场其他人与其缔约动机与行为减少所产生的损失。正如郑也夫所说的，声誉是一个人、一个组织、一个机构浓缩的历史……过去是确定的，将来是未知的，"现在"靠着与"过去"的联手，超越未来的不确定性在心理上造成的疑惑。声誉的作用在于以对象历史可确定的行为为参照，以期发现对象未来不确定行为的方向。契约中交易者维护其声誉是因为它会影响将来的交易机会，而它之所以有该种影响力，是因为交易者对声誉的维护是一个循环论证，但仍然肯定声誉因此成为品质信任的功能等价物或替代物。因此，声誉贬值带来的损失将扩大契约履约中的不诚实行为（包括违约行为、欺诈、不作为等行为）的损失。基于声誉的私人惩罚机制发挥作用的前提是：

第一，交易必须是重复的，如果交易只进行一次，效率就很难提高。因为，声誉机制的作用主要体现为对未来续约或缔约行为的影响，如果交易是一次终止的，对缔约双方而言，好声誉与坏声誉并无差异。若履约的收益低于违约的收益，缔约者将选择违约行为。当交易是重复的，履约的收益将包含本次履约的收益（s_0）与未来缔约收益的现值（s_1）：

$$s_1 = s_0 + s_0 \cdot p + s_0 \cdot p^2 + s_0 \cdot p^3 + \cdots + s_0 \cdot p^n$$

$$= \frac{s_0}{1-p}$$

其中，p 是重复缔约的概率，与交易者履约的声誉有关，声誉越好，其概率越大，契约收益越高。

第二，契约履约中的不诚实行为能有效地反映出来，且履约者不诚实行为的信息能在交易市场进行快速传递。本质上看，声誉建立的基础是不诚实行为能辨识出来，即好声誉与坏声誉应有区别的标准。辨识标准一般情况可以根据履约行为的终极结果——交易商品的质量或数量来反映，也可能通过履约行为传递的信号来反映，前者如一般的商品交易契约，因此，一般商品交易契约中商品质量认证可以作为履约行为的辨识标准；后者如管理者报酬契约中企业业绩信号对管理者履约行为的辨识。履约行为的辨识是履约者声誉形成的基础条件，声誉的形成还需要履约者不诚实行为或诚实行为的信息能在交易市场进行快速传递。信息流动的速度与广度影响声誉机制的作用效果。

第三，当事人对契约履行中的不诚实行为有积极性和可能性实施严厉的惩罚。当事人获取契约履约者不诚实行为的信息后，如果能及时并积极地采取终止交易或赔偿等惩罚机制，增加不诚实行为的违约成本，声誉机制才能有效发挥作用。波斯纳指出："那些被识破不能履行其应尽义务的人，将会发现将来无人愿意与之进行交换。这对那些利用契约另一方当事人的弱点和履行相继性的弱点而进行欺骗的人来讲，是一种成本很高的惩罚。"为了使信誉机制发挥作用，该惩罚而没有采取惩罚措施的人必须受到惩罚。这种私人惩罚包括：直接终止交易关系，使投入专用性资本的交易者无法回收其投资的全部价值，从而对其实施惩罚；因市场声誉贬值交易者后续缔约困难而带来的损失。对此，克莱因认为：私人惩罚的重要性，就在于它能把资本成本强加于企图"敲竹杠"的交易者身上，它界定了可以被叫做契约关系的"自我履约的范围"，即交易者"敲竹杠"的收益低于强加在他们身上的私人惩罚成本的契约范围。在这一范围内，由于不诚实行为所获取的收益总是低于私人惩罚条款带来的损失，契约总是可以如约履行的。这一范围之外，若预计不诚实行为获取的收益高于如约履行的收益，则不诚实动机就会萌生；若不诚实行为获取的收益高于私人惩罚条款带来的损失，则不诚实动机将转化为不诚实行为。

通过增加缔约者私人履约资本即声誉资本是扩大契约缔约者的自我履约范围，促进契约自我实施的关键。正如克莱因（1992）所言：如果交易者具有无限的个人履约资本，"敲竹杠"行为将不会发生，而且交易者在他们的契约上写上什么也就无所谓了。当个人履约资本趋向无穷大时，契约的自我履约范围将覆盖所有的履约空间。缔约者私人履约资本即声誉的投入一方面来自市场的诱致性因素，当交易市场重复交易概率完全由缔约者声誉决定，缔约者的历史履约行为与其声誉直接有关，在此情况下，缔约者将自动履约，并加大对其声誉资本的投入

（如商品质量的提高，以及加大自身声誉的维护与宣传投入），我们把这种缔约者自发性的投入称之为内源性履约资本的投入，因此，加强声誉市场的建设，推动缔约者声誉资本的投入，是促进契约自我实施机制有效实施的重点之一；另一方面，在声誉对交易市场重复交易概率的影响有限的环境中，缔约者内源性履约资本的投入动机缺乏，现实中缔约者的私人履约资本大多数是有限的，通过契约条款对契约当事人之间私人履约资本的重新分配，使其充分到与可能的需求尽可能的一致，即使缔约者不诚实行为的未来成本足够大，也可能保证行为在可履约的范围之内。如审计市场中允许一定资质和声誉的事务所进行上市公司审计服务业务，而将资质差的事务所排除在外，因此上市公司缔结的审计契约中审计师的私人履约资本就涵盖了该准入资格的可能收入成本。

我们用简单的数理公式进行分析。

假设市场重复缔约的概率 p 与缔约者私人履约资本（声誉资本 r）的关系为：$p = f(r, \sigma)$，σ 为其他影响声誉的因素。

s_0 为单次履约的收入，假设重复履约情况下单次缔约成本为 c_1，一次履约就终止情况下单次缔约成本为 c_0

当 σ 为 0，即 $p = f(r, \sigma)$ 重复缔约的概率完全由声誉资本 r 决定时，且存在 r 趋向无穷大时，$p = f(r, \sigma) = 1$，则

$$s_1 = s_0 + s_1 + s_2 + s_3 + \cdots + s_n = s_0 + s_0 \cdot p + s_0 \cdot p^2 + \cdots + s_0 \cdot p^n = n s_0$$

则有重复缔约收益 $W_n = n \cdot s_0 - n \cdot c_1 = n \cdot (s_0 - c_1)$

单次履约的收益 $W_0 = s_0 - c_0$

即便是 $c_1 \geq c$，由于 s_0 总是大于 c_0，W_n 也总是大于 W_0 的，因此缔约者将自发性加大对 r 的投入。

当市场重复缔约的概率 p 与缔约者私人履约资本（声誉资本 r）的关系 $p = f(r, \sigma)$ 中的 σ 不为 0，即市场重复缔约的概率会受到声誉资本投入之外的因素影响，

$$s_1 = s_0 + s_1 + s_2 + s_3 + \cdots + s_n = s_0 + s_0 \cdot p + s_0 \cdot p^2 + \cdots + s_0 \cdot p^n = n s_0$$

$0 \leq p < 1$，所以当 n 相对大时，$s_0 (1 - p^n)/(1 - p)$ 趋向 $\dfrac{s_0}{1 - p}$。

重复缔约与单次缔约的收益差为：

$$W_n - W_0 = (s_1 - n \cdot c_1) - (s_0 - c_0) = [s_0 \cdot (1 - p^n)/(1 - p) - s_0] - (n \cdot c_1 - c_0)$$

$$= \left[\frac{s_0}{1 - p} - s_0 \right] - (n \cdot c_1 - c_0)$$

当
$$W_n - W_0 = s_0 \cdot \frac{p}{1-p} - (n \cdot c_1 - c_0) \leqslant 0$$

即
$$s_0 \leqslant (n \cdot c_1 - c_0) \cdot \frac{p}{1-p}$$

缔约者可能会选择放弃声誉资本投入，只进行一次缔约。

在此情况下，缔约者若对契约条款进行重新修订，使得未来的契约收入 $s_1 = s_2 = s_n$ 且满足：

$$W_n - W_0 = \left(\frac{s_0 + s_1}{1-p} - s_0\right) - (n \cdot c_1 - c_0) = \frac{s_1}{1-p} - (n \cdot c_1 - c_0) \quad \text{恒大于 } 0,$$

即只要给定 $s_1 \geqslant (n \cdot c_1 - c_0) \cdot (1-p)$ 时，无论声誉资本与重新缔约的概率相关性 $p = f(r, \sigma)$ 如何，缔约者总会如约履行。

6.2.2　基于声誉的自我实施机制

6.2.2.1　审计契约自我实施的原理

审计契约的本质是不同利益主体对这种协调机制进行集体选择的结果，其实施将促进不同利益主体间的合作与利益均衡。作为企业契约的修正契约，审计契约从其一出现就要求具有权威的力量，能够对利益冲突的各方进行协调，从一定程度上讲，审计契约需具有有效的秩序维持机制与能力。审计契约的权威力量，一方面通过法律对其明示条款进行强制性履约得以存在，如国家法律强制公众公司必须与审计师缔约，且对审计契约的违约行为进行惩罚，以此保障审计契约在企业契约利益协调时的权威性；另一方面，审计契约的权威力量来自于声誉基础的自我实施机制。换个角度讲，作为不完备企业契约的修补契约，审计契约自身的不完备将无法完全有效的弥补企业契约的"缝隙"，这就是"审计悖论"产生的根源①。法律对审计契约的强制作用是有限的，因为法律作为审计契约的强制

---

① 刘国常、赵兴楣、杨小锋（2007）的研究指出：审计悖论是指经济上依赖于委托人与代理人的审计者在制度上被要求独立于他们。他们在《审计的契约安排与独立性的互动机制》一文中解析出审计悖论产生的根源，即在委托代理框架下，相关审计理论和审计制度安排忽视了审计者与不特定利益相关人之间的非正式契约安排，审计行为因此成了单方选择的结果。本书认为，作为不完备契约的修补契约，其本质的需求是自身的完备即不留缺口，而现实中审计契约也是不完备的（未来不确定，质量描述的有限性以及人的有限理性等造成），这就使得其对企业契约的修补功能可能受到影响。商品契约的供应方经济上依赖于需求方，且其生产上也依赖于需求方，由于商品契约能够完备反映商品数量与质量要求，因此其契约一般能有效履行。审计契约这种功能上要求"完备"，而现实无法完备才是审计悖论的本质。

工具，其自身也是不完备的。因此，不完备审计契约的履约将更多地依赖于自我实施机制。

6.2.2.2 审计声誉及其作用

审计契约中审计师投入了人力资本专用性资产：一方面，容易受到契约另一方当事人的"敲竹杠"威胁；另一方面，由于审计师投入的物质资本相对较少（前期成本除人力资本薪酬外，其他费用较少），也为审计师接受他人审计意见购买，实施审计合谋提供了可能。因此，私人惩罚机制中的通过终止契约，使其专用性投资收不回的威胁效果是有限的。不完备审计契约的履约将更多地依赖于声誉基础的自我实施机制。声誉是由公众形成和持有的看法，作为社会隐性契约，审计声誉是一种能够自我执行的特殊协议。其形成是审计师过去履行审计契约的行为及其结果在审计市场中的反映，是审计市场现有与潜在审计需求方所持有的看法。审计契约在企业契约中的重要性，体现为其对以要素投入及其权益分享计量为核心的会计契约不完备的弥补，这种弥补功能依赖审计的独立性与专业性，审计师独立性的基础是诚信与公允。企业缔结方认为高审计声誉在企业契约中具有：

第一，有效降低股权契约各缔约者间的信息不对称，促进股权契约的有效履行。Slovin、Sushka、Hudson 研究了审计声誉在股权契约中的作用，他们发现高质量的审计能缓解上市公司股权再融资时市场股价的互向反应。Titman 和 Trueman（1986）；Datar、Fletham 和 Hughes（1991）等也研究了审计声誉能有效地降低企业 IPO 的折价。

第二，缓解债权契约各缔约者间的信息不对称，降低缔约风险。Walts 和 Zimmerman（1986）认为债务契约中经审计过的报表可以对债务契约的运行进行监督；Blackwell，Noland 和 Winters（1998）等也发现，审计将影响到债权契约的契约成本，经审计过的小企业其获得的银行贷款利率明显低于其他未经审计的企业。企业通过聘请高声誉审计师能有效降低债权契约缔约双方的缔约成本，从而降低债权契约成本，同时高审计声誉也具有一定的债权契约约束力。

第三，降低管理者与企业间报酬契约的信息不对称，减少管理者与所有者间的代理成本，提高契约效率。

因此，具有诚信、公允与尽责的审计声誉，将成为企业缔结审计契约的本质要求，高审计声誉的审计师在审计契约谈判、合约履行、违约处理等一系列交易成本都将大大降低。

6.2.2.3 审计声誉机制的作用条件

审计声誉自我实施机制产生作用的前提包括："好"或"坏"的审计声誉的识别；审计声誉信息机制；审计声誉毁损的惩罚机制。

(1)"好"或"坏"的审计声誉的识别

审计声誉的识别是审计市场主体（现有客户、潜在客户以及审计同业）对审计师审计契约履约中不诚实行为的识别。由于审计行为的专业性强，审计师履约中的不诚实行为的识别往往事后才有可能揭示。目前各国都通过强制性引入第三方抽查检测的方法来实现对审计契约不诚实行为的识别。例如，中国财政部在中国证监会等部门的配合下，定期对会计师事务所执业质量进行重点检查。如安然事件后美国通过《萨班斯法案》设立独立的"公众公司会计监管委员"（Public Company Accounting Oversight Board，PCAOB），进行检调和处罚执行公众公司审计的会计师事务所及相应注册会计师，以加强对上市公司审计的监管。尽管市场对审计师履约行为中的不诚实行为一般采用"一次黑永世黑"的抵触与惩罚方式，但审计契约履约中的不诚实行为的揭示仍旧具有不"必然性"：不是所有的审计不诚实行为事后定能被识别出来。"设立专门的技术支持部门、质量管控部门和信息技术部门，建立健全并有效实施全过程质量控制规程"，加强会计师事务所内部治理是解决审计契约履约行为识别困难的主要途径。

(2)审计声誉信息机制

审计声誉是社会公众对审计师执业能力与职业道德认同的长期积累。审计声誉信息机制是通过专门机构收集与评价审计声誉的信息，审计声誉信息机制将降低审计需求方对审计声誉信息的搜集、处理与分析成本，并能减低审计契约供需双方的信息不对称。美国以事务所为对象进行事务所整体信用评价，评价只列举重大缺陷而采用不评分或不评等，结果公开存放供公众阅览；我国台湾开展的注册会计师的信用评价工作，主要通过对个别审计案件工作内容的抽查，来判定单个注册会计师信用的好坏。

目前我国审计声誉评价机制主要包括：财政部定期公告其抽查事务所的执业信息情况；中国证监会对违规事务所与审计师的处罚公告信息；中国注册会计师协会每年披露的会计师事务所综合评价信息（见表6.1）。

表 6.1　会计师事务所综合评价表

总收入（万元）	注册会计师人数	完成规定学时注册会计师人数	领军人才数量	2005～2007 年度注册会计师受处罚、惩戒情况									分所数量	从业人员人数	合伙人人数	注册会计师年龄结构				注册会计师学历结构			
				警告	没收违法所得	罚款	左边三项中，二项或三项并处 暂停业务	吊销注册会计师证书、取消会员资格	训诫	行业内通报批评	公开谴责	刑事处罚				≤30	30＜ ≤50	50＜ ≤70	＞70	大专及以下	本科	硕士	博士及以上

资料来源：中国注册会计师协会网站。

其中，中国注册会计师协会对事务所综合评价包括总收入、注册会计师人数、培训完成率、行业领军人才后备人选人数（领军人才人数）、处罚和惩戒情况五项指标：①总收入，是指事务所上报的、经过审计的上一年度会计报表数据，不包括具有独立法人资格的成员所的收入。②注册会计师人数，是指截至上一年 12 月 31 日，事务所在中注协认定的管理系统中登记的数据。③培训完成率，是指截至上一年 12 月 31 日，事务所完成规定继续教育学时的注册会计师人数占本所注册会计师人数的比率。④领军人才人数，是指事务所在填报《情况表》、《分所情况表》时，已通过中注协组织的测试并选拔的领军人才人数。⑤处罚和惩戒情况，是指截至上一年 12 月 31 日的前 3 年，事务所及其注册会计师在执业中受到刑事处罚、行政处罚和行业惩戒的情况。

此外，按照事务所分所数量、从业人员人数、合伙人（股东）人数、注册会计师年龄结构和学历结构等指标作为综合评价的辅助信息；将事务所处罚扣分情况分前 3 个年度分别列示。同时，增加"人均业务收入"和"境外设立分支机构数量"两项指标，作为综合评价的辅助信息。

（3）审计声誉毁损的惩罚机制

第一，市场对审计声誉毁损的惩罚。由于审计产品是一种无形的服务类软产品，其质量的好坏难以直接评测，审计师的声誉主要依靠审计盈余的可靠性，投资者对盈余的反应将依靠其对盈余报告可靠性的判断，因此，会计盈余的反应系数反映了市场投资者对审计声誉的认同程度。Siew Hong Teoh. T. J. Wang（1993）的研究指出，美国资本市场对"八大"所的盈余反应系数显著高于非"八大"所，这表明市场投资者对高声誉的审计师能进行识别，并通过调整投资实现对不同声誉审计行为的态度。投资者对审计师声誉毁损的反应表现为对其审计企业的盈余可靠性质疑，引起其市场股价降低，如美国安然事件诱发安达信事务所的声誉丧失，Stephanie Yates Rauterkus 和 Kyojik Song（2005）；Chaney 和 Philipich（2002）等人研究了安然事件后安达信原有客户的市场表现，研究发现：安然事件后安达信原有客户股票出现显著负收益；这些客户在定向增发时股票价格下降幅度是非安达信审计的客户的两倍，且与其他客户比较，安达信客户的市场损失均值为 31.4 万美元。朱红军等人（2008）以"科龙电器事件"作为切入点，研究了我国投资者是否关注审计师的职业声誉。其结果表明，会计师事务所的声誉毁损时，我国资本市场会对其审计质量产生质疑，并继而对其客户作出消极的市场反应，同时市场对经德勤和其他"四大"审计的公司都作出了负面的市场反应，即投资者把"四大"当作一个整体看待，德勤的声誉受损对其他的"四大"

具有负面溢出效应。当企业意识到市场作出的此种反应将更换审计师以重获投资者信赖，低声誉审计师审计市场份额的减少，是市场对其低声誉作出的惩罚。此外，低声誉审计师缔约困难以及后续缔约成本的增加也是市场对其的惩罚。但应该意识到的是，只有在有效资本市场中企业股票价格由其内在价值决定，投资者对会计盈余的反应能揭示市场对审计师履约行为的认同程度。但在资本市场无效或弱势有效的情况下，股票价格与企业价值的相关性弱，投资者对盈余的反应受多种因素影响，盈余反应系数与审计师声誉的相关性也将降低。

第二，监管机构对审计声誉毁损行为的惩罚。对审计契约行为及其审计信息的监管，各国设置了不同的监管机构。美国的监管机构包括注册会计师协会（AICPA）、审计准则委员会（ASB）、独立性准则委员会（ISB）、AICPA 职业道德、证监会（SEC），还设置了专门的会计信息监管机构——公众公司会计监管委员会（POB）；法国设置了全国审计师协会、全国与跨地区上市公司检查委员会、证券监管委员会（COB）、法国审计师协会（CNCC）、审计师高级理事会（HCCC）；日本的监管机构包括审计监管委员会（CPAAOB）、日本公认会计士协会（JICPA）、大藏省（现为财务省）；我国的监管机构包括证监会、财政部、审计署、中国注册会计师协会等。监管机构对审计声誉毁损行为的惩罚通常采取行政处罚涉案签字注册会计师和会计师事务所的方式。如我国证监会对审计师声誉毁损的惩罚方式具体包括：通报批评、警告、没收违法收入、罚款、暂停执业资格、撤销事务所执业资格、移送司法机关追究刑事责任、证券市场禁入等方式。处罚的直接作用在于"惩戒"，而处罚的根本作用在于"维护"。2001 年中国证券审计市场监管部门对 8 家会计师事务所作出了市场禁入的行政处罚①，并引发了大规模的审计师变更和审计市场变动。李爽、吴溪对此进行实证，结果显示对涉案会计师事务所的行政处罚，能对其他未涉案的事务所产生显著的警示作用。

第三，法律对审计声誉毁损行为的惩罚。尽管如 Watts 和 Zimmerman（1983）所言：独立审计的存在并不是政府法令的直接结果。但法律对审计契约的履行具有强制作用，同时法律对审计声誉毁损行为的约束也是审计契约自我实施的基本前提。美国 1933 年颁布的《证券法》第 24 节规定：故意违反证券法规定及有重大虚假陈述的注册会计师，一经证明有罪，应处以不超过 1 万美元的罚金或不超过 5 年的有期徒刑，或者两者并罚。1934 年颁布的《证券交易法》重新确定了

---

① 8 家事务所分别是中天勤、深圳华鹏、深圳同人、华伦、中审、中天信、中京富和天一会计师事务所。

审计师承担的法律责任：故意违反本法的虚假陈述行为在证实基础上应被处以 100 万美元以下的罚款或处以 10 年以下有期徒刑，或两者并处。如果该人员为非自然人，则应处以 250 万美元以下的罚款。2002 年颁布的《萨班斯法案》加重了违法审计行为的处罚措施：①故意进行证券欺诈的犯罪，最高可判处 25 年监禁；对犯有欺诈罪的个人和公司，最高可处 500 万美元和 2 500 万美元的罚款。②故意破坏文件或捏造文件阻止、妨碍或影响联邦调查的行为将视为犯罪，并处以罚款或 20 年有期徒刑，或并罚。③会计师事务所的审计报告的工作底稿至少应保存 5 年，任何故意违反此项规定者，将处以罚款或 10 年有期徒刑，或并罚。我国《证券法》（2005 年修订），以及 2009 年新修订的《刑法》，对审计师法律责任及其处罚进行明确的规定，具体如表 6.2 所示。

表 6.2   我国审计师法律责任一览表

处罚范围	处罚对象	处罚方式	法律条款
依法负有信息披露义务的公司、企业向股东和社会公众提供虚假的或者隐瞒重要事实的财务会计报告，或者对依法应当披露的其他重要信息不按照规定披露，严重损害股东或者其他人利益，或者有其他严重情节的。	直接负责的主管人员和其他直接责任人员	处三年以下有期徒刑或者拘役，并处或者单处二万元以上二十万元以下罚金。	《刑法》161 条
承担资产评估、验资、验证、会计、审计、法律服务等职责的中介组织的人员故意提供虚假证明文件，情节严重的； 前款规定的人员，索取他人财物或者非法收受他人财物，犯前款罪的； 第一款规定的人员，严重不负责任，出具的证明文件有重大失实，造成严重后果的。	直接提供人员	处五年以下有期徒刑或者拘役，并处罚金。 处五年以上十年以下有期徒刑，并处罚金。 处三年以下有期徒刑或者拘役，并处或者单处罚金。	《刑法》229 条
证券交易所、证券公司、证券登记结算机构、证券交易服务机构、社会中介机构及其从业人员，或者证券业协会、证券监督管理机构及其工作人员，在证券交易活动中作出虚假陈述或者信息误导的。	专业机构及其直接责任人员	责令改正，处以三万元以上二十万元以下的罚款；构成犯罪的，依法追究刑事责任。	《证券法》189 条
为证券的发行、上市或者证券交易活动出具审计报告、资产评估报告或者法律意见书等文件的专业机构，就其所应负责的内容弄虚作假的。	专业机构及其直接责任人员	没收违法所得，并处以违法所得一倍以上五倍以下的罚款，并由有关主管部门责令该机构停业，吊销直接责任人员的资格证书。	《证券法》202 条

法律对审计声誉毁损行为的处罚一方面影响审计师声誉；另一方面也加大了审计契约违约行为成本，促进了审计契约的自我实施。

6.3 审计契约的履约机理分析

6.3.1 审计契约的履约机制：自我实施与法律强制

法律和信誉是维持市场有序运行的两个基本机制，两者是互补与互替的关系。首先，声誉是法律的基础，法律的判决和执行依赖于当事人对自身声誉的重视程度。其次，法律有助于声誉的形成，法律的裁决与执行，尤其是契约中违约行为的处罚裁决往往是声誉识别的依据，也是声誉形成的基础，若市场或法律缺乏对违约行为的处罚，声誉将无法形成。例如法律若不能对质量造假厂商进行裁决与处罚，市场中的造假厂商将增多并出现"劣币驱逐良币"，契约将难以有效履行。

作为强制性履约机制，法律能对格式化条款的履约行为进行强制，法律公共契约性质能在一定程度上解决契约中的权责模糊与利益冲突，因此对于完备契约意义重大。但现实中的契约大都是难以自我履行且不完备的契约，法律强制履约机制自身具有局限性（作为公共契约，法律也是不完备契约；法律判断上的认知局限等），完全依靠其强制契约履行将增加契约成本，因此基于声誉的自我实施机制将发挥重要的作用。只有当契约是可自我实施契约时，契约的履行就可不依赖法律强制完全自我实施。可自我实施契约存在的前提是缔约方之间处于纳什均衡或趋于纳什均衡状态，即缔约主体发现符合其最佳利益的是去做他人希望其所做的工作。现实中的契约大都是不完备且难以完全自我实施的契约，需要法律强制与自我实施机制的共同作用。

由于未来审计行为描述困难；审计产品质量模糊等原因，审计契约从其一出现就是不完备的，缔约者之间地位的不对等（此处有两层含义，一层次是企业契约缔结者之间地位不对等，如审计契约缔结权往往由大股东或管理者等内部人控制，中小股东往往处于劣势；另一层次是指审计师与企业缔约者基于供需的地位差异）进一步加剧了其不完备程度。审计契约不完备程度加剧，法律强制履约受到约束：第一，尽管各国通过法律或规章等方式对审计师独立性保持进行明确，如美国《萨班斯法案》明确审计师不能同时在一家企业进行审计与非审计业务。但经济上依赖于审计契约的审计师要求独立不受干扰的履行审计契约，这本身就是一个"悖论"，法律仅能对审计业务约定书中条款的实施与否进行判断，但隐含于其中的审计师独立性保持与否如何判断，一直是个难题。第二，即便是审计缔约者按照条款履行，但审计契约的效率仍可能是低下的，审计契约的效率可能更多与条款之外的隐含契约有关。这些在法律可强制范畴之外。契约越不完备，法律的强制实施作用越弱。正如克莱因所言：大多数现实社会中的商业关系大部分依赖私人履约而非法律强制。青木昌彦在进行比较制度分析时也指出："但是法庭裁决需要有违反契约的证据，这是法律规则作为一种市场治理机制在实际运用中的局限性。"①

审计契约相关法律界定了审计契约自我实施的范畴，在这一范围内，可实现法律强制实施，这一范围之外，审计声誉发挥作用。如前所言，审计契约双方的博弈中往往存在博弈弱势的一方，大多数情况下审计师是弱势的博弈主体，博弈过程中由于审计师投入了专用性人力资本，因此无论是采取终止审计契约或是永不缔约的威胁，其损害往往大于另一缔约主体，因此需要第三方对非合作主体进行强制实施，法律规制、审计制度等作为第三方强制将对审计声誉自我实施机制提供补充。因此，审计契约的履约是法律强制与自我实施机制的共同作用，缺一不可。具体体现为：①明示审计契约部分，由法律强制格式化条款实施，以节约声誉信息的搜集、整理与甄别成本；②隐性审计契约部分，通过自我实施机制以节约法律司法诊断与裁决成本；③强制履约机制与声誉机制交互作用，法律惩罚等信息纳入审计契约缔结者声誉体系，审计契约缔结者声誉作为法院裁决的依据之一，使两种机制相互融合，共同发挥作用。当审计契约不完备程度低的情况下，如公司治理良好，审计契约条款明晰，审计规则详细的情况下，法律强制实施与惩罚威慑将意义重大；反之则更多的依赖审计契约的自我实施机制。

6.3.2 审计声誉与法律强制的共同作用机理

6.3.2.1 审计契约履行中的机会主义行为

不完备审计契约留有的天然漏洞暗含了契约纠纷或违约契机，使得审计契约

---

① 青木昌彦. 比较制度分析［M］. 上海：上海远东出版社，2001

参与各方机会主义倾向的实现成为可能，机会主义倾向是借助于欺诈等不正当手段牟取自身利益的行为倾向。按照谢德仁的观点，人的机会主义倾向产生的前提是个人目标效用函数的不一致以及人行为的外部性。由于目标效用函数不一，个人采取的行为决策不一，又由于人的行为具有外部性，个人不同的行为将对他人的效用函数产生影响。

审计契约本身是作为抑制不完备企业要素使用权交易契约机会主义倾向的制度而存在，但作为"契约人"的参与各方首先也是"经济人"，其各自的目标效用函数并不一致。主要参与者的审计师可能的期望效用包括：一是审计收费扣除审计成本后的单次履约效用；二是履约质量为基础的远期意义的声誉收益。即提供高质量审计服务所形成的声誉能为获取长期契约，而获取的预期远期收益。可用以下模型进行描述：

$$E(a) = \max(E_1 + E_y)$$

$$E_i = F_i - C_i$$

$$E_y = E_2 \cdot p_2 + E_3 \cdot p_3 + \cdots + E_n \cdot p_n = \sum_{i=2}^{n} E_i P_i$$

其中，$E(a)$ 是指审计师的期望效用，审计师期望效用由当前单次履约效用和远期订单效用两部分构成；E_i 是指当前单次审计契约履约效用；Ey 是指预期远期收益，是未来能获取的审计订单次数 n、未来能续约的概率 p，以及单次订单净收益的函数。E_i 是指预期某一次的审计收益；F_1、F_i 是指当次审计的获取的审计收费、预期某一审计订单收到的审计收费；C_1、C_i 是指当此审计的审计费用、预期某一审计订单履约的审计费用。

（1）完备契约下审计师的行为决策

完备契约能够事前完备的规定当事人在如何情况下的权利与义务，并存在一个第三方保证条款得以实现的契约（杨瑞龙、聂辉华）。完备审计契约的理论假设是审计质量能够验证，审计契约各方信息对称，且交易费用为零。在审计委托人效用外生以及审计质量契约条款完备的理想情况下，这一概率应由当前审计质量的高低决定，审计委托人按照审计师履约质量信息选择高质量审计师缔结审计契约，审计师未来续约的概率服从（0，1）分布，当前履约质量低时，未来续约概率为 0，反之为 1。

$$E_{(a)} = \max(E_1 + E_y) = \max(F_1 - C_1) + \sum_{i=2}^{n} E_i P_i$$

且当前审计质量 $Q_1 = L$ 时，$p_2 = 0$，此时 $E_{(a)} = E_1$。

若有审计质量 $Q_1 = Q_2 = Q_3 = \cdots = Q_{n-1} = H$ 时，$p_2 = p_3 = p_4 = \cdots = p_n = 1$，则：

$$E_{(a)} = \max(E_1 + E_y) = E_1 + E_2 + E_3 + \cdots + E_n \geq E_1$$

考虑到续约的连续性，即 n 趋向无穷大，审计师远期订单效用将远远大于当前履约效用。因此，审计师将总是提供高质量审计服务。

（2）不完备契约中审计师机会主义倾向对行为决策的影响

由于审计契约不完备，对审计师履约质量难以验证和以规范化条款在契约中明示，审计委托人效用函数不一致引发的产权博弈必定对审计师行为产生影响。当审计师预期远期订单续订概率不确定，或与其前期审计契约履约质量相关性模糊时，其远期收益难以明确。即审计质量 Q_1 与 p_2 无关。这时存在两种可能：一种情况下，审计师将忽视远期收益，对当前契约履约效用的关注度增强。由于审计契约签订后，审计委托人专业性投资（审计公费）已经投入，审计师当前契约履约效用最大化的实现主要通过降低审计费用方式获得，即审计师通过缩减审计时间等方式降低其人力资本投入。其行为的外部性是审计师人力资本投入减少，审计质量降低，影响到对企业契约参与各方产权权益的维护，也间接加剧了产权博弈，其结果是组织租金的耗散。审计师这种通过减少人力资本投入，降低审计质量以获取自身效用最大的行为倾向，是基于审计委托人专业性投资被"锁定"，若审计委托人的审计公费随时可以抽出转投他处，这种机会主义倾向就不可能实现，因此，审计师可能发生的这种行为被称作"偷懒式敲竹杠"行为。"偷懒式敲竹杠"行为的发生将减少审计师人力资本投入，在具体审计契约履约过程中表现为审计工作勤勉度不够，如没有实施充分的审计工作程序；没能发挥必要的审计职业判断，这些都导致审计师在不确定审计契约履约环境中审计质量低下。

另一种情况下，由于审计契约的不完备，审计质量难以验证以及审计师专业技能高低不易考察，审计契约审计委托人辨识审计师技能高低的辨识成本很高，在考虑变更审计师的后续启动成本和信息提供成本情况下，一旦选择了审计师，审计委托人一般不愿意进行审计师变更。审计师为了获取远期收益有可能牺牲当前效用，即可能减低初次审计收费运用成本较低战略获取当前审计签约资格。这种行为被称为审计师的"低球战略"。低球战略又称为低价揽客战略，是指初次审计价格低于审计成本。低价揽客可能导致审计时间和预算的压力，同时审计师屈从于服务终止的威胁，很难拒绝作出管理当局要求的某种让步，其可能削弱审计师的独立性而导致低质量审计。

无论是与何种审计师签约，签约后审计委托人都有可能利用审计契约的不完备与审计师人力资本投资专用性的特征，对其实施"胁迫式敲竹杠"，胁迫审计师合谋，通过购买审计意见，最终顺利实现对其他主体租金掠夺。审计师签约后，其就会进行人力资本投资，人力资本投资一旦投资就具有专用性，所谓专用性是指"在不牺牲生产价值的条件下，资产可用于不同用途和由不同使用者利用的程度"[1]。交易成本理论认为，专用性资产是为支撑特定交易而进行的耐久性投资，一旦形成后就很难转作他用，自然导致投资者被"锁定"在特定形态和特定交易关系当中，而若再作他用，就不得不承受价值贬损和新的投资。审计师人力资本投入后无法抽回或转做他用，审计委托人正是意识到审计师人力资本的锁定，就有可能以此胁迫审计师，要求其出具有利于自己的审计意见。"胁迫式敲竹杠"行为倾向的实现主要为审计委托人通过辞聘审计师、非常审计公费提供等方式。这种"胁迫式敲竹杠"将影响审计师履约的独立性，最终威胁审计契约效率。

6.3.2.2　审计契约强制履约与自我实施机制的共同作用机理

一般审计契约涉及四方：缔结者之一——委托人（企业）；缔结者之二——代理人（企业内部控制人）；缔结者之三——审计师；缔结者之四——监管机构（法院及证监会等第三方）。假定审计师的产出质量为 Q，Q 可以理解为审计师努力程度与独立性程度 e 的函数，即 $Q = q(e)$，Q 为 e 的增函数，且 $Q = q(0) = 0$。其边际成本为 f。假定 Q 为企业带来 $R(q)$ 收益，为了总是能保持收益为正，有 $R'(0) = +\infty$ 和 $R'(+\infty) = 0$，假定双方发生合谋的概率为 d，且 d 与声誉的关注水平 h 有关。即合谋双方越关注自己的声誉，合谋对双方的吸引力就越小，因而有 $d = l(h)$，显然有：

$$\frac{\partial d}{\partial h} < 0$$

审计师和委托人除了受声誉关注程度的影响，还会受到第三方的监督，监督强度为 β，外界对二者行为的监督程度越高，合谋被发现的概率就越大，如法律对审计契约的强制程度越大，合谋被发现的概率 p 越大，即

$$\frac{\partial p}{\partial \beta} > 0$$

当审计契约如约履行时，委托人、审计师、代理人的效用函数 U_E、U_A、U_D 为：
$U_E = R(q) - s - t$，s 为审计费用，t 为代理人报酬。

---

① Lohtia, Ritu, Charles Brooks and R. Krapfel. What Constitutes a Transaction Specific Asset? An Examination of the Dimensions and Types [J]. Journal of Business Research, 1994, v.30 (3): 261-270.

$$U_A = s - f \cdot q$$
$$U_D = t$$

如果代理人和审计师合谋，委托人将损失部分效用，假定损失的额度为 $L = \varepsilon \cdot [R(q) - s - t]$，其中 $0 < \varepsilon < 1$。假定合谋被发现的概率为 p，且 $p = k(\beta)$，此时委托人的效用为：

$$U_E' = (1 - p)[R(q) - s - t] \cdot (1 - \varepsilon) + 2pm$$

其中，$2pm$ 为从审计师和代理人处获取的惩罚收益。

对于审计师，其可能的收益是：

$$U_A' = (1 - p)[s - f \cdot q + a \cdot l(h) \cdot L] - pm$$

其中，a 是指审计师参与合谋，代理人从其造假收益中分给审计师的合谋收益比。例如，$0 \leqslant a \leqslant 1$，$m$ 是指合谋发现后审计师面临的处罚损失，$m > 0$，对于代理人而言，其效用函数为：

$$U_D' = (1 - p)[t + \varepsilon \cdot (R(q) - s - t) - a \cdot l(h) \cdot L] - pm$$

只有当审计师与代理人合谋后取得的收益小于不合谋的收益时，审计契约才能如约履行。即 $U_A \geqslant U_A'$，$U_D' \geqslant U_D$

即
$$s - f \cdot q \geqslant (1 - p)[s - f \cdot q + a \cdot l(h) \cdot L] - pm$$
$$t \geqslant (1 - p)[t + \varepsilon \cdot (R(q) - s - t) - a \cdot l(h) \cdot L] - pm$$

在 s，f，q，t，m 一定的情况下，只要存在：

$$p = k(\beta) \geqslant \frac{\varepsilon \cdot [R(q) - s - t]}{s + 2m + t - f \cdot q}$$

$$l(h) \leqslant \frac{\varepsilon \cdot (s + m) \cdot [R(q) - s - t]}{L \cdot \{s + 2m + t - f \cdot q - \varepsilon \cdot [R(q) - s - t]\}}$$

审计契约就能有效履行。

上述模型说明了审计契约履行中审计声誉、法律等第三方强制程度的关系。当审计缔约中的合谋双方（代理人—审计师）关注其声誉程度越高，其合谋的概率就越低；当法律等第三方的强制程度越大，合谋被检查出的概率越大，审计契约的有效履约程度就越高，模型进一步说明了声誉机制与强制机制在审计契约履行中的共同作用机理。

6.4 本章小结

完备契约通过法律强制可以完全实施，不完备审计契约由格式化的明示契约部分与默示契约部分构成，从本质上讲，审计契约是一种关系契约。其格式化契约能通过法律强制实施；隐性契约部分更多的依赖自我实施机制。

法律对审计契约履约的规制，一方面事前运用特定立法目的、价值对审计契约自由的纠正以及来引导审计契约的履行，具体包括：对审计契约缔约选择自由的限制；审计契约缔约对象选择自由的限制；缔约内容选择自由的干预。另一方面，法律体系运用事后"惩罚"与"赔偿"机制对审计契约的履约行为进行规制。

契约的自我实施机制主要是通过对交易一方的违约行为施加一种私人惩罚来保证交易的正常进行。私人惩罚包括：直接终止契约，使契约违约方的专用性投资难以全部收回；违约方声誉损失。由于审计师前期投入的专用性资产主要是人力资本，直接终止审计契约对审计师的损失相对较小，而审计声誉受损将降低审计师后续缔约的概率；并增加其缔约成本。因此审计声誉机制是审计契约的主要自我实施机制。通过审计声誉"好"与"坏"的识别，形成审计声誉信息，通过声誉信息的传递，市场将在与审计师缔约时作出不同的选择，同时对审计声誉毁损行为的惩罚，将增加审计契约违约者的预期成本。审计契约不是一个完全可以自我实施的契约，因为现实中的审计契约绝大多数情况不是一种纳什均衡的结果，它的缔结往往受企业要素投入者要素专用性程度的影响，因此审计契约的履约不可能完全自我实施。法律强制与自我实施将共同作用，促进审计契约的履行，当审计缔约中的合谋双方（代理人—审计师）关注其声誉程度越高，其合谋的概率就越低；当法律等第三方的强制程度越大，合谋被检查出的概率越大，审计契约的有效履约程度就越高。

7 不完备审计契约效率损失与治理研究

在阿罗－德布鲁经济中，代理人能够无成本地缔结所有的或然状态下的契约。因此，所有的决策都可以在事前形成，所有的准租金都可以在事前分配，不存在机会主义行为，其履约可以强制执行。但现实中大多数的契约是不完备的，总会留有一定的"缝隙"，不完备审计契约也是如此，且现行审计契约缔结权配置模式进一步加重了其不完备程度。契约的不完备为缔约双方采取机会主义行为提供了可能：企业审计契约缔结权享有者运用其缔结权对投入专用性资产的审计师"敲竹杠"，胁迫审计师合谋以帮助其实现对其他企业剩余分享者的剩余掠夺；由于审计产品的"无形性"，审计契约对其质量描述无法完备，这种无法完备既为审计师与缔约权享有者的合谋提供了条件，也为审计师"偷懒"提供了机会，这种偷懒直接影响审计契约效率，同时也可能促使审计师在审计市场中"低价揽客"，诱发审计市场的"劣币驱逐良币"，降低整个审计市场的质量。总之，审计契约的不完备将降低契约效率。

本章我们将研究审计契约效率的影响因素，重点关注的是审计契约缔结与履行中的契约效率失效问题，不完备契约使得契约缔结主体机会主义行为成为可能。因此，契约不完备与机会主义是审计契约失效的根源，我们将重点研究审计契约缔结中的缔约权配置异化，以及审计契约履约障碍对审计契约效率的影响。

7.1 审计契约效率与契约失效

7.1.1 审计契约效率、失效及其表现

契约效率包含两个层面的意思：其一是契约的运行效率及契约能够有效地运

行；其二是指契约运行后的效果。本质上讲，效率是契约的一个基本价值，契约效率意味着鼓励更多的交易出现，以便活跃市场，更好地实现资源的优化配置及有效利用，实现当事人的意志和缔约目的。两个层面的含义相互关联，只有契约有效运行，才能实现其缔约目的，达到缔约时的预期效果。契约有效运行的判断标准是契约运行最终效果的好或坏。

审计契约效率同样也有两个层次的含义：第一，审计契约的运行效率，具体表现为审计契约运行中，缔约与履约过程的顺利与高效实施。其中高效是指审计契约缔结与履行中成本的最优；第二，是指审计契约的运行效果的实现。即通过其缔结与履行，实现对企业契约不完备的修补功能，使企业契约能有效履行。如前所言，审计契约是企业要素投入与剩余分享契约的修补契约，其缔结的目的是为了弥补企业契约的不完备。审计契约的运行效果的实现具体表现为：审计契约产品质量能否满足企业缔约者对要素投入与剩余分享产权界定的需要，以及审计师自身投入人力资本要素的收益需求。由于审计契约缔结要求审计服务能"公允"、"等距"的对要素投入及其剩余分享进行界定。因此，审计契约的运行效果，反映为审计产品公允、独立的对企业要素投入产权及剩余计量与分享会计信息的界定与验证，实现对企业契约主体间契约冲突的协调，从而促进企业契约耦合体的高效运行。"等距"与"公允"原则是审计契约运行的基本原则。"等距"原则要求审计契约的协调功能应该是建立在对企业各要素投入主体平等、自由基础之上，具体体现为审计契约缔结权在企业各要素主体间的平等分享；审计契约履约时审计师对各要素产权与剩余分享进行不偏不倚的界定；公允原则是在等距基础上要求审计契约履约中审计师保持独立专业的执业原则。

现实生活中，自独立审计产生至今，审计契约失效现象屡见不鲜。近年来，随着安然、世通造假案的出现，审计契约失效给投资者带来了巨大的经济危害，审计契约的运行大大违背了其缔约的初衷，由此也引发了社会公众对审计契约功能以及审计师公信力的质疑。表7.1例示了近年来审计契约失效的经典案例。表7.2是2002～2007年中国证监会公布行政处罚的事务所及其受罚原因总结。

此外，2002年，中国国家审计署组织对16家具有上市公司年度会计报表审计资格的会计师事务所2001年完成的审计业务质量进行的检查，其中：①7家会计师事务所在10个项目的审计报告中，对已经查明上市公司会计报表中，资产不实5.91亿元，负债不实2.56亿元，损益不实4.66亿元，其他财务会计信息不实18.98亿元，共计32.11亿元的问题隐瞒未披露。②11家会计师事务所在18个项目的审计报告中对上市公司会计报表中，资产不实5.43亿元，负债不实0.57亿元，损益不实3.97亿元，其他财务会计信息不实29.35亿元，共计

39. 32 亿元的审计过程有重大疏漏，没有查出会计信息存在的虚假问题。

表 7.1 审计契约失效案例

事务所名称	审计契约失效表现	失效的经济影响
安达信	1997～2000 年严重违反公认审计准则，为安然公司虚假会计报告出具无保留审计意见，并销毁其审计档案	给美国投资者造成近 800 亿美元损失
安达信	1999～2001 年对世界通信公司其披露的近 100 亿美元虚假利润视而不见，出具无保留审计意见	给美国投资者造成 1 000 亿美元损失
安永	2001～2002 年在南方保健公司年度审计中未保持应有的职业谨慎和职业怀疑，没有发现其虚增 3 亿美元现金，在审计程序与方法不充分情况下出具无保留审计意见	2003 年 4 月 13 日，该公司股价跌至每股 0.17 美元，与每股 30.81 美元的最高价相比，股票市值减损近 120 亿美元
中天勤	1999～2000 年期间在银广夏公司年度审计中严重违背公认审计准则，未执行必要的审计程序，对其虚假财务报告出具无保留审计意见	给投资者带来近 70 亿元损失

表 7.2 2002～2007 年中国证监会处罚事务所及其受罚原因

年份	处罚事务所	处罚原因
2002	四川华信所	因在川电公司 1998 年度财务报告审计过程中，未勤勉尽责
	嘉信达所	对鑫光公司存在的大量可能形成呆、坏账损失的应收款项和大量未予披露的关联方担保由此而引起的巨大财务风险未作说明与评价
	河南华为所	未勤勉尽责，未发现宇通公司虚减资产、负债 13 500 万元的会计记录
	大信所	在对桂林集琦 2000 年中报审计过程中，未勤勉尽责，为桂林集琦出具无保留意见的审计意见
2003	原无锡公证所	实施相应的审计程序不足
	康元所	确认销售收入的条件并不具备的情况下确认了中炬高新 2000 年年报收入
	广东正中所	为中炬高新出具 1999 年年报和 2000 年中报
2004	四川华信所	未勤勉尽责，未能发现河南四通资产的评估价值不实
	上海华东所	未能揭示数码测绘 2001 年度财务报表虚记利润 515.6 万元等重大事实
	京都所	菲菲农业重大事项未认真履行查询、函证和分析性复核等必要的审计程序，未获取充分、适当地支持审计意见的审计证据，从而出具了含有虚假内容的无保留意见的审计报告
	华证所	在未取得充分、适当的审计证据情况下，确认了该公司对以前年度虚构在建工程的冲账处理结果，从而没能揭示和指出丰乐种业当年相关财务数据存在虚假的事实

年份	处罚事务所	处罚原因
2005	中勤万信所	对天歌科技 2001 年度财务报告进行审计时，未能勤勉尽责，求保持应有的职业谨慎
	天职孜信所	审计天一科技 2003 年财务报告的过程中，未按照执业准则、规则确定的工作程序出具审计报告，致使出具的审计报告含有虚假内容
2006	北京京都所	在审计中关村科技 2001 年和 2002 年年报过程中未能保持应有的职业谨慎，对中关村科技 2001 年和 2002 年年报存在的重大遗漏负有审计责任
	安达信·华强	科龙电器审计程序不符合独立审计准则的有关规定，未尽到独立审计责任
2007	北京中天华正	在审计过程中未勤勉尽责，导致未能发现美雅集团 2003 年虚增非经常性损益和未及时调整价差收入的事实
	北京天华所	在审计安信信托 2004 年年报时，关注到公司有违规情况，但仍出具了标准无保留意见的审计报告

从上述审计契约失效的案例与统计数据的分析中，我们发现，审计契约失效的具体表现有两种：审计合谋和审计不作为。审计合谋是审计人员或审计机构与被审计单位串通起来，采取不正当的手段欺骗审计委托人、社会公众以从中渔利的一种经济现象。审计不作为是指由于审计师专业技能或勤勉度不够，没有能够发现会计违规现象而引起审计质量低下的行为。前者与审计师独立性和职业道德有关；后者与审计师能力与努力程度有关，与审计师人力资本投入程度直接相关。Deangelo (1982) 指出：审计质量取决于事务所收集审计证据的能力和所付出的努力，以及注册会计师报告事情真相的意愿。前者与审计师（事务所）专业胜任能力有关，审计不作为正是表现为审计契约履行中审计师专业胜任能力的低下；后者与审计师独立性有关，审计合谋是审计契约履行中审计师（事务所）独立性的丧失。审计契约的失效直接表现为审计质量的低下，同时由于审计契约的外部性，这种失效的损害不但涉及审计契约的显性与隐性缔结主体，也影响到整个企业内外部契约缔结者。因此，揭开审计合谋及审计不作为行为产生的根源是解决审计契约失效的关键。

7.1.2 审计契约失效的根源

审计契约效率表现为对企业契约不完备的修补程度（如图 7.1 所示）。但由于审计契约自身是留有缺口的不完备契约，这种不完备使审计契约缔结者的机会主义行为成为可能。

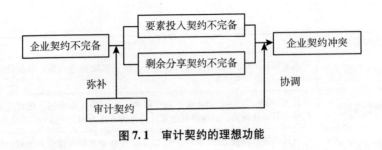

图7.1　审计契约的理想功能

图7.2对审计契约运行失效的根源进行了分析：第一，由于企业契约不完备，企业要素投入主体权利不平等（总存在强势缔约者）对审计契约缔约权配置的影响，强势的企业要素投入主体将牢牢控制着审计契约的缔约权。第二，若审计契约是完备的，如能对审计产品质量进行明确描述，缔约者是谁都无法影响到审计契约的运行效率。由于审计契约的不完备，为企业缔约者机会主义行为提供了可能，企业缔约者利用审计契约的不完备来攫取他人的剩余，审计契约将进一步加剧企业契约的不完备。第三，企业缔约者利用审计契约的不完备来攫取他人剩余的方式：一方面运用审计契约缔结权操控审计师选择决策，影响审计师独立性，形成缔约悖论；另一方面运用审计契约的缔约权干预声誉机制的效用（声誉机制的条件是重复交易，缔约者人为阻隔重复缔约将影响声誉机制发挥作用），此外，法律规制的不完备将使强制履约困难，最终造成履约困难，加剧了企业要素投入及剩余分享契约中的契约冲突。

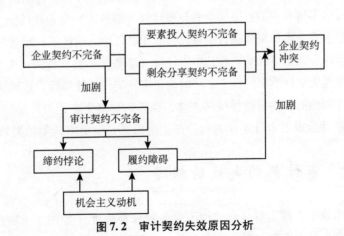

图7.2　审计契约失效原因分析

总之，契约不完备为缔约者机会主义行为提供了可能，我们将具体研究不完备审计契约运行中的失效问题。

7.2　审计契约缔约权配置异化对审计师独立性的影响

7.2.1　审计契约不完备与缔约权配置异化

企业审计契约缔结者运用其审计师聘任权派生的与审计师"天然的亲近"，可通过寻找市场份额较小、声誉不高的审计师，诱使其出具有利于自己的审计意见。规模小、声誉低的审计师囿于发展需要和市场压力，不得不接受委托人的审计意见收购，这种情况可能导致"审计契约签约悖论"。其具体含义是，理想状态下作为修补与产权维护功能的审计契约，缔约时审计委托人应该会选择能提供高质量审计服务的审计师来履行审计的契约功能，尽管审计质量难以验证与考察，但大多数理论界与实务界都认同审计师规模与声誉在一定程度上能代表审计质量的高低，已有的文献发现，国际"四大"会计师事务所有较高的声誉和独立性，提供较高的审计质量。在中国市场上"四大"所同样能提供高质量审计服务。按照这一逻辑，审计委托人应选择高声誉、大规模审计师缔结审计契约。但现实中无论是垄断的美国证券审计市场，还是高度分散、竞争激烈的中国证券审计市场，都存在上市公司选择低质量审计师的现象。1990～1997 年美国 1958 家 IPO 公司中有 15.11% 选择了非"四大"所审计师；1993～1997 年 1 132 家美国公司重新选择审计师，其中 367 家选择非"四大"所，222 家原"四大"所审计公司变更为非"四大"所；2002～2005 年，我国 239 家 IPO 公司中仅 23 家公司选择国际"四大"所进行 IPO 审计；3 335 家上市公司中仅 7.36% 选择国际"四大"所进行年报审计。我们把这种理想与现实中审计契约缔结时审计师选择的差异称为"审计契约签约悖论"。其产生的原因如前所述可能是由于审计契约不完备下审计委托人缔约主体地位的机会主义倾向使然；也可能是审计委托人对审计收费与审计契约功能收益的权衡结果。审计契约作为企业会计契约不完备的修补契约耦合于企业契约网络之中，外部注册会计师的专业技能与独立超然的地位，理论上可以对会计契约的运行效率进行约束与评价，因此从理论上看，不管由谁享有注册会计师的聘任权和服务定价权，都不应该影响注册会计师独立、客观、公正地执业。但现实是从独立审计产生至今，社会公众从未间断过对审计功能有效性的质疑。20 世纪末美国世界通信、安然、美国在线时代华纳等一系列财务舞弊案的显现，不仅使投资者和债权人损失惨重，也使社会公众对美国企业界和独立审计界丧失了信心；1997 年起我国相继爆发了"琼民源"、"红光实业"、"东方锅炉"等重大会计舞弊事件，引发了社会公众对涉案注册会计师审计失败的极大关注与谴责。我们认为"理论上看"隐含两种可能的前提：其一，享有注册会计师的聘任权和服务定价权的人，以及接受聘任的注册会计师都是"理性人"或"理想人"①，他们没有利益动机，更不会有趋利行为，聘任者按照程序选择最优的注册会计师，并不会进行"权力寻租"；受聘者坚守职业操守，并不偷懒和"合谋"寻利。其二，即便假设不存在，也就是审计契约参与各方都是经济人，具有天然的趋利动机，如果审计契约完备，能对参与者的行为及结果进行事无巨细的描述，那么，审计契约总能有效履约。

现实中一方面审计契约缔结者诚然有超越功利计算的自由、权利、正义、公平、平等等其他基本伦理价值，但不可否认的是，人类社会经济活动的理性基础在很大程度上是建立在功利主义伦理学所发现的一些基本原则之上的。企业审计契约缔结权拥有者和审计师的功利主义动机，毫无疑问将对审计契约的效率产生深远的影响。另一方面审计契约自身的不完备，为审计契约参与各方的机会主义动机转化为行为提供了可能的"通道"。因此，不完备审计契约中，由谁来决定注册会计师的聘任和服务定价，就或多或少会对注册会计师的独立性产生影响，进而影响注册会计师的监督服务质量。经济学家钱颖一指出，由于产权包括许多方面的控制权，绝大多数现代公司组织涉及许多与公司有重大利害关系的人，所以了解不同方面的控制权如何及为什么这样配置，了解收入如何及为什么这样在与公司有重大利害关系的人之间加以分配，就显得特别重要。

按照科斯的观点，企业只是一系列契约的联结。阿尔钦也认为企业是各个合作性所有者的资源通过合约所形成的相关集合，作为"联结"以及集合的企业本身是一种法律的虚构。正因为如此，企业契约耦合体中不同的契约冲突主体尽管有不同的审计契约缔结动机，但企业与审计师缔约的行为，一方面受各企业契约

---

① 契约中人的假设涉及的是契约伦理的范畴，此处所言的"理性人"或"理想人"契约伦理与卢梭"道德人"契合，卢梭的契约伦理通过将"自然人"设置成为一种隐蔽的、然而是超验的资产阶级的"道德人"，将道德原则视为一种至上原则，以至于道德理想的纯粹性与社会现实的复杂性的不可调和性使得卢梭往往在结论处攻击了其前提，社会契约最终变成了一种类似柏拉图"理想国"的词语的乌托邦（隐蔽的道德人——卢梭契约伦理的现代性，田海平，学海，1999.2）。

主体的缔约动机影响，同时也会受到谁来代表企业契约耦合体与审计师缔约的影响，这涉及审计契约缔结权配置。如果审计契约是完备的，能对审计契约缔结与履约进行事无巨细的描述，由谁聘任审计师，以及谁来进行审计，审计契约总会有效地履约，且总能有效地对弥补企业要素所有权契约的不完备。现实中的审计契约无法完备，如前所言，审计契约无法对缔约后（未来的不确定性情况下）审计师的行为事无巨细地描述；审计师履约效率即审计质量信息的"可观察但不可证实"等，这些存在的天然漏洞使得在审计契约缔约时与谁缔约，缔约后审计师履约决策都可能受到契约参与者自利动机的影响。其一，不同缔约动机的参与者可能选择不同质量的审计师以实现其自身利益最大化需要；其二，审计师履约时将受到缔约对方和自身的自利动机影响

7.2.2 股东缔结权配置异化与审计师独立性损失

理论上股东享有缔约权配置模式反映股东的审计契约缔结合意，但现实中不同所有权结构下的企业，其审计契约缔结权往往异化。

（1）股权分散企业审计契约缔结权错位及其影响

股权分散的企业可能有几万个甚至几十万个分散的股东，当股权高度分散时，剩余盈余分摊到各股东的金额很小（如图7.3所示），因此股东对剩余盈余可能面临的侵占及其协调机制的选择并无多大的兴趣，因为即使股东按照意愿与高质量审计师缔约，且其能有效抑制侵占行为（可分摊的剩余为S），但由于人数众多，分摊到每一股东的剩余侵占前后差异并不明显（如图7.3所示表示股东人数轴越靠右，分摊曲线 U 与 U* 越接近且数值越小）。因此分散股东在行使其决策权时往往容易产生"搭便车"行为。真实的缔约权可能会为企业管理者所控制，管理者成为真正的审计契约缔结者。我们把这种名义缔结权（股东享有）与实际缔结权分离（管理者享有）的现象称为审计契约缔结权的错位。一旦管理者控制审计契约缔结权，就可能在审计师选择过程中运用续约权（审计契约续约缔结权）胁迫与敲诈审计师，以实现审计意见购买，其具体博弈矩阵如表7.3所示。

其中，F 表示正常条件下的审计费用，B 表示审计师合谋所获取的收益，是管理者剩余侵占S（见图7.3，S−S*）的一部分，$0 < B < S$；D 是未来续约的审计师收益现值；W 是管理者薪酬，K 是审计合谋后管理者从S中多侵占的剩余，$K \leqslant S$；N 是管理者胁迫审计师能多得的收益。I 是审计师初始投入专用性资产。

如表 7.3 所示, 管理者选择胁迫与审计师选择合谋是纳什均衡。

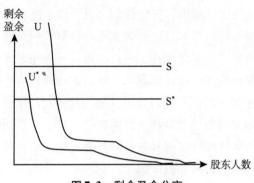

图 7.3 剩余盈余分享

表 7.3 审计师与管理者的博弈

		管理者	
		胁迫	不胁迫
审计师	合谋	F + B + D, W + K + N	F + B + D, W + K
	不合谋	F − I, W + N	F − I, W

这种错位现象在股权分散的英、美国家比较常见。在我国国有参股或控股公司 (当然包括国有全资公司) 中尽管股权相对集中, 但由于国有产权主体缺位, 而其他相对分散股东同样存在 "搭便车" 现象, 审计契约缔结权往往被这些公司的管理者所控制, 比英、美股权分散上市公司更为严重的是, 由于我国国有参控股公司的管理者一般不能持股, 其完全没有剩余索取权, 也正因为如此, 在国有产权主体缺位的情况下, 管理者更有动机利用其控制权攫取剩余, 也更有动机通过控制审计契约缔结权, 购买审计师意见, 以期实现自身利益最大化。

(2) 股权集中企业审计契约缔结权配置扭曲与影响

股权相对集中上市公司中, 中小股东与大股东的获利往往存在差异, 因此对审计契约缔结权的需求与实施激励程度不同, 在审计契约缔结权的争夺中小股东与大股东之间是 "智猪博弈", 如表 7.4 所示。

按照表 7.4, 其纳什均衡是: 大股东实施审计契约缔结权, 而小股东则选择搭大股东便车, 不实施其审计契约缔结权。这种情况下股东大会的审计契约缔结权实质由控股股东获取。如前所言, 股权相对集中公司的契约冲突主要是控股股东与中小股东间的剩余争夺，攫取过程中若审计师缔约权也由其决定，与表7.3描述的一样，控股股东会运用其缔结权对审计师进行胁迫，审计师的合谋将导致审计契约在产权界定与收益分配协调时，向控股股东趋斜，审计契约失效。

表7.4 中小股东与大股东的博弈

		小股东	
		实施缔结权	不实施缔结权
大股东	实施缔结权	5，1	4，4
	不实施缔结权	9，-1	0，0

（3）股东享有缔结权模式异化与审计契约缔结闭环

上述两大问题都是不同所有权结构下缔约权配置异化现象（如图7.4所示）。

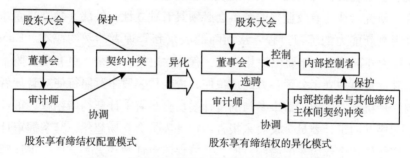

图7.4 股东享有缔结权配置模式及其异化模式

股东享有缔结权配置产生异化的根源究竟是什么，了解其是解决异化现象的关键。上文从股权分散与股权相对集中两种股权结构企业对股东缔结权配置异化现象的产生进行了阐述认为：一方面由于股权结构表明了企业股东之间的相互地位与制衡关系，影响着股东、董事会作用的有效发挥，进而通过董事会对经理人员的选聘、激励和监督机制影响企业经营绩效和企业价值。另一方面股东审计契约缔结权配置模式中，审计契约的真正控制与实施将受到不同股权结构下股东之间相互地位与制衡关系的影响。分散股权结构企业尽管股东权利发生且相对均衡，股东间能有效制衡，但缺乏审计契约缔约激励，所以易造成权力旁落于管理者之手；股权集中企业，大股东与小股东地位悬殊，审计契约本身作为二者的制衡机制，但其缔约权归属又受股权结构的影响。因此从本质上看，审计契约缔结权配置模式的异化，其根源是：制衡股权结构的审计契约机制本身又受到股权结构的影响，其契约缔结必然异化。审计契约缔结权配置的异化是"审计契约缔结悖论"产生的根源，部分研究者认为我国新兴转型经济中上市公司缺乏高质量的审计需求，实际上并非我国上市公司没有对高质量审计的需求，而是由于审计契约缔结模式异化造成企业契约主体对高质量审计的需求难以显现。重新设计股东享有审计契约缔结权的具体享有机制是打破这种审计契约缔结闭环结构，解决异化现象的根本。

7.2.3 现行独立董事参与的审计委员会解决异化问题的有效性

现有董事会角色的研究文献聚焦现代企业董事会对管理者监督的有效性方面的研究。研究者认为有效监督的董事会必须具有独立性，外部（独立）董事能限制管理者判断能力的练习过程，从而降低股东和管理者的契约成本。Fama and Jensen 认为外部董事由于要保护其独立、有效的决策者声誉，更有动机监管好管理者。独立董事独立于公司各方的地位使其成为代表股东意愿行使对管理者监督的重要治理机制。由独立董事参与的审计委员会享有审计契约缔结权，审计师实施审计程序并向审计委员会及股东报告，审计委员会立场超然，其掌握审计师选聘权，应能体现全部股东的缔约意愿，且能保障审计契约另一方——审计师的独立性。这也是美国等大多数国家将审计契约缔结权配置给独立董事参与的审计委员会的主要逻辑思路。

但独立董事参与的审计委员会模式能否打破审计契约缔结闭环，反映全体股东审计契约缔结合意呢？我们首先对审计委员会设置思路进行理顺。现行各国审计委员会的设置逻辑基本是遵循美国审计委员会的设置方式，其主要的设置逻辑如图 7.5 所示。

由股东大会选聘董事会，在董事会下设审计委员会，其中审计委员会成员有多数或全部独立董事构成，审计委员会提名聘请或聘请外部审计师来协调契约冲突，且将审计报告提交给董事会。将图 7.4 与图 7.5 中的股东享有缔结权配置模式比较，二者的差异表现为：第一，将股东—股东大会—董事会—审计师的权利传递链条，变更为股东—股东大会—董事会—审计委员会—审计师；第二，在审计委员会模式中引入独立董事。从其审计契约缔结权配置本质看，审计委员会的设置并没有打破审计契约缔结闭环，只将权利配置链条加长，而这种加长意味着可能产生另一种代理关系：董事会与审计委员会的代理关系，董事会中的强势权利者运用其选聘董事包括独立董事的强势权利，仍旧可以控制审计契约的缔结权。因此审计委员会的现行设置逻辑只是将原来隐藏于董事会内部的权利分工明示出来，并不能解决其权利分工中的利益博弈与强权控制。正如谢德仁（2006）所分析的，上市公司的审计委员会从属于董事会，也只能代表董事会行使审计师缔约权，因此上市公司审计委员会缔结权配置难以保障审计师与经理人的独立性。国外部分学者的实证也表明，那些失败企业的董事会与审计委员会并不能有效地监督财务报告且不会保护股东的权益。

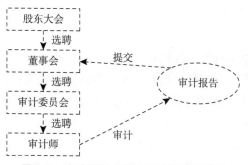

图 7.5　审计委员会享有缔结权配置模式

蓝带委员会（The blue-ribbon committee, 1999）的调查分析认为，增加董事独立性能提高企业治理质量。独立董事引入审计委员会旨在提高其独立性以便更有效地行使其权责。独立董事是指那些过去或现在不在企业任职，不持有公司股权且与企业无直接或间接经济交易及关联的董事。美国《萨班斯法案》第 301 条对审计委员会成员独立董事的独立性进行了更加明确的描述：除了作为公司审计委员会、董事会或其他董事会委员会成员外，发行证券公司审计委员会成员不能从发行证券公司收受任何咨询或其他报酬，亦不能成为发行证券公司或其任何附属机构的关联人员。达到上述要求的发行证券公司审计委员会成员是独立的。经济独立与专业的独立董事引入审计委员会被认为：一方面能体现股东的缔约合意；另一方面能从专业角度选择高质量的审计师缔约。但我们从独立董事的引入机制来看，现行的独立董事引入机制是由董事会推荐独立董事，股东大会表决通过。因此，实际上独立董事的选聘权由董事会控制，由独立董事组成或参与的审计委员会并不能打破审计契约缔结闭环。这种引入机制下的独立董事的独立性难以保持。进入企业董事会之前的独立董事候选人确实可以完全与企业没有任何经济往来与关联，但一旦其选入董事会，其独立性必然受损。首先，董事会（往往为管理者或控股股东）可能运用独立董事推荐权对完全无关的候选人进行暗示与独立性收买；其次，董事会成员也可以推荐自己熟悉但与企业独立的候选人。我们应当注意的是，经济上的独立并不能代表意愿上的独立，真正意义的独立董事要求意愿独立。现行公司治理机制往往通过强调独立董事经济上的独立，而忽略了其真正独立性在于意愿的独立。这主要因为：第一，对候选人意愿独立的验证缺乏科学合理的技术方法；第二，经济依附往往是独立性损害的根源。因此，表面独立的审计委员会成员享有审计契约缔结权仍旧易受内部控制者的影响。

7.2.4　利益相关者共享审计契约缔结权模式的局限性

利益相关者共享审计契约缔结权配置模式其核心是：企业契约耦合体的参与各方共同拥有外部审计师缔约的权利，因为股东、债权人、员工、供应商、客户以及政府等在被审计企业投入了一定的专用性资产，……他们作为一个整体来委托审计人员对企业的经营过程以及经营结果进行监督和检查，并向他们报告，以决定是否继续这种契约关系。共同享有的审计契约缔结权配置模式也被大多数研究者认为能规避股东享有缔结权配置模式下的异化现象。Abdel-khal（1997）提出建立股东、信托委员会（Sharehoklers Board of Tnxstee，SBT）来行使审计师有关的决策权，其责任是作出关于外部审计师决策，包括审计师的选择、报酬和替换。John W. Berry（2004）提出，企业应设置一个审计缔约实体（Audit Contracting Entity，ACE），该组织是一个独立于管理层，取代董事会来行使审计师缔约、监管与支付的机构，其设置目的是保证任何情况下审计师选择不为管理者控制和干预。其构成包括股东之外的外部利益相关者：银行及其他债权人、企业的潜在投资者、财务分析机构等。其具体的过程方式是：该组织由 7 人构成，且每 7 年进行轮换。其中随机抽取的股东人数为 3 人、债权银行代表 1 人、债权持有人 1 人、退休基金机构 1 人、共同基金机构 1 人。John. W. Berry 建议不同的企业根据自身情况可设置不同人数的 ACE，但其构成与轮换要求要参考上述要求。王兵、赵华、贾丽娜提出了我国上市公司应由利益相关者共同享有审计契约缔结权。赵华、贾丽娜认为通过设置由股东、债权人、客户与政府等构成的利益相关者大会，共同享有审计契约缔结权能提高外部审计的治理效果。德国上市公司实务中运用的就是利益相关者缔约权共享的模式，监事会成员由利益相关者代表（股东、债权人、雇员、客户企业、供应商和政府等）担任，其中，大股东、雇员或工会代表、银行以及前任经理在监事会的席位逐步增加，组成了德国公司"治理联合"。但德国式利益相关者共享缔约权模式就能打破审计缔约闭环，提高审计契约缔约与履约效率吗？

尽管利益相关者共享审计契约缔结权能较好地反映企业契约参与者的缔约合意，理论上能规避缔约权单一控制模式下的"操控问题"，但在具体应用中可能存在的问题是：第一，理论上的利益相关者共享缔结权，现实中只可能是利益相关者代表来分享缔结权，如企业的债权人可能较多，谁来代表债权人分享缔结权，职工代表如何从企业雇员中选取且能反映广泛雇员的意见呢？具体应用中如何保证利益相关者代表能反映各自利益集团的合意是重点。目前德国的共同治理模式下，由于股东高度集中，在 1985～1997 年间，大约有85%的上市公司拥有持股超过25%的大股东，大约有47%的公司拥有持股超过50%的大股东，这些大股东一般是其他公司、家族、银行和保险公司，中小股东若不依附于银行，则很难在公司治理中有发言权。监事会中的股东代表一般是通过股东大会选举产生，但在很多情况下，大股东有直接任命股东代表的权利，即便是共享审计契约缔结权中小股东的缔约合意仍旧难以反映，大股东对中小股东利益的侵占在德国并没有得以消除。第二，各个利益集团有各自不同的利益动机，也会有迥异的缔约动机，其利益冲突反映为共同决定审计契约缔结时的决策争执，从而降低决策效率。德国研究者的研究表明共享决策的效应与企业业绩负相关。第三，在现有治理环境下，利益相关者的选聘机制设计成为关键。如在我国上市公司中设置何种组织来遴选利益相关者，如何保证该组织的独立性和公正性，超然于企业内外部控制人权力之外，是实现审计契约缔结权共享的关键。

7.3　准则弹性对审计契约效率的影响

由于审计产品是一种无形的软产品，审计契约很难对审计服务质量进行准确描述，目前对审计服务质量的要求是遵循审计准则的要求，审计信息的生产和提供，反映和遵循的是程序理性思想，因此审计准则的重要特征就是其精确程度，审计准则中的不确定性与模糊程度越低，遵循审计准则的审计服务质量可变范围越小。审计准则提供了审计服务及其质量要求的最低水平。审计准则由注册会计师职业团体发布，对全体注册会计师均具约束力，成为一份隐性的"公共"

合约。审计准则是注册会计师职业界自身共同达成的，是作为服务供给者的注册会计师与其需求者（社会公众）所共同"签署"的，是一个规定了独立审计契约履约范围的公共契约。独立审计契约履约范围体现为独立、客观、公正的会计专家（即注册会计师或特许会计师）监督企业经营者对一般通用的会计规则的遵循和对剩余会计规则制定权的适当行使。理想中的审计准则是功能完备的契约，但现实中由于审计活动中的机会主义动机、未来不确定性以及信息不对称影响，审计准则也不可能是一个完备契约。审计准则的不完备反映为审计准则具有一定的模糊性，而这种模糊性将影响到审计契约的运行效率：事前审计准则提供给缔约者审计契约履约质量的保证机制；事后审计准则作为契约履约行为的判断依据，是法律强制履约的裁决基础。美国证券交易委员会（SEC）前首席会计师Walter Schuetze（1991）指出，会计准则（涵盖审计准则）应该内含"简明的界线规则"，即应实施严格刚性、弹性极小的会计准则。

7.3.1 准则弹性的科学内涵

7.3.1.1 准则弹性及其生成

一般意义上的弹性是指"事物受外力发生改变后回到原来的状态的性质"，是事物适应新环境变化的随机应变的能力。审计准则弹性是指审计准则规范审计行为时允许职业会计师自我判断与选择的程度。严格意义的审计准则要求明确规范审计行为，现实中审计准则总留有这样或那样的弹性空间即弹性"域"。正如泽夫所说的那样："会计准则，它们是用来提供对实务的帮助和指导的，它们并不完备，有时有备选的方法，有时语义不清。"

审计准则弹性"域"的形成来自于以下几个方面：

第一，审计准则作为公共契约自身不完备留有的天然域。不确定性、审计准则制定者自身认知局限；对审计行为事无巨细描述所受交易成本的限制等，造成作为公共契约审计准则本身留有的天然缺口。"即使是实现了那种统一，也不会得以持久，因为真理不会受制于规则与法律，真理必将获胜，政治家最终会认识到统一性只是一个无法实现的目标，注册会计师缺乏足够的训练、知识或预言的禀赋去预见未来和克服不确定性，管制者也一样缺乏"。因此现实中"无法制定出足够的界线分明的会计原则或审计准则以解决所有的问题，我们不能让职业判断黯淡在遵循规则后面"。

第二，人为的弹性"域"。由于会计与审计准则是规范企业要素投入主体产权与利益博弈的规则之一，其弹性空间的存在将对博弈参与者的利益产生影响，参与或控制准则制定将为博弈方寻租行为提供极大的便利。因此就存在准则制定者基于个人私利或受他人挟制，人为留有一定的制度空间。"美国的一系列法庭判决表明，由于会计原则委员会的成员是大会计公司的合伙人，法庭认为，这些人在制定公认会计原则时，就存在着有利于自己执业的选择，使得公认会计原则不能作为可靠的法庭依据。"

第三，准则制定导向所产生的弹性"域"。审计准则的制定导向包括：原则导向和规则导向两种。其中规则导向的审计准则制定了详细的应用指南以及设置了标准与例外，其优点是对审计行为标准进行了明确的界定，相对而言已明确的审计准则在实施中弹性空间小。首先，其设计过程烦琐，使用过程中学习成本高，由于未来不确定性以及认知局限，规则导向的审计准则可能出现审计环境滞后，产生更多的"域"空间；其次，由于过于强调审计行为的合规，往往忽略了经济行为的实质，由此出现审计准则与公允披露、社会期望之间的"域"空间，详尽的规则限制了监管机构对审计行为过程的事前介入，将其权限限制在事后的职业判断评价上，在某种程度上只能被动地接受注册会计师提供的结论，不利于社会公众对注册会计师的沟通和监督，导致审计期望差距不断加大，审计契约履约效率低下。

原则导向的审计准则制定方式下，审计准则简单明了，注重对经济事项的审计行为能反映经济业务的实质，能较好规避规则导向下的教条僵化、环境适应不强，但由于注重审计师自身的专业判断与职业道德，准则高度模糊，其弹性"域"空间非常大。

第四，内生于会计准则弹性"域"的审计准则弹性"域"。审计契约是不完备企业会计契约履约的修正契约，审计准则主要也是对企业会计行为是否符合会计准则要求的验证与监督，会计准则若存在弹性"域"，审计准则在鉴证会计行为的合规性或合理性时，也将产生一定的弹性"域"。

7.3.1.2 审计准则弹性的影响

审计准则弹性空间的大小与审计契约履行中审计师职业判断的范围直接相关。弹性越大，审计师履约时的职业判断与自我选择范围愈大、履约中自我实施的范围越大，审计契约效率就越依赖于声誉机制等自我实施机制，审计师执业能力以及职业道德对审计契约履约效率的影响就越大。Mason 和 Gibbins 指出，职业判断由专长、工作相关的知识以及"由经验带来的实践中的良好判断力"这几个属性构成。审计契约履行过多依赖审计师的职业判断，审计师自身知识的局限性、机会主义动机都将影响审计契约的效率。准则弹性就像一把"双刃剑"。一方面，审计师可能利用其参与审计合谋、规避制度风险。Cuccia、Hachebbrack 和 Nelson 检验了会计准则具有弹性对审计人员的影响，认为运用财务会计准则中模糊的披露标准可能给审计人员提供了证明激进财务报告合法的便利机制。同样，Magee 和 Tseng（1990）发现若会计准则具体而明晰，当存在纷争时客户不能以"另找他人审计"为由对审计师进行敲诈。另一方面，基于学习曲线的影响，长期持续的审计契约对于审计人员最为有利。因此，审计人员有留住客户的激励，与客户关系的融洽程度对审计人员会计方法的偏好有着重要的影响。有时候融洽的关系需要会计制度弹性作为可取的安全阀。

正是由于准则弹性可能存在"好"与"坏"两种可能，国内外研究者对准则弹性持支持、反对以及中立三种观点。Gerboth（1988）、美国财务会计准则委员会（FASB）前主席 Donald Kirk、美国投资管理和研究协会（AIMR）下属的财务会计政策委员会（FAPC）等持支持观点，他们认为："界限明确的描绘会引发会计准则的博弈"；"现行的会计准则详细而众多，把个体的判断边缘化了"。Revsine 等（1991）、美国证券交易委员会（SEC）前首席会计师 Walter Schuetze 等认为：准则弹性更多可能是被管制者和相关的财务报告参与者俘获的制度制定者人为精心设计发布的，要根除财务报告中职业判断决策的合理性造成昂贵的诉讼成本的唯一出路就是用精确的界线规则来支配会计决策。部分研究者持中立观点，他们认为准则弹性的存在是客观且必然的，问题的关键不是对准则是否该具有弹性，而是弹性空间大小为多少才合适，如何发现能导致报告类似经济活动合理具有可比性的准则与必需的职业判断之间的恰当平衡。

审计契约缔约者意识到准则弹性的存在，将在其缔约时作出符合自身利益的质量供需决策，最终影响到审计契约的运行效率。

7.3.2　审计准则弹性对审计契约缔结者质量供需决策的影响

7.3.2.1　准则无弹性时的审计契约缔结者质量供需决策

审计契约的缔结者在缔约时，基于利益最大化进行审计质量供求决策。审计契约的运行效率最终反映其为会计报告出具的审计意见质量，Pae 和 Yoo（2001）指出审计意见质量由企业内部控制质量（会计报告质量）以及审计师努力程度（审计工作）共同决定。前者表现为企业缔约者的会计工作质量，后者是审计师工作质量水平。假设审计契约的运行效率 Q 由企业会计工作质量 q_e 以及审计师工作质量 q_a 决定①，Q_c 是满足法定要求的最低审计契约运行效率（即法院裁定出审计契约运行有效的最低要求）。审计师工作质量将依赖企业缔结者对其质量的需求，以及审计准则精确度的影响。假定 $q_{a(d)}$ 表示企业缔约者的审计契约缔结需求质量；$q_{a(s)}$ 表示审计师愿意提供的质量水平，与审计准则的精确度相关。$f(q_e, q_a; Q_c)$ 表示企业缔约者的会计工作质量以及审计师工作质量水平满足法定审计契约运行效率 Q_c 的概率。$g(q_{a(s)}; q_a)$ 表示法院裁决审计师提供的质量 $q_{a(s)}$ 符合审计准则的概率，法律裁决概率又与审计准则精确度有关系，准则越模糊，审计师履约的质量范围越大，裁决其不诚实履约行为的概率越低。

审计师提供审计质量的成本包括：审计服务成本以及可能产生的法律赔偿成本（如法院裁定其质量低下，给企业缔约者的赔偿），前者与审计师努力程度正相关，后者由审计契约不能履约或发生欺诈等不诚实履约行为给企业缔约者带来的损失 L，以及 $g(q_{a(s)}; q_a)$ 的大小有关。即：

$$C(a) = C(q_{a(s)}) + L \cdot [1 - g(q_{a(s)}, q_a)] \cdot [s_2 + s_1 \cdot f(q_e, q_a, Q_C)]$$

$$(7-1)$$

企业缔结者参与审计契约的成本函数为：

$$C(e) = C(q_e) + F(q_e, q_a) + L \cdot [1 - f(q_e, q_a, Q_C)] \cdot [s_1 + s_2 \cdot g(q_{a(s)}, q_a)]$$

$$(7-2)$$

其中：s_2 是法院在审计契约失效时裁定审计师承担赔偿第三方（主要是中小股东）损失 L 的比例；s_1 是裁定企业缔约方承担赔偿第三方损失 L 的比例；且 $s_1 + s_2 = 1$。$C(q_{a(s)})$ 是审计师履约的成本；$F(q_e, q_a)$ 是约定的审计费用。$C(q_e)$ 是企业参与审计契约，提供财务报告以及内部控制等的会计成本。假设 $C(q_e)$、$C(q_{a(s)})$ 是递增函数，即随着审计工作或会计工作质量的提高，相应成本也递增。

竞争审计市场是一个买方市场，审计师提供的审计质量主要考虑企业缔结者的审计质量要求。

---

① 这里的审计契约效率 Q_c 是指审计契约运行的最终效果，表现为审计契约能有效弥补企业要素投入契约以及剩余分享契约的不完备，实务中指经审计的财务报告能公允反映要素投入与剩余产生与分享情况。从这一角度讲审计契约的运行效率由审计师与企业缔约者共同决定。

（1）企业缔结者的审计质量需求决策①

当会计准则事前对公开披露的财务报告质量能提供明确的质量标准时，企业缔约者事先（缔约前）就能清晰了解审计契约运行效率的最低水平为 Q_c，且审计契约履约时，存在以下两种情况：

$$f(q_e,\ q_a;\ Q_c)=\begin{cases}1 & 若\ q_e+q_a \geq Q_c \\ 0 & 若\ q_e+q_a < Q_c\end{cases}$$

企业缔约者对其审计契约的履约成本函数进行如下推理：

若审计契约的运行效率 $q_e+q_{a(d)} \geq Q_c$，则其履约成本为：

$$C(e^{*})=C(q_e)+F(q_e,\ q_{a(d)}) \tag{7-3}$$

若审计契约运行效率 $q_e+q_{a(d)} < Q_c$，企业缔约者的履约成本为：

$$c(e^{*})=c(q^{*})+F(q_e,\ q_{a(d)})+L \cdot [s_1+s_2 \cdot g(q_{a(d)},\ q_a)] \tag{7-4}$$

且存在：

$$L \cdot [s_1+s_2 \cdot g(q_{a(d)};\ q_a)]=\begin{cases}L & 若\ q_{a(d)} \geq q_a \\ L \cdot s_1 & 若\ q_{a(d)} < q_a\end{cases}$$

只要存在 L 足够大满足 $L \cdot [s_1+s_2 \cdot g]>C(q_e^{*})-c(q_e)$ 时，由于 $C(q_e)$ 是增函数，企业缔约者会选择审计契约运行效率满足法定需要的最低水平 Q_c，此时其提供的会计工作质量为 q_e；需求的审计师工作质量为 q_a。

因此，当会计准则与审计准则精确到能对会计与审计契约运行效率提供明确的质量要求时，企业缔结者基于成本考虑会选择满足准则要求的最低质量水平。

（2）审计师的审计质量供给决策

如前所言，竞争的审计市场是一个买方市场，审计师将根据企业缔约者的质量需求以及准则规范的最低质量水平进行综合决策。当审计准则能明确审计工作的质量水平时，审计师履约可能存在以下两种情况：

$$g(q_{a(s)},\ q_a)=\begin{cases}1 & 若\ q_{a(s)} \geq q_a \\ 0 & 若\ q_{a(s)} < q_a\end{cases}$$

若审计师提供的审计质量 $q_{a(s)} \geq q_a$ 时，其履约成本为：

$$C(a)=C(q_{a(s)}) \tag{7-5}$$

若审计师提供的审计质量 $q_{a(s)} < q_a$ 时，其履约成本为：

$$c(a)=c(q_{a(s)})+L \cdot [s_2+s_1 \cdot f(q_e,\ q_a,\ Q_c)] \tag{7-6}$$

---

① 模型推理借鉴 Marleen Willekens and Dan A. Simunic. Precision in auditing standards: effects on auditor and director liability and the supply and demand for audit services。

且

$$L \cdot [s_2 + s_1 \cdot f(q_e,\ q_a,\ Q_c)] = \begin{cases} L & \text{若} f(q_e,\ q_a,\ Q_c) \geqslant Q_c \\ L \cdot s & \text{若} f(q_e,\ q_a,\ Q_c) < Q_c \end{cases}$$

只要存在 L 足够大且满足 $L \cdot [s_2 + s_1 \cdot f] > C(q_{a(s)}) - C(q_a)$ 时，由于 $C(q_a)$ 是增函数，审计师提供的审计工作质量为 q_a。

因此，当准则精确程度高且对违约的惩罚足够大时，审计师以及企业缔约者都将基于自身成本考虑，提供满足准则要求的最低工作质量，审计契约总是能够有效履行。

7.3.2.2 准则弹性大小对审计契约缔结者质量供求决策的影响机理

会计准则与审计准则精确度低时，不能对审计契约运行效率提供明确的质量标准，准则仅能给出大致的质量范畴 $(Q_c - \varepsilon,\ Q_c + \varepsilon)$，以及审计工作质量范畴 $(q_c - \sigma,\ q_c + \sigma)$，且 $\sigma \geqslant 0$；$\varepsilon \geqslant 0$。审计契约履约时，存在以下三种情况：

$$f(q_e,\ q_a;\ Q_c) = \begin{cases} 1 & \text{若} q_e + q_a \geqslant Q_c + \varepsilon \\ \dfrac{q_e + q_a - Q_c + \varepsilon}{3\varepsilon} & \text{若} Q_c + \varepsilon > q_e + q_a > Q_c - \varepsilon \\ 0 & \text{若} q_e + q_a < Q_c - \varepsilon \end{cases}$$

$q_e{}^* + q_{a(d)} < Q_c - \varepsilon$ 时，企业缔约者明确知道其将受到法律惩罚，基于成本考虑，他们将选择质量为 0 的财务报告质量水平，此时其成本最低，也就不会有对外审计师质量的要求。$q_e{}^* + q_{a(d)} \geqslant Q_c + \varepsilon$ 时，其不负有法律责任，基于成本考虑，他们将选择质量为 $Q_c + \varepsilon$ 的财务报告质量水平，此时其成本最低。由于审计师审计工作质量难以明确判断，审计费用将更多的由审计需求方来决定，同时审计师将考虑到自身的法律风险，假设缔约前审计师将按照违约概率为 50% 来确定其可能产生的法律风险，则有：

$$F(q_e{}^*, q_{a(d)}) = C(q_{a(d)}) + \frac{L}{2}(S_2 + S_1 \cdot f) \tag{7-7}$$

同样，审计师履约时可能出现的情况有：

$$q(q_{a(s)},\ q_a) = \begin{cases} 1 & \text{若} q_{a(s)} \geqslant + q_a + \sigma \\ \dfrac{q_{a(s)} - q_a + \sigma}{2\sigma} & \text{若} q_a + \sigma > q_a > q_a - \sigma \\ 0 & \text{若} q_{a(s)} < q_a - \sigma \end{cases}$$

假设审计成本是一个二次函数，$C(a) = \dfrac{\alpha q_{a(s)}^2}{4}$；会计工作成本 $C(e) = \dfrac{\beta q_1^2}{4}$。同时假设审计师提供审计服务时将考虑审计准则的弹性水平 σ 与可能存在的法律风险，即审计师提供的审计质量 $q_{a(s)} = \dfrac{L(s_2 + s_1 \cdot f)}{\alpha \sigma}$，审计师提供的审计质量 $q_{a(s)} \geqslant q_a + \sigma$ 时，基于成本考虑，审计师将选择提供质量水平为 $q_a + \sigma$，即

$\dfrac{L(s_2 + s_1 \cdot f)}{\alpha \sigma} \leqslant q_a + \sigma$ 时，审计师将选择提供质量为 $\dfrac{L(s_2 + s_1 \cdot f)}{\alpha \sigma} = q_a + \sigma$

即
$$\alpha \sigma q_a + \alpha \sigma^2 - L(s_2 + s_1 \cdot f) = 0$$

若不考虑 L，s_1，s_2，f

$$\sigma = \frac{-\alpha q_a + \sqrt{\alpha^2 q_a^2 + 4\alpha L(s_2 + s_1 \cdot f)}}{2\alpha}$$

因此当 $0 \leqslant \sigma \leqslant \dfrac{-\alpha q_a + \sqrt{\alpha^2 q_a^2 + 4\alpha L(s_2 + s_1 \cdot f)}}{2\alpha}$ 时，审计师提供审计服务质量为

$q_a + \sigma$；$\sigma > \dfrac{-\alpha q_a + \sqrt{\alpha^2 q_a^2 + 4\alpha L(s_2 + s_1 \cdot f)}}{2\alpha}$，审计师提供审计服务质量小于 $q_a + \sigma$。

假定 $\dfrac{L(s_2 + s_1 \cdot f)}{\alpha \sigma} \leqslant q_a - \sigma$ 时，审计师基于成本考虑将提供审计质量 0。

即 $\sigma = \dfrac{\alpha q_a + \sqrt{\alpha^2 q_a^2 - 4\alpha L(s_2 + s_1 \cdot f)}}{2\alpha}$

当 $\sigma \geqslant \dfrac{\alpha q_a + \sqrt{\alpha^2 q_a^2 - 4\alpha L(s_2 + s_1 \cdot f)}}{2\alpha}$ 时，审计师提供的质量为 0；

当 $\dfrac{-\alpha q_a + \sqrt{\alpha^2 q_a^2 + 4\alpha L(s_2 + s_1 \cdot f)}}{2\alpha} \leqslant \sigma \leqslant \dfrac{\alpha q_a + \sqrt{\alpha^2 q_a^2 - 4\alpha L(s_2 + s_1 \cdot f)}}{2\alpha}$ 时，审计师将根据企业缔约者的质量要求提供相应的审计质量。同样，当 $q_c + q_a \geqslant Q_c + \varepsilon$ 时企业缔约者将选择 $Q_c + \varepsilon$，$q_c + q_a \leqslant Q_c + \varepsilon$ 时企业缔约者将选择财务报告质量为 0。我们也总能找到对应的 ε 的范围：ε_1、ε_2，且 $\varepsilon_1 \leqslant \varepsilon_3 \leqslant \varepsilon_2$；当 $\varepsilon \leqslant \varepsilon_1$ 时企业缔约者将选择 $Q_c + \varepsilon$；$\varepsilon \geqslant \varepsilon_2$ 时将选择质量为 0^2。

对此，我们总结为以下几点：第一，当准则弹性越大，ε 越大，企业缔约者将要求低水平审计质量；σ 越大，审计师将提供低水平审计质量；第二，当准则弹性越小，ε 越小，企业缔约者将要求高水平审计质量；σ 越小，审计师将提供低水平审计质量。

7.4　审计契约的履约障碍

前文中我们分析了显性审计契约通过强制履约得以实施；隐性契约部分通过自我实施机制得以履约。但无论是强制还是自我实施机制会有一定的实施障碍，从而影响到不完备审计契约的运行效率。现代契约理论研究表明，契约之履行成为"问题"主要源于两个方面：一是契约的不完备性；二是交易方的要挟行为倾向。本节将重点分析审计契约的履约障碍。

7.4.1　审计契约强制履约的障碍

法律体系通过法律裁决或庭外和解以解决审计契约各方的契约冲突；提供审计诉讼判例等来调整公众与审计师对审计契约效率的期望差距；审计师民事赔偿机制震慑契约履约中的违约或欺诈行为等强制审计契约缔约双方履约。

7.4.1.1　强制履约障碍产生的原因之一：契约不完备

用法律执行合同所需要的第一个条件是，交易双方当事人事前签订的合同条款必须相当完备。完备的合同意味着所有未来可能的状态以及每种状态下各方的权利和义务都有明确的规定；用法律执行合同所需要的第二个条件是，合同中规定的行为在事后不仅能被双方当事人观察到，而且能为第三方（法官）所见证。现实中法律这一国家公共契约自身也是不完备的，且审计契约履约行为在事后很难为第三方见证①。

按照西蒙（Simon）的观点，若行为是适当考虑的结果，则该行为就遵循了"程序理性"；若行为在既定条件规定的范围内适于达成既定目标时，则该行为就遵循了"结果理性"。前者关注的是行为的过程而非行为的结果；后者重视行为结果而非过程。各国对审计契约缔结者违约的法律裁决，以及民事赔偿机制的判例依据是审计契约履约"结果"，2003年1月9日我国最高人民法院颁布的《关于审理证券市场因虚假陈述引发的民事赔偿案件的若干规定》中明确规定：证券

---

① 梯若尔（1999）认为由于受第三方难以验证现场的验证成本限制，是契约不完备产生的原因之一。

市场虚假陈述是指信息披露义务人违反证券法律规定，在证券发行或者交易过程中，对重大事件作出违背事实真相的虚假记载、误导性陈述；或者在披露信息时发生重大遗漏、不正当披露信息的行为。该规定明确反映了我国法律对审计契约违约的裁决以及民事赔偿机制均依据的是"经济真实的结果理性"。遵循审计契约违约行为认定与责任判定的"结果理性"原则，法律对审计契约主体履约行为大多依靠对审计报告质量的认定。此外在现实的司法实践中，法律对审计契约主体的民事责任认定更多的依照契约结果损失事实的认定。2002 年 1 月 15 日，我国最高人民法院发布了《关于受理证券市场因虚假陈述引发的民事侵权纠纷案件有关问题的通知》，要求人民法院受理的虚假陈述民事赔偿案件，其虚假陈述行为，需经中国证券监督管理委员会及其派出机构调查并作出生效处罚决定。当事人依据查处结果作为提起民事诉讼事实依据的，人民法院方予以依法受理。按照上述通知，审计契约违约民事责任赔偿的前提是需经中国证券监督管理委员会及其派出机构对违约行为及其后果调查并作出生效处罚。美国 1995 年《私人证券诉讼改革法》规定，原告除须证明交易因果关系外，还须证明损害因果关系。这种规定一定程度上限制了违约行为民事责任的界定范围，削弱了法律在审计契约运行中的强制效果。

审计报告完全真实地反映了审计过程中缔约各方的经济行为，是法律意义上的结果真实，正如西蒙所认为的，这种真实是基于完全理性前提的。现实中审计师个人专业素养以及知识的有限，难以完全真实地反映企业缔约者要素产权及其变动、剩余分享的公允性，法律判定的结果理性与审计契约运行效率的程序理性总存在差异。法律在进行规制审计契约主体行为时，往往以经审计后会计信息的真实性作为其判定的基础，而审计报告的真实性与审计师专业能力、会计不诚实行为隐匿程度以及合谋意愿有关，审计契约的违约行为究竟是过失还是欺诈，抑或是准则自身的漏洞所致，其边界在结果理性原则的法律裁决中难以划分。如我国 2007 年 6 月 15 日实施的《最高人民法院关于审理涉及会计师事务所在审计业务活动中民事侵权赔偿案件的若干规定》第七条指出：会计师事务所能够证明存在以下情形之一的，不承担民事赔偿责任：第一，已经遵守执业准则、规则确定的工作程序并保持必要的职业谨慎，但仍未能发现被审计的会计资料错误；第二，审计业务所必须依赖的金融机构等单位提供虚假或者不实的证明文件，会计师事务所在保持必要的职业谨慎下仍未能发现其虚假或者不实。其中没有发现会计资料错误究竟是有意为之还是"保持必要的职业谨慎"后的无心之失？其边界难以明晰，这种模糊加剧了审计契约的不完备，当审计契约运行结果不佳时，审计师可能运用"期望差距"隐藏违约行为。如在科龙事件中德勤事务所连带被诉，德勤事务所表示："我们已经依据适用的会计准则恰当执行了对 2002～2004 财年的审计，在财务报表的审计中存在某些固有的局限性，同时某些重大错报的情况未能被察觉，都是可以理解的，尤其当这些是由于故意隐瞒的违规行为所造成。"

法律强制履约主要参照审计准则，由于审计准则弹性的存在，"大量证据表明，再详尽的会计准则也无法应对复杂多变的财务世界的挑战，而且它们提供的标尺常常只能从形式上而无法从实质上衡量这些准则是否被遵循"，准则弹性中存在的灰色"域"将加大强制履约的难度。

此外，法律裁决是一个在司法实践中检验、发展并完善法律的过程。在审判过程中，法官所要解决的是当事人在社会经济活动中产生的现实的，有时是难以预料的纠纷，往往处在法律的模糊、两可或空白之处。这就需要审理案件的法官从实际出发，创造性地使用、解释法律，甚至"制造法律"。他们往往需要考虑法律的规定，而且需要考虑很多社会经济因素，如公共政策、价值观念、经济现实、商业惯例、社会福利、经济效率等。这些因素将削弱法律体系规制审计契约履约的强制效果。

7.4.1.2　强制履约障碍产生的原因之二：法律对违约行为干预的有效性

法律对审计契约的强制履约通过对违约行为干预得以实现，而法律对审计契约违约行为干预的有效性是发现违约概率、诉讼成本、惩处力度以及惩处及时性的联合函数。（1）发现违约概率。由于法律自身的局限性，一个国家的法律条款不可能穷尽对所有违约行为的规制，加之法律裁定法官自由裁决中可能存在的主观性，不是所有的违约行为会被法律裁决违规。而如前所言大多数国家法律对违约行为诉讼设置了行政处罚前置前提，限制了审计契约违约诉讼资格，可能由于原告举证损失因果与交易因果困难，导致违约行为难以诉讼，从而降低了审计违约行为的发现与赔偿概率。（2）诉讼成本。诉讼成本是诉讼主体提出诉讼所产生的成本，包括诉讼过程中的律师费用、资料费用、差旅费用、误工费用等，诉讼成本与法律对审计契约违约行为干预的有效性呈负向关系，成本越高，有效性越低。目前大多数国家遵循的"谁诉讼，谁举证"原则加大了审计契约违约诉讼的成本。加之审计契约违约的损失因果往往与企业会计契约违约行为夹杂在一起，对其的举证非常困难，因此诉讼成本偏高。诉讼成本偏高抑制了中小投资者——

审计契约缔结者的诉讼动机。(3) 惩处力度以及惩处及时性。法律干预的有效性与违约惩处力度以及惩处及时性呈正向关系。惩罚力度越大,惩罚行为产生的及时性越强,其威慑作用越强。

科龙电器从 2002~2004 年期间,采取虚构主营业务收入、少计诉讼赔偿金等手段编造虚假财务报告,虚增利润总额达到 3.87 亿元。2005 年,包括顾雏军在内的 9 名科龙前高管因涉嫌虚假出资、出具虚假财务报表、挪用资产和职务侵占 4 项罪名被起诉。起诉声称:科龙电器 2002~2003 年财务报表存在重大虚假陈述。证监会委托毕马威会计师事务所做的调查显示:2001 年 10 月 1 日至 2005 年 7 月 31 日期间,科龙电器及其 29 家主要附属公司疑似与格林柯尔系公司之间进行不正常重大现金流出,总额约为 40.71 亿元,不正常的重大现金流入总额约为 34.79 亿元,共计 75.5 亿元。而这些在德勤 3 年的审计报告中均未反映。2002 年、2003 年、2004 年德勤会计师事务所向科龙收取年度审计费分别为 350 万港元、420 万港元、550 万港元,合计高达 1 320 万港元。中国证监会在 2006 年 4 月 13 日,对德勤事务所进行了行政处罚听证会,外界预期会对德勤的过失进行认定并严惩。然而,处罚结果至今仍未公布。

从上述案例中我们可以看出,目前法律环境不同的国家和地区,对违约惩处的力度与速度存在显著的差异,这也是国际"四大所"在中国、印度等国家频频涉嫌违约与造假的主要根源。低的法律处罚成本与畸高的审计收费往往是审计师不惜合谋的原因。

此外,审计契约违约处罚的及时性也是影响法律强制效果的因素之一。由于发现违规不及时,对违规行为处罚失效性差,审计契约违约行为的信息不能进行及时地传递,违约行为对审计师在审计市场后续缔约的影响具有时滞性,从而削弱了声誉机制对缔约概率的影响效果,法律强制履约的威慑性效果也受到影响。根据 2002~2009 年我国证监会公告的《中国证监会行政处罚决定书》的整理分析,发现证监会对事务所(注册会计师)违规的处罚一般在审计契约履约后的 3~4 年,如 2009 年对利安达信隆会计师事务所的行政处罚是针对该所在 2002~2005 年期间的审计违规行为,与违规行为发生的时间滞后 4 年;同时也发现四川华信所杨仕珍(2002 年、2004 年)、原广东中正所何威明(2003 年)两人两次受罚,四川华信所(2002 年、2004 年)、北京京都所(2004 年、2006 年)两所两个年度受罚,从其违约行为看,事务所以及注册会计师的违约行为具有连续性(见表7.5),如果行政干预以及行政处罚及时,法律强制的效果将更强。

表7.5　　　　　　2002～2009 年我国会计师事务所（含 CPA）受罚情况一览表

受罚所或 CPA	受罚年度	违约年度	受罚原因
四川华信所（杨仕珍）	2002	1998	川电公司财务报告审计过程中，未勤勉尽责
	2004	1999	中川国际年报中河南四通的资产评估价值不实，未勤勉尽责
北京京都所	2004	2002	出具含有虚假内容的无保留意见的审计报告
	2006	2001，2002	未能保持应有的职业谨慎，中关村科技 2001 年和 2002 年年报存在重大遗漏
何威明（中正所）	2003	1999	中炬高新年报审计出具的文件有虚假、严重误导性内容
何威明（康元所）	2003	2000	中炬高新年报审计出具的文件有虚假、严重误导性内容

7.4.2　不完备审计契约自我实施机制可能失灵

不完备审计契约的履约更多依赖契约的自我实施，声誉机制在契约自我实施中发挥重要的作用。但现实中高声誉审计师在审计契约的违约行为并不鲜见，20 世纪初美国及其他西方国家相继爆发审计丑闻，以及近年来国际大所世界范围内频频被诉，说明声誉机制在审计契约自我实施中的作用有限。本节将重点研究审计契约自我履约机制的制约因素。

声誉机制是主要的契约自我履约机制，声誉机制发挥效用的条件包括：声誉识别；审计声誉信息机制；审计声誉毁损的惩罚机制。首先，现实中审计市场对审计声誉的识别主要针对的是事务所声誉，大多是运用事务所规模、市场份额等来识别事务所声誉的好或坏。需要注意的是，审计契约的主要履约者是具体的审计师或审计师团队，审计师声誉与事务所声誉严格意义上并不重合或正相关，目前审计师的声誉识别，除资格准入证明之外，并没有具体的识别技术，市场对其识别往往是根据监管机构的处罚公告才能获取，而这种事后的声誉获取具有时滞性。因此，由于缺乏市场对审计师或审计师团队声誉的识别，且审计契约违约带来的声誉贬值损失更多的由事务所来承担，尽管各国有针对审计师个人的行政处罚，但除市场禁入之外，其他处罚往往不能影响审计师个人未来的缔约概率，因为审计契约的缔结是由事务所与企业缔结。由于审计师声誉缺乏识别技术，当其违约收益大于其在事务所报酬时，可能诱发其履约行为与缔约主体声誉建设之间的背离，这是影响审计声誉机制失效的因素之一。

其次，审计声誉信息机制中，信息传递始终存在积极和消极两个方面：其积极意义是提供行动参考；消极意义是信息处理需要支付成本。审计声誉机制在促进审计契约自我实施的前提是审计信息使用者（显性或隐性缔约者以及潜在缔约者）获取声誉信息效益大于零，即审计声誉信息成本低于履约收益。现实中审计声誉信息效率受到声誉信息生成与传递成本、声誉信息传递速度等的影响。审计声誉识别技术落后；缺乏系统的审计声誉信息生成与输出机构；审计声誉信息通道零散；审计声誉信息传递及时性差等引起的信息整理与收集成本过高，这在不发达审计市场尤为突出。如我国中注协每年对国内事务所按照人员构成、市场份额以及事务所规模等进行了排名，但对审计师以及所在事务所声誉毁损行为的处罚等由中国证监会披露，且披露的时间与违约行为一般滞后 3～4 年。审计声誉信息成本过高所引起的机制失灵是审计契约自我实施机制失效的原因。

最后，审计声誉毁损惩罚机制失灵也会造成声誉机制的失效。对声誉毁损的惩罚包括显性与隐性惩罚；短期与长期惩罚。监管机构对审计声誉毁损行为的行政处罚属于短期显性的惩罚；市场提高声誉受损审计主体的重新缔约成本，或降低其重复缔约概率是长期隐性的惩罚。前者与监管强度有关，后者与资本市场有效性有关。有效的资本市场中要素所有者根据产权投入与剩余分享契约内容进行投入或不投入决策，其决策的基础是该契约能够公允有效的履行，审计契约作为要素投入与剩余分享契约冲突的协调契约，其真实与有效性也成为企业契约缔结的关键。市场无效的情况下，要素所有者投入要素的收益分享与初始契约之间关联度弱，审计契约的作用也减弱，因此与谁缔结审计契约，其缔约本身并没有意义。此时市场对审计声誉毁损的惩罚效果为零，资本市场的无效也引起了审计市场的无效。现实中完全无效的资本市场并不多见，大多数的资本市场是弱势有效的，这种弱势有效也同样引起了设计声誉毁损机制的效果。

审计契约是形成组织契约关系体中的一部分，其效率损失将影响到企业契约的运行效率。

7.5　审计契约缔结模式的优化

7.5.1　审计契约缔结权配置的状态依存

审计契约缔结权属于企业控制权范畴，缔结权配置异化的动机究其根源是缔结者对控制权私人收益的攫取目的。在契约不完全的情况下，谁拥有企业的控制权是至关重要的。同样当企业契约以及审计契约不完备时，谁拥有审计契约的缔结权也是至关重要的。股东享有缔结权配置模式是基于"法定控制权应该给那些掌握实际控制权的当事人，以便使权力斗争所造成的资源浪费最小化"，同时在崇尚自由交易原则的环境中只有"风险控制权"才是投资者的天然权利等"资本强权观"理论衍生出来的，企业正常经营状态下，审计契约缔结权应该配置给企业契约耦合体中契约风险承担者——股东，因为与人力资本所有者以及债权人比较，股东在契约中所承担的风险最大，债权人因为有固定收益和契约退出期限，其承担的风险较小。相对物力资本所有者，人力资本与所有者的不可分离性特质，使其契约体中抵押性弱，所承担的风险也弱于股东。从契约风险程度看，股东对其产权保护相关权利的需求最为强烈，因此其应享有审计契约缔结权。与之相反的"利益相关者"共同享有审计契约缔结权配置模式的理论依据是"风险承担者应该获得风险控制权"的共同治理理论，该理论认为缔结企业契约的债权人、股东、政府以及供应商等都对企业进行了专用性投资，共同承担了风险，因此也应当参与企业的治理。

审计契约缔结权究竟如何配置？股东单一享有模式和共同享有模式的理论首先是股东完全拥有缔结权以及利益相关者共同享有缔结权；其次是股东享有的单一缔结权配置观以及共享缔结权配置观都认为审计契约缔结权是一种静止的、一成不变的配置行为，即审计契约缔结权一旦配置就不会改变。对此我们认为，作为企业要素契约与剩余分享契约的协调契约，企业契约的各要素缔结者都应当分享审计契约缔结权，只要各要素缔结者所投入的"资产"具有"专用性"，且其承担的风险不能被其他权利（如高额风险佣金）完全补偿，那么其享有的审计契约缔结权就绝不会是零，因此也就不能因为某些投资者（如股东）在实施其审计契约缔结权而否定其他投资者（如债权人）审计契约缔结权的存在。审计契约的缔结权在企业中的分配，不会像一般文献所描述的"要么全部，要么为零"，但应当注意的是，由于企业契约缔结者投入的"资产专用性"程度不一，其面临的风险以及权利的分享自然也有差异，因此他们在企业契约中的审计契约缔结权获取也不可能是等同的，投入资产专用性程度的强弱，以及其承担风险的大小将决定其在审计契约缔结权分享中的地位，即当非人力资本的投入在企业中的专用性程度最强时，其投资者承担最大的投资风险，因而在审计契约缔结权的配置中其享有较大的份额，其他要素投资者按照其投入资产专用性程度不同各自享有一定的审计契约缔结权份额。

由于企业契约耦合体中资产专用性程度以及投资者风险程度具有动态变化性，即在契约缔结与履行的过程中，某一要素的资产专用性程度将有可能增强或变弱，投资者风险也可能发生变化，这也将影响到企业控制权的分配，张维迎研究了企业控制权分享的状态依存，指出当企业处于不同财务状况，其控制权配置中的主要分享者将发生更迭：当企业总盈余 (x) 大于股东预期最低收益 (y)，以及债权人契约收益 (r)，员工报酬契约收益 (w)，即 $\chi > y + r + w$ 时，经营者就是企业的控制者；当 $y + r + w > \chi > r + w$ 时，股东是企业的控制者；当 $r + w > \chi > w$ 时，企业控制权归属于债权人；当 $w > \chi$，企业的控制权应归属于企业员工。由于大多数情况下企业处于常态的发展状况，即 $y + r + w > \chi > r + w$ 状态，因此股东主要分享控制权成为企业治理的常态。

归属于企业控制权的审计契约缔结权的配置逻辑也应具有状态依存：在企业正常经营状态时，即 $y + r + w > \chi > r + w$ 状态，审计契约缔结权的配置应表现为：以股东为主，且企业契约耦合体中其他要素投入主体 – 债权人以及其他相关者共同参与审计契约缔结权的分享模式；当企业处于非正常经营状态即无法偿还到期债务时，尤其是企业出现严重资不抵债时 ($w > \chi$；$r + w > \chi > w$)，债权人成为主要风险承担者，此时债权人应获得审计契约缔结权。由于非正常经营下债权人独享审计契约缔结权，审计师独立性一般不会受到损害，且企业大多数处于常态财务状况之中，因此本书重点探讨正常经营情况下审计契约缔结模式的优化。

7.5.2　审计契约缔结模式的优化思路

现实中审计契约的实际缔结权往往为企业内部控制人拥有：大股东控制抑或是管理者控制。审计契约缔结权配置异化是造成审计契约"公允等距"原则背离，审计师独立性丧失的主要原因，审计契约缔结权配置异化解决的关键不是探讨各种缔结权配置模式孰优孰劣，而是如何打破股东享有缔结权配置模式下的闭环结构，落实共同享有缔结权配置模式下，审计契约缔结权与实际缔结权的统一，保护审计契约缔结后的审计师独立性。

谢德仁在《审计委员会——本原性质与作用机理》中提出，企业需另设一与董事会平行的、独立于董事及董事会的审计委员会，其成员的选择、激励与监督由股东自己负责，且该委员会仅需负责企业的注册会计师审计事务管理。但正如其在该文中说明的一样：审计委员会之制度安排要有成效，还必须解决关于审计委员会成员选聘、激励等相关制度建设问题。其中审计委员会成员选聘如何真正体现股东合意而不受控制人的控制，这与审计委员会行使其审计事务管理效果直接相关。但实施中审计委员会选聘权如何配置？如何规避其配置可能存在的异化呢？此种情况下审计契约缔结权配置闭环转化为审计委员会选聘权配置闭环，问题又将回到原点。申香华提出：在企业内部建立财务报告委员会，财务报告委员会的成员应该由利益相关方构成，并成立独立的会计机构，其中中小股东的利益代表为独立财务委员，其性质类似独立董事，从证监会设置的独立财务委员会专家库中选聘。由财务报告委员会及其所领导的独立会计机构行使会计流程控制权包括审计企业缔结权，从而使会计信息产生的整个流程脱离管理当局的直接控制。唐红、王善平等人提出将审计师聘任权安排给非控股股东，以保护股权集中上市公司中的中小股东的权益。上述两种股东享有缔结权配置模式的改进最大的实施障碍是：如果中小股东存在"搭便车"行为情况下，中小股东的利益代表如何选出？即如何保证非控股股东积极地参加对审计师聘任的表决；非控股股东可能存在审计师选聘知识不足的局限。此外，也有人提出由政府或证监会指定审计师；设置财务信息保险公司由其对上市公司财务信息承保并享有审计师缔结权。这些观点试图通过缔结权外置来保护审计师独立性，但前者可能会增加审计缔约的交易成本，其与审计契约的缔结本质存在逻辑上的不适应，非国有上市公司的审计契约源自于企业要素主体的缔约合意，政府与证监会本身并不是企业缔约主体，因此逻辑上并不可能成为缔约权享有者。由政府或证监会指定审计师也容易滋生政治腐败。后者观点的实施问题是将审计契约缔结风险转嫁给保险公司，当出现程序理性但结果失真（即审计师履行了必要的审计程序仍未发现问题）而给投资者造成损失，保险公司该不该对其承担赔偿责任呢？

本书认为，对审计契约缔结权配置模式的优化，重点是将现有审计委员会享有审计契约缔结权配置模式（股东或内部控制者实际享有缔结权）进行优化，以实现企业常态下以股东为主，其他利益相关者共同分享的缔结权配置需要。

通过对审计委员会成员构成和地位进行重构，以保障审计契约缔结权为企业要素投入主体共同享有。建议将审计委员会与董事会、监事会平行设置于股东大会之下，审计委员会享有审计契约的聘任权；审计收费的决定权；审计契约履约情况审核以及提出复审的权利。审计委员会由股东、债权人代表、企业职工代表、其他相关者（政府代表、环境主管机构）以及财务专家等构成。债权人代表可根据债务金额、期限以及提供贷款方式与债务往来频率等综合考虑推出；企业职工代表从企业不同岗位中选出，可采用轮换制（即企业职工代表在审计委员会受任期限制），以消除职工代表为内部人控制；财务专家在审计委员会履行职责是提供专业知识，建议由证监会设置财务专家备用库，企业在专家库中挑选财务专家，同时设定财务专家任期轮换制与退出制，一旦上市公司检查出财务造假，该公司聘用的财务专家将退出专家库，以此消除财务专家不作为或参与合谋。在审计委员会人员权利结构设置中，可设置股东与企业职工代表共占缔约权的50%；财务专家占30%；债权人代表以及其他相关者代表共占20%。这种设置思路一方面强调股东与其他利益相关者的权利共享与制衡，另一方面又考虑了财务专家的专业性。

处于非正常状态的企业，经常严重亏损或出现资不抵债，此时债权人成为企业最主要的风险承担者和剩余索取者，因此，企业控制权以及审计契约缔结权应该归属于债权人。但现实中处于非正常经营状态的企业债权人往往缺乏对公司的治理动力，尤其是像我国存在债务软约束的现象。对于此类问题上市公司（如ST 公司），可以借鉴韩国的做法，采用证监会强制享有审计契约缔结权模式，由证监会对该类公司强制指定审计师，且此类审计契约是一个长期契约，企业缔结者不能随意变更审计师以重新缔约。韩国问题上市公司审计契约强制性缔结（AD）模式效果的实证研究表明，AD 模式能有效提高审计师独立性以及审计质量，降低问题企业的盈余操纵。由于此种模式仅在问题企业中推行，可避免证监会工作量大、社会成本增加等问题。

7.6　审计准则弹性"域"的治理

如前所言，审计准则本身也是一个不完备契约，其不能对所有的审计行为进行事无巨细的描述，因此审计准则弹性"域"总是存在的，从本质上看，审计准则弹性"域"是由于准则制定者的有限理性、准则制定交易成本以及未来审计环境与行为不确定性等的共同约束所致，是不完备审计准则这一公共契约留有的"缝隙"或"公共领域"，这些公共领域将成为审计契约缔结者的寻租空间。提高审计准则效率，抑制审计准则弹性"域"对审计契约行为的影响，其重点是对审计准则弹性"域"进行治理。

对审计准则弹性"域"的治理，包括事前治理与事后治理两部分，事前治理是在审计准则这一公共契约缔结前的治理，审计准则是审计师（注册会计师）、注册会计师事务所、准则制定机构，以及审计活动参与者（企业审计契约缔结者）签订的公共契约，其契约核心是对审计契约行为的规范。事前的治理是发生于审计准则制定时的治理，其主要内容是通过制订明晰的审计准则条款，对审计准则弹性"域"空间的有效窄化，减少审计准则模糊度，使审计弹性"域"空间最小，从而降低其对审计契约行为的影响，提高审计准则的效率。克莱因（1980）指出，可通过在契约中明晰法院可强制执行的明确的契约条款，扩大契约的可自我实施范围，以实现契约。作为公共契约的审计准则可通过明确审计契约行为标准或行为规则，以降低审计准则弹性"域"，是最直接的治理方法。前文阐述了审计准则弹性"域"形成有四种不同来源，对不同来源的审计准则弹性"域"应采用分类治理，后面将对此进行重点阐述。但这种治理只可能是最大限度"窄化"审计准则弹性"域"，而不可能完全消除弹性"域"，现实中的审计准则总是会留有一定的"域"空间，因此审计准则弹性域的治理，并不是一味地追求审计准则弹性"域"的减少与消除，而是在认识到审计准则弹性"域"存在前提下对弹性"域"的分类治理。审计准则弹性"域"的天然存在，为审计师、大股东、管理当局等审计契约参与者提供了寻租空间，加强对审计准则弹性"域"内寻租行为的法律惩处，是审计准则弹性"域"事后治理的主要内容之一。

7.6.1 审计准则弹性"域"的事前分类治理

对于由于语言不详或知识局限性产生的审计准则"域"，其治理方法是通过对审计准则制定流程的再造，以提高准则制定者专业知识来尽量减少弹性"域"空间。其具体思路（如图7.6所示）是：第一，准则制定前期，向社会广泛征集审计准则修订或建设意见书，组织准则建设委员会专家进行筛选与弹性评价，确定审计准则的暂行条款；第二，将暂行条款在部分审计事项中试运行，由专家对审计准则的弹性"域"空间及其影响进行测试，根据测试结果对模糊程度较大的准则条款进行重新修订；第三，经过多次试运行测试，明确审计准则条款；第四，定期对准则条款的应用进行弹性测试，并对弹性影响较大的条款进行适时修订。作为约束力覆盖广泛的基础性公共契约，审计契约具有影响力广、专业性强的特征，通过向社会广泛征集建议书能体现审计准则的公共性契约特征，同时由管制机构成员、专家以及审计实务工作者组建的准则制定委员会进行暂行条款的筛选与确定，审计准则制定的专业性能有效的保持；通过多次的暂行条款试运行与弹性测试，能在事前将审计准则的弹性"域"降到最低，以保障审计准则的运行效率。

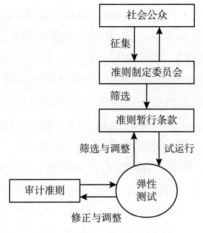

图 7.6 准则制定流程再造

　　针对准则制定导向产生的审计弹性"域"，其治理主要是：第一，基于准则制定成本与弹性损失综合评价后改进准则制定导向：对通用审计契约显性格式部分，审计准则应采用规则导向的制定方式，明确其行为界限；对隐性审计契约部分，审计准则应采用原则导向的制定方式，遵循实质重于形式以及公允性原则。如前所言，"准则导向"制定的审计准则其明确了审计行为的标准，审计准则作为公共契约其自我履约范围较大，很大程度可依赖自我实施；"原则导向"制定的审计准则简单明了，有明确的实行目标却对审计行为标准描述粗放，其自我履约范围较小，更多地依赖外部强制实施。现实中无论何种导向制定的审计准则总是无法完全意义上的完备，本质上讲审计契约是显性契约与隐性契约共存的契约，其显性外化为审计契约的文本条款，其隐性契约是隐含的社会规则、行为习惯以及人类伦理，是审计行为作为社会行为应该遵循的习惯与规则，例如审计师诚实守信的职业道德；审计各方应有的行为道德。显性的契约部分采用准则导向制定的审计准则进行规制，能明晰审计行为要求，以降低审计行为弹性，扩大审计契约的自我履约空间，促进不完备审计契约的自我实施。即便如此，由于准则导向制定可能产生审计准则滞后于审计环境、审计业务内容，产生一定的审计准则弹性"域"，就要求审计准则制定机构能适时对明晰的审计准则条款进行修正与更新。第二，由于准则弹性"域"的客观存在性，加强对准则弹性"域"内审计履约行为的监管与控制，准则制定委员会根据定期的准则弹性测试，了解到审计准则体现中弹性"域"的具体存在区域，审计监管机构根据测试结果对域内条款重点进行审计契约履约质量监控，以及时发现审计准则弹性域所带来的审计契约效率损失行为，降低效率损失。

内生于会计准则弹性域的审计准则弹性，对其的治理重点是加强会计准则建设，明晰其弹性"域"内产权。会计准则是各利益主体在交易中相互博弈所达成的一种暂时的"均衡"。在会计准则的公共选择与博弈过程中，各博弈主体（含利益集团）的地位与影响力存在差异，其中强势一方的利益集团将运用其影响力使得会计准则结构向他们"倾斜"，因此会计准则作为公共契约是一种博弈的结果，其本身具有倾斜性，这种倾斜是会计准则弹性"域"产生的根源之一。即便会计准则制定能真正做到中立和利益均衡，但由于制定者自身的认知局限以及准则对会计行为规制的有限性，会计准则本身也必然是不完备的，这种不完备也形成了为会计准则弹性域空间。会计准则弹性"域"是造成企业契约各要素主体进行产权收益与剩余分享争夺的根源，如果会计准则能明晰各要素的产权界定与剩余计量，各主体间就能缔结完备的要素投入与剩余分享契约，各缔结主体只需如约履行，就不存在契约冲突和审计契约缔结需求了。会计准则弹性"域"内要素投入与剩余相关的剩余控制权究竟归谁所有？其模糊程度越大，契约冲突越大。外部审计师以其独立身份通过审计契约缔结，获取了企业契约内要素产权界定与剩余分享是否遵循会计准则的鉴证与协调权，若会计准则本身存在合理的"域"空间，则其鉴证与协调功能发挥时将受"域"空间的影响。因此，加强会计准则建设，明晰其弹性"域"内产权，是提高审计准则效率的关键。

7.6.2　审计准则弹性"域"的事后治理

对审计准则的事后治理主要是对审计准则弹性引起的"域"内审计契约寻租行为的界定与惩处，以降低弹性"域"对审计契约缔结与履约行为的不利影响。其中审计准则弹性"域"内寻租行为的界定是事后治理的关键。

究竟何种审计契约行为是审计准则弹性"域"内寻租行为，对此的判定包括：结果理性原则与程序理性原则两种规定。结果理性与程序理性是对人行为的描述方式，前者认为在既有条件与环境中，行为能达到预期的目标，其结果就是理性的；后者认为行为适当考虑的结果就是程序理性的，行为的程序理性取决于它的产生过程。比较而言，结果理性注重的是行为的结果；程序理性注重的是行为的过程。审计准则是对审计契约行为进行规范的公共契约，审计契约行为是否如约履行，结果理性原则认为，只要审计契约行为（主要是审计师行为）的最终结果——审计报告是真实的，即审计报告陈述的内容与客观真实情况一致，则认定审计契约是如约履行的；程序理性原则认为，只要审计契约（主要指审计师）的行为过程符合审计准则的要求，即出具审计报告的过程程序是符合审计准则的要求，则审计契约就是如约履行的。如果审计准则是完备的公共契约，那么对审计契约行为的判定无论采用何种理性原则并无区别，因为完备的审计准则对审计契约行为提出了标准的规范，行为的标准规范必然带来结果的真实。现实中审计准则的不完备使得一方面不可能对所有的审计契约行为进行事无巨细的描述，另一方面审计准则也不可能提出对审计结果的质量标准。因此，审计准则的模糊程度加大了对审计契约行为判定的困难。大多数学者注重于两种原则孰优孰劣的研究，却忽略了作为判定标准的审计准则自身的不完备。

本书认为，应根据审计准则弹性"域"产生的根源选择不同的原则来判定审计契约行为，由于未来不确定或认知局限造成的审计准则弹性"域"内审计契约行为的判定，建议遵循程序理性的判定原则。审计契约参与者只需对其履约行为进行程序描述，管制机构可根据对其行为程序是否理性进行判定。对于内生于准则制定导向基础的弹性"域"，如前所言应对通用的显性审计契约部分进行规则制定导向，其行为判定采用程序理性原则为主，对隐性契约规制部分应采用原则制定导向，采用结果理性为主的判定原则，即以审计契约行为结果是否符合社会规则、伦理道德要求以及习惯为主。如对审计师履约中是否勤勉、诚实执业，对此并无明确的规则条款来描述，勤勉、诚实尽责本身具有一定的模糊度，当审计师履约判定时，其勤勉与诚实与否一定程度上应根据其审计报告质量来体现。对于内生于会计准则的审计准则弹性"域"的判定，我们可以借鉴吴水澎、刘启亮（2007）的研究成果，针对确定性处理会计事项可能出现会计准则公共领域，引起的审计准则弹性"域"，其"域"内审计契约行为的判定主要是引入反映结果理性的原则性规定来约束其"域"内契约行为，应以程序理性为主，以结果理性为辅；针对不确定事项引起的会计准则模糊，引起的审计准则弹性"域"，会计信息质量的判定遵循程序理性与结果理性相融合的原则，审计契约行为的判定也相应采用两者融合的原则；对于会计处理方法不确定产生的会计准则模糊，其引起的审计准则弹性"域"，其审计契约行为并无具体的准则条款规制，应采用结果理性为主，程序理性为辅的判定原则。

对审计契约在审计准则弹性"域"内寻租行为的惩处是审计契约强制履约的内容，前文已有阐述，此处不再赘述。总之，审计准则弹性"域"是客观存在的，对其的治理通过事前准则条款的明晰与完善，将弹性"域"降至最小是降低审计准则弹性对审计契约缔结与履行产生不利影响的直接方法，对审计准则弹性"域"内审计契约行为的判定以及违约处罚是事后治理的关键。

7.6.3　准则弹性"域"内审计契约履约失效治理的案例

7.6.3.1　基本情况介绍

2008 年某监管机构对某上市公司上一年度公开披露的会计信息以及审计报告进行质量检查。检查中发现，××会计师事务所提供的审计底稿记录中该公司有 1 260 万元的关联交易未披露，包括运输费 360 万元，设备租金 900 万元。对此检查组认为该事项属于审计工作中存在"重大遗漏"，欲对该所进行处罚。但该所主审审计师则辩称，该项错报是按照审计准则的重要性标准，其重大之所以未要求公司披露该金额，因为该金额占 2006 年年末资产总额 31.56 亿元的比例不到 1%，且其仅占 2006 年度主营业务成本 18.43 亿元的比例也不到 1.2%，远远低于审计计划确定的重要性水平。

7.6.3.2　案例分析

在该案例中审计师所述"遵循的重要性标准"，在我国 2006 年 2 月 15 日修订的《中国注册会计师审计准则第 1221 号——重要性》中指出："重要性取决于在具体环境下对错报金额和性质的判断。如果一项错报单独或连同其他错报可能影响财务报表使用者依据财务报表作出的经济决策，则该项错报是重大的。"以及"注册会计师应当运用职业判断确定重要性"。准则中并没有对重要性的判定进行严格意义上的量化，本质上看，它依赖于审计师的职业判断，其弹性"域"相对较大，这也为审计师履行审计契约留下了较宽的缝隙，这种不完备也直接影响到审计师的履约效率。

审计师履约行为究竟是否属于审计契约履约中的违约行为，对此的判断是监管机构作出判决的关键。其判断的程序为：首先对该案例中审计准则的弹性类型进行剖析；其次对其审计履约行为类型的判断遵循相应的判断原则；最后据此形成判定结果。该案例中关联方交易是否属于重要事项，其标准在审计准则中没有明确规定，但重要性准则中要求"注册会计师应当运用职业判断确定重要性"。

该条款要求在审计行为中依赖审计师职业判断，其隐含了审计师应该秉承独立、公允和诚实的职业操守以及专业判断技能，属于审计准则公共契约中的隐性契约部分，对隐性契约规制部分应采用原则制定导向，由此形成的弹性"域"内审计违约行为，应遵循结果理性为主的判定原则，即监管机构应由审计违约行为造成的会计信息失真影响与损害来判断其行为的性质。本案例中尽管未披露的关联方交易数据相对比率较小（不到总资产比率的1%），但其绝对值较大（1 260万元），且其对会计信息质量的真实性产生了一定的影响，对投资者以及其他利益相关者作出经济决策时会产生负面影响。

基于上述分析，监管机构对会计师事务所该次审计契约履约行为作出了处罚。

7.6.3.3　案例启示

首先，审计准则弹性"域"的客观存在为不完备审计契约履行中的机会主义行为提供了一个天然的缝隙。审计准则制定机关应通过对审计准则这一不完备公共契约的制定流程优化，制定者专业水平的提高将审计准则弹性"域"降低，以实现其最大程度的完备化。这是减少寻租行为，提高社会整体福利的基本途径，但作为审计监管机构以及会计信息使用者，仍旧要认识到审计准则弹性"域"不可能完全消除，这也必然影响审计契约的履约效率，审计契约效率的社会期望与现实效率之间不可能完全契合。

其次，审计准则弹性"域"内审计契约行为的判定应根据审计准则弹性"域"类型来选择判定原则。这种事后治理将有利于对准则弹性"域"内契约行为作出相对公允的判定，由此也将对弹性"域"内的审计师履约起到良好的引导作用。

7.7　审计契约履约效率的提高

7.7.1　审计契约强制履约机制的改进

法律在审计契约的强制履约中的作用包括：首先通过改变博弈的支付矩阵或收益函数实现均衡结果的改变以促使缔约者履约，如对审计师违约行为实施惩罚支付以约束其履约行为；其次法律通过改变个人行动的预期来实现其强制履行作用，如审计契约缔结方认为另一方若违约将受到法律惩罚，因此就预期对方将如约履行，从而选择信任对方，同时另一方预期违约受罚也就选择守约。法律的审计契约强制作用受法律自身不完备以及违约行为干预有效性等的影响。其改进举措包括：

（1）明晰审计违约通用格式化条款以提高法律强制效果

法律在审计契约中的强制完全有效的前提是该契约是完备的，现实中审计契约是不完备的，总存在格式化条款之外的自我实施空间。通过在契约中明晰界定法院可强制执行的明确的契约条款，通过法律的"约束之手"来控制那些从交易伙伴那里取得准租的变量，使交易者减少"敲竹杠"的可能性。显性的审计契约由一系列格式化条款组成，通过进一步明晰格式化条款内容，能有效提高法律的强制履约效果。此外由于法律在进行司法裁决时要参考审计准则等公共专业契约，加强审计准则建设，降低其弹性"域"空间对审计契约履约效果的影响，也将影响到法律强制履约效果。

（2）引入专业仲裁机构或庭外解决以消除司法争端

由于法律自身的不完备，法律规制留有一定的缺口，这些缺口赋予法官（执法者）更多的自由裁量权，法官审计专业知识局限以及可能的主观偏误，将削弱法律的强制履约作用。同时由于司法判例一般采用"结果理性"原则，与审计契约履约的"程序理性"标准存在差异，由此引发法与经济意义的争端，增加了审计契约违约的诉讼成本，降低了司法惩戒的时效性。解决这一争端的方案是在司法裁决时引入专业仲裁机构，由专业仲裁机构对审计契约的履约行为进行专业判断，或直接借助专业仲裁机构实施庭外解决，以此消除司法裁决与专业标准间的差异。此外专业仲裁机构的引入也有益于提高违约行为发现与惩处的概率。

（3）基于成本效益原则积极提高司法干预的有效性

法律对审计契约的强制履行通过对违约行为的司法干预实现，降低诉讼成本，合理确定违约处罚力度，是提高审计契约强制履约的途径。

目前审计契约履约诉讼成本主要来自于受损方的前期诉讼举证成本，由于多数国家采用"谁诉讼谁举证"的诉讼举证原则，而审计契约违约损害与违约行为因果关系隐蔽，以及审计信息不对称，分散的投资者（受损害人）在诉讼举证时举步维艰，往往需要花费大量的证据收集成本，这也导致中小股东受损却不愿诉讼的现象。目前部分研究者认为，可采用审计师举证方式，该观点认为可将举证责任赋予审计师，一旦有人诉讼审计师违约，由审计师对其被诉行为举证。但我们认为这一做法将增加审计师的举证成本，由于审计契约的企业缔约主体宽泛，上市公司众多投资者都有可能对其投资损失诉讼审计师，审计师若需一一举证，其举证成本将大大增加，诉讼风险与声誉风险大幅提高，这也有违法律的"公平"原则。因此本书认为，在不改变现有举证原则前提下，当出现投资者诉讼审计违约时，法院可指派专业仲裁机构介入前期举证工作与后期的损害赔偿。仲裁机构由专业人员（财务专家和法律专家）组成，由其介入前期举证，能较好弥补结果理性与程序理性判断的差异。同时以第三方身份强制介入举证，能较好程度消除审计契约运行信息的不对称。另外，由仲裁机构对损害赔偿定量一定程度保证审计违约处罚的合理性。

仲裁机构报酬设置可采用以下方式：第一，证监会根据一定比例在上市公司中收取仲裁基金，从基金中支付日常仲裁机构人员报酬；第二，若裁决审计违约，仲裁机构前期举证成本由审计师（事务所）支付；若裁决审计师不违约而上市公司会计契约违约，则前期举证成本由上市公司承担；若裁决投资者损失与审计契约、会计契约无关，则举证成本由投资者与仲裁基金按比例支付。这种报酬设置方式可保障仲裁机构经济意义上的独立性，防止与审计机构以及上市公司合谋。

7.7.2 审计声誉机制的建设

审计契约是一种关系型契约，基于重复博弈理论，关系性契约必须是可自我实施的，因此审计声誉机制在审计契约的履约中具有重要的作用。在外界环境变化时声誉能够促使交易伙伴按照初始契约的安排完成交易，在重复交易中，声誉机制可以有效地防止机会主义行为。加强审计声誉机制的建设，能有效提高不完备审计契约的履约效率。

（1）构建顺畅的声誉信息生成与传递通道

顺畅的声誉信息生成与传递机制是审计声誉促进审计契约自我实施的基本前提。各国资本市场中分散着多种审计声誉信息渠道，这些渠道提供的审计声誉信息纷繁复杂，提高了缔约者前期的信息收集成本。如我国证监会提供审计师违约的行政处罚信息；财政部提供审计质量检查信息；中注协提供年度事务所排名信息等。尽管中注协的综合信息排名相对信息集中，但其对单个审计师声誉以及事务所缺乏具体描述。因此，建议由注册会计师协会设置专门的审计师及事务所信息库，将其他行政主管机构以及证监会的审计声誉信息进行及时更新与整理，并及时对外公告以提供及时和明晰的审计师与事务所声誉信息。

（2）维护企业审计缔约者的自由签约权

信誉的基础是产权。产权制度的基本功能是给人们提供一个追求长期利益的稳定预期和重复博弈的规则，尊重产权也就是尊重人们的自由签约权。只有当缔约者有自由缔约的权利，声誉机制才能发挥作用。审计契约自由缔结权表现为：第一，企业缔结权能体现企业各要素主体的缔结合意，这就要求通过加强企业内部治理来实现缔约主体的权利分享。完善治理结构并不是要优化特定主体行为，而是要维持均衡，实现企业要素缔结者之间的利益共享与互惠均衡，前面对此进行了研究，此处不再赘述。第二，审计契约的自由缔结权主要表现为企业缔约方在审计市场能自由的选择缔约对方，这就要求审计市场按照市场规则运行，审计契约缔结不受政治权威、地域阻隔等的约束，这在中国等转型经济国家和经济欠发达国家尤为重要，张立民、管劲松的研究显示在我国 A 股审计市场上，由于地区行政干预，存在严重的地区分割现象。加强审计市场建设，打破审计缔约自由的政治干预，促进审计声誉机制发挥作用。

（3）强化审计职业从业道德教育，以及审计诚信体系建设

审计声誉建设究其根本是加强审计师声誉建设，加强对审计职业从业道德教育是声誉建设的基础。目前各国都设置了专门的审计职业道德规范，如美国注册会计师协会颁布了注册会计师职业道德规范，由职业道德包括责任、公共利益、正直、客观与独立、应有的谨慎及业务范围和性质六个概念；行为守则；行为守则解释以及道德裁决四个层次。2002 年 7 月中国注册会计师协会颁布了《中国注册会计师职业道德规范指导意见》，该指导意见分为总则、独立性、专业执业能力、保密、收费与佣金、与执行鉴证业务不相容的工作、接任前任注册会计师的审计业务、广告、业务招揽和宣传等几部分，对审计师业务类型、职业道德与专业要求等进行了明确规定。将审计师职业道德教育纳入从业后续教育中，有利于强化其道德素养的形成。

审计诚信是社会诚信体系的子系统，社会诚信体系的整体建设是审计诚信建设的根本，在一个毫无诚信的社会环境中要构建审计诚信体系如同海市蜃楼，因此加强社会诚信体系构建是审计诚信体系建设的基础，这就要求在整个社会中形成良好的诚信理念，强化社会伦理中的诚信文化，创建诚信标准与奖惩体系。同时，注册会计师协会构建一套细化与明确的会计师事务所诚信标准体系，以推进事务所内部诚信建设，并将审计师个人诚信评价纳入事务所内部控制体系中，是审计诚信建设的主要思路。

7.8 本章小结

本章重点研究不完备审计契约的效率及其改进。由于审计契约的不完备以及缔约者机会主义动机,独立审计自其产生至今,总存在审计质量低下的问题。本章从三方面对审计契约效率损失的原因展开研究:其一,由于制衡股权结构的审计契约机制本身又受到股权结构的影响,其必然造成股东享有缔结权配置模式异化的现象,审计契约缔结权配置模式异化的直接后果是,审计契约缔结权实际控制者以其缔结权胁迫审计师合谋,从而损害审计师独立性,最终影响到审计契约的运行效率。利益相关性共享审计契约缔结权配置模式,尽管理论上能规避缔约权单一控制模式下的"胁迫问题",但具体实施中一方面存在各个利益集团迥异的缔约动机,造成共同决定审计契约缔结时容易发生决策争执,从而降低决策效率;另一方面共享模式下难以规避内部控制对审计契约缔结决策的操控问题。其二,审计准则弹性"域"空间对审计契约效率的影响。由于审计准则自身的不完备以及制定者的主观偏误,会计准则不完备等是审计准则弹性"域"空间产生的主要原因,审计准则弹性"域"一方面影响到审计契约缔结者的审计质量供需决策,另一方面影响到审计契约履行中的效率标准设定,从而影响到审计契约的运行效率。其三,审计契约履约障碍也是造成审计契约效率低下的原因。一方面,由于法律自身的不完备,诉讼成本、违约发现概率等对法律强制性干预审计契约行为有效性的影响,法律在审计契约中的强制履约效果往往低下。另一方面,审计声誉识别困难、声誉信息传递的易扭曲、声誉毁损惩罚机制内在的局限性,审计契约的自我实施机制容易失灵。

对不完备审计契约效率损失的治理是沿袭上述的分析脉络,分层次展开:优化审计契约缔结模式;加强对审计准则弹性"域"的分类治理;提高审计契约的履约效率。并对各子模块提出了具体的治理策略。

8 研究结论、创新与未来展望

8.1 研究结论

近年来独立审计质量低下对投资者的损害，引起了理论界与实务界对独立审计的研究热潮，本书写作的初衷是试图追根溯源找出影响独立审计质量的本原，而这一本原的追溯又使得研究转向审计产生的动因理论的探索。传统的审计动因理论大多从审计功能来解释其产生的原因，本身有着舍本逐末之嫌，同时在解释审计失败为何产生方面缺乏系统的解释。因此后来的思考发现，只有重构独立审计理论才能将纷繁复杂的审计问题纳入系统的研究之中，正是基于上述考虑，本书将经济学中的不完备契约理论作为研究的基础理论，构建了系统的不完备审计契约理论。当然需要说明的是，以不完备契约理论研究审计问题并不是本书的首创，在国内近年来的审计文献中不乏此类研究，但它们大多局限于对审计契约运行的某一过程的研究，缺乏系统性和全面性。本书的研究试图对此进行弥补，以形成系统的不完备审计契约理论体系。研究中得出了以下主要结论：

第一，不完备契约理论的审计是产权结构变化的产物，是为监督企业契约签订和执行而产生的，其功能拓展至企业契约缔结、履行的整个过程。包括：要素投资者初始投入时的权责安排（包括契约正式规定的权责以及剩余控制权与剩余索取权的分配）、契约履行过程的"合作盈余"（投入要素的价值创造）生成、盈余的分配（主要是剩余盈余的分配）等缔约与履行过程。因此，从这一角度讲，完备契约理论审计观是一种静态的审计观，不完备契约理论审计观是一种动态的审计观。

第二，审计契约缔结的内在动机是促进企业契约完备与良性履行，对缔约各方产权的保护。审计契约是各缔约主体在意愿自治以及地位平等基础的一种"合意"，这种意愿自治源自于缔约各方对经济利益最大化的预期以及审计服务效果的期望。其主要功能包括：要素投资者初始投入产权界定（包括契约正式规定的权责以及剩余控制权与剩余索取权的分配）的验证功能；契约履行过程的产权"合作盈余"（投入要素的价值创造）生成过程的控制与评价功能，以及履约过程中对资产专用性变动程度（通过会计信息进行反映）进行再确认与评价功能；产权收益分配（主要是剩余盈余的分配）的验证，以及为合约修订与调整（产权重新界定与调整）提供公允意见所形成的裁决功能。

第三，动态地看，审计契约的缔结过程既是审计师与企业契约缔结者双方对于自己承诺责任履行的博弈过程，也是企业审计契约缔结者对审计契约缔约权争夺与博弈的过程。审计契约的缔结内生于企业契约的不完备，由于不同缔约主体具有不同的效用函数，并且都具有追求自身效用最大化的动机，因而，企业契约不完备诱发了缔约主体机会主义行为以及对组织租金的争夺，审计契约对不完备契约进行修补过程中能对不同缔约者的利益冲突协调，不同的契约冲突下相关的各方都存在不同的审计契约缔结动机。在股权分散的企业中其契约冲突主要表现为管理者与股东之间，即代理冲突 I，外部股东通过聘请外部审计来加强会计信息质量的可靠性成为其对管理者重要的约束机制。从这一层面看，代理冲突越严重，股东就越有动机选择高质量的审计师。在股权相对集中公司中其契约冲突的发生更多表现为中小股东和大股东之间，即代理冲突 II，股权相对集中情况下的审计契约缔结表现为一种状态依存：随着股权结构的集中，审计合谋概率增大，选择的审计师质量不断降低。当股权结构高度集中阶段，随着股权结构的集中，掏空效应不断下降，审计合谋概率也不断下降，从而选择的审计师质量不断提高。债务契约代理冲突越严重，债权人就越有高质量审计契约的缔结动机。此外，审计契约缔结权的争夺将造成交易费用的增加与审计信息租值耗散，对审计契约缔结权进行配置将有效地降低交易费用和租值的耗散。

第四，在对我国上市公司审计契约缔结的实证中我们发现：非国有上市公司中"高质量"审计师选择的概率与股权结构呈倒"U"型关系；股权制衡程度与高质量审计师选择概率成正比，但与审计委员会设置的相关性并不显著；负债比例越低的非国有上市公司越有可能选择"十大"所缔结审计契约，负债比例越高的公司越有可能设置审计委员会，但结果并不显著。非国有上市公司的审计委员会设置与管理者持股比例负相关，说明管理者控制越少的企业，越有可能设置审计委员会，说明非国有企业中代理冲突越严重，设置审计委员会将审计契约缔结权配置给其的可能性越大。但研究发现，国有与非国有上市公司的审计师选择以及审计契约缔结权配置方面存在显著差异。国有上市公司的"十大"所选择与其契约冲突并不显著相关；国有上市公司审计委员会设置与负债比例负相关、与股权制衡度正相关。这也进一步说明转型经济中我国国有企业基于政治或其他原因，行政权力干预将妨碍其他治理机制的需求。在我国 IPO 市场，审计师缔约及股权留存比例具有向市场传递公司价值的信号功能，风险较低的 IPO 公司一般选择高质量审计师；规模较大、风险较低的 IPO 公司一般保留较高的股权留存比例；我国 IPO 市场盈余预测、留存股权与审计师选择等价值信号之间并不存在替代关系。审计收费与审计师选择间存在一定的内生性。

第五，审计契约的履约是法律强制与自我实施机制的共同作用，缺一不可。具体体现为：明示审计契约部分，由法律强制格式化条款实施，以节约声誉信息的搜集、整理与甄别成本。法律作为第三方法律对审计契约履约的规制，一方面事前运用特定立法目的、价值对审计契约自由的纠正以及来引导审计契约的履行，包括：对审计契约缔约选择自由的限制、审计契约缔约对象选择自由的限制、缔约内容选择自由的干预。另一方面，法律体系运用事后"惩罚"与"赔偿"机制对审计契约的履约行为进行规制；隐性审计契约部分，通过自我实施机制以节约法律司法诊断与裁决成本。审计声誉自我实施机制产生作用的前提包括："好"或"坏"的审计声誉的识别、审计声誉信息机制、审计声誉毁损的惩罚机制；强制履约机制与声誉机制交互作用，法律惩罚等信息纳入审计契约缔结者声誉体系，审计契约缔结者声誉作为法院裁决的依据之一，使两种机制相互融合，共同发挥作用。当审计契约不完备程度低的情况下，如公司治理良好，审计契约条款明晰，审计规则详细的情况下，法律强制实施与惩罚威慑将意义重大；反之则更多的依赖审计契约的自我实施机制。

第六，审计契约不完备留有的天然"缝隙"；缔约者的自利动机以及履约障碍的存在将影响到审计契约的运行效率。由于审计契约自身是留有缺口的不完备契约，审计契约无法对缔约后未来的不确定性情况下审计师的行为事无巨细地描述，审计师履约效率即审计质量信息的"可观察但不可证实"等，这些存在的天然漏洞使得在审计契约缔结时与谁缔约，缔约后审计师履约决策都可能受到契约参与者自利动机的影响。现实中不同所有权结构下的企业，审计契约的真正控制与实施将受到不同股权结构下股东之间相互地位与制衡关系的影响。分散股权结构企业尽管股东权利发生且相对均衡，股东间能有效制衡，但缺乏审计契约缔约激励，所以易造成权力旁落于管理者之手。股权集中企业，大股东与小股东地位悬殊，审计契约本身作为二者的制衡机制，但其缔约权归属又受股权结构的影响。因此从本质上看，制衡股权结构的审计契约机制本身又受到股权结构的影响，其契约缔结必然异化。审计契约缔结权配置的异化是"审计契约缔结悖论"产生的根源，即理想与现实中审计契约缔结时审计师选择的差异；也是审计契约缔约后审计师独立性损失造成审计契约效率低下的主要根源。由于作为公共契约的审计准则，其存在一定的弹性"域"空间，审计契约缔约者意识到准则弹性的存在，将在其缔约时作出符合自身利益的质量供需决策，最终影响到审计契约的运行效率。此外，由于自身不完备以及存在影响强制干预有效性的因素，法律在强制审计契约履行时存在一定的实施障碍，同样声誉识别技术的有限、声誉信息传递的扭曲、声誉毁损的惩罚效益低下等原因造成的审计契约自我实施机制的失灵，也是造成审计契约运行效率低下的原因。

第七，对审计契约效率损失的治理是一个系统工程。优化审计契约缔结模式是应对缔结权配置异化的主要举措，主要包括：对审计委员会成员构成和地位进行重构，以保障审计契约缔结权为企业要素投入主体共同享有；对问题上市公司（如 ST 公司）可借鉴韩国做法，采用证监会强制享有审计契约缔结权模式，证监会对该类公司强制指定审计师，且此类审计契约是一个长期契约，企业缔结者不能随意变更审计师以重新缔约。对审计准则弹性"域"的治理应该采取分类治理的策略：对于由于语言不详或知识局限性产生的审计准则"域"，通过准则制定流程再造尽量减少弹性"域"空间；针对准则制定导向产生的审计弹性"域"，其主要治理方法是：通用审计契约显性格式部分，审计准则应采用规则导向的制定方式，明确其行为界限；对隐性审计契约部分，审计准则应采用原则导向的制定方式，遵循实质重于形式以及公允性原则。探索审计准则弹性影响评测技术，加强对准则弹性"域"内审计履约行为的监管与控制。内生于会计准则弹性"域"的审计准则弹性，对其的治理重点是加强会计准则建设，明晰其弹性"域"内产权。此外，明晰审计违约通用格式化条款以提高法律强制效果、引入专业仲裁委员会消除司法争端、提高法律干预效率、构建顺畅的声誉信息生成与传递通道、维护企业审计缔约者的自由签约权、强化审计职业从业道德教育以及审计诚信体系建设是提高审计契约履约效率的主要路径。

8.2 本书的创新之处

本书以不完备契约经济学理论为基础理论，构建了不完备审计契约从缔结、履约以及效率改进的系统研究框架。其主要的创新之处有：

第一，以契约经济学中的不完备契约理论为理论基础，全面的研究了不完备审计契约的缔结机制、履约机制以及审计契约效率的影响因素，从而提出审计契约效率的治理策略，在国内较系统的构建了不完备审计契约理论框架。与国内外的相关研究相比，本研究具有理论框架的系统性；理论分析前后一贯性，从而为独立审计的产生以及独立审计失败的形成提供了一个系统的解释理论。

第二，审计契约缔结权配置的异化必然形成"审计契约缔结悖论"，即出于自愿需求的企业方往往会与低质量审计师缔约。审计契约缔结的目的是弥补企业要素投入与剩余分享契约的不完备，以降低代理成本，消除契约冲突。但在以往的研究中往往忽略了审计契约的缔结本身也是缔约双方博弈的结果，尤其是企业审计契约缔结权的配置本身就与企业各要素主体控制权争夺的结果。因此，尽管公司治理中审计契约缔结权名义配置给了董事会或审计委员会，其实质控制权往往为内部控制人所有。因此，本书沿着审计契约缔结动机、缔约权配置模式以及缔约权配置现状与异化分析的研究思路，清晰地阐述了审计契约缔结原理，并揭示出缔结悖论产生的根源：审计契约不完备。理论上要求审计契约修补不完备的企业要素投入与剩余分享契约的不完备，实际中审计契约也是不完备的，审计质量的提供受企业缔结者需求的影响，企业强势要素投入者获取缔约权将审计契约作为其掠夺他人剩余的工具，此时不完备审计契约将放大要素投入与剩余分享契约的不完备，从而形成"审计契约缔结悖论"。这是本书的创新点之二。

第三，本书运用数量模型较深入的研究了审计准则模糊度对审计契约缔结、履约的影响。审计准则作为公共契约，对审计契约意义重大，完善与健全的审计准则将为审计契约的履行提供明确的履约规则，但事实上审计准则本身也是不完备的，这种不完备反映为审计准则具有一定模糊性，审计契约的模糊程度将影响审计契约缔结双方的审计质量需求以及审计契约强制履约的法律裁决，最终影响审计契约的运行效率，对此的研究国内尚为空白。

第四，以中国转型经济时期的上市公司为样本检验公司代理冲突与审计契约缔结行为的相关性；代理冲突与审计契约缔结权配置；审计契约缔结权配置对审计师选择行为的影响，为研究转型经济中审计契约缔结机制、审计契约效率提供了较全面的研究经验。实证结果发现：非国有上市公司中"高质量"审计师选择的概率与股权结构呈倒"U"型关系；股权制衡程度与高质量审计师选择概率成正比，但与审计委员会设置的相关性并不显著；独立董事比例与"十大"所选择、审计委员会设置之间正相关，但结果并不显著；负债契约冲突与审计师选择、审计委员会设置的相关性与 H_4 的假设并不一致，负债比例越低的非国有上市公司越有可能选择"十大"所缔结审计契约，负债比例越高的公司越有可能设置审计委员会。这表明：非国有上市公司负债契约冲突越大，考虑到风险揭示对筹资的影响，越不愿意与高声誉审计师缔约。实证结果中假设 1 审计委员会设置与股权结构呈倒"U"型结构并没有得到实证结论的支持。非国有上市公司的审计委员会设置与管理者持股比例负相关，说明管理者控制越少的企业，越有可能设置审计委员会。国有上市公司由于其行政干预作用可能抑制企业对其他治理机制的需求，我们的实证结论都不支持上述假设。以信号机制为理论基础，通过构建联立方程式消除上市公司多种信号机制选择之间的内生性，研究我国首度上市公司（IPO）缔结审计契约时的选择行为，其研究发现：其一，在我国 IPO 市场，审计师缔约及股权留存比例具有向市场传递公司价值的信号功能：风险较低的 IPO 公司一般选择高质量审计师；规模较大、风险较低的公司 IPO 时一般保留较高的股权留存比例。其二，我国 IPO 市场盈余预测、留存股权与审计师选择等价值信号之间并不存在替代关系。其三，审计收费与审计师选择间存在一定的内生性。高质量审计师会收取相对较高的审计费用；审计收费越高，IPO 公司对审计师声誉需求越高。这间接说明我国审计市场"审计费用溢价"产生的原因可能与"风险溢价"无关，而与"声誉溢价"有关。以转型经济体中审计契约缔结行为为研究目的，揭示契约冲突、行政权力、信号机制内生性对审计契约缔结的影响，研究方法与结论具有一定的创新性。

8.3　本书的局限与未来的研究展望

　　囿于个人经济学理论基础的薄弱，本书在写作中最大的困难是如何将庞杂的经济学理论进行梳理与消化，如何突破个人知识局限与思维定式给写作中带来的创新性不足的问题。尽管作出了许多的努力，但仍会存在一定的"隔"，不仅有会计学背景下的定量思维与经济学思维之隔，也有心中有"话"与下笔成言之隔。收笔之前认真总结出本书的主要局限与未来的研究空间：

　　第一，研究方法方面。不完备审计契约的缔结与履约中人的行为是契约的内核，无论是机会主义动机还是自利倾向都将对审计契约的运行产生影响。因此研究审计契约离不开对人心理动机的研究。尽管本书采用了规范与实证相结合的研究方法，但却缺乏对契约运行中缔约者心理动机的直接研究，实验室研究方法是目前研究人心理动机的主要方法，在本书中囿于条件与时间限制，并没有对此展开研究。这是本书研究方法上的局限。在未来的研究中应用实验室研究方法等，在以下方面展开研究：不完备审计契约缔结动机中缔结者个性、心理对缔结行为的影响研究；审计合谋中的审计师心理研究。

第二，审计契约的缔结与履行无不与审计市场相关，审计市场结构对审计契约缔结时的审计师选择；审计师履约时的声誉考虑等直接相关。垄断审计市场与充分竞争审计市场结构下审计契约的运行存在一定的差异。本书的研究并没有将审计市场纳入研究范畴，这是研究内容上的局限之一。未来的研究应该不同审计市场结构对审计契约的运行影响，使不完备审计契约理论框架更为完整和体系。

第三，本书在第 5 章对中国转型经济环境中的审计契约缔结机制进行了阐述，其实证也提出转型经济中国家行政干预对不完备审计契约的缔结产生一定程度的影响，但在后续的契约效率治理中本书提出的治理对策具有普适性，考虑到本书整体的逻辑框架，并没有对国家行政权威干预下的审计契约运行的效率改进展开深入研究，未来可以对此展开研究，从而为转型经济中审计契约效率的改进提供理论依据。

第四，文章在对审计契约效率治理中提出了对准则弹性"域"的分类治理策略，其中涉及准则弹性"域"空间及其效果测评技术的应用思路，但文章并没有对具体准则弹性"域"空间及其影响效果测评方法展开研究，主要基于以下方面考虑：首先，从文章整体性考虑，该方法的具体应用在全书中的重要性弱；其次，已有类似研究可以提供借鉴（胡成的博士论文会计制度弹性：存在、影响及其优化研究中对会计准则弹性的测评有初步的介绍）。但从审计契约效率治理的具体实施来看，本部分展开研究具有较强的应用价值，因此对审计准则弹性"域"空间以及影响的效果测评的具体方法展开研究，既是本书的局限也是未来的研究方向之一。

参 考 文 献

[1] Menon K. , Williams J. D. . 1994. Audit committee activity and agency costs [J]. Journal of Accounting and Public Policy, 13 (2): 203 – 246

[2] Jensen Michael C. , William H Meckling. Theory of the firm: managerial behavior, agency costs and ownership structure [J]. Journal of Financial Economics, 1976

[3] Jensen Michael C. , Clifford W. Smith, Recent Advances in Corporate Finance, 1985

[4] Watts, R. and J. Zimmerman. Agency Problems, Auditing and the Theory of the Firm: Some Evidence [J]. Journal of Law and Economics, 1983, (10)

[5] Ball, R. The Firm as a Specialist Contracting Intermediary: Application to Accounting and Auditing, University of Rochester Discussion Paper, 1989, April

[6] Simunic, D. and M. Stein. The Impact of Litigation Risk on Audit Pricing: A Review of the Economics and the Evidence [J] . A Journal of Practice & Theory, 1996, Supplement: 119 – 134

[7] Francis and Wilson. Auditor changes: A joint test of theories relating to agency costs and auditor differentiation [J]. The Accounting Review, 1988, (63): 663 – 682

[8] Chow C. W. . The demand for external auditing: Size, debt and ownership influences [J]. Accounting Review, 1982, 57 (2): 272 – 291

[9] Palmrose. Z. The Damand for Quality——differentiated Audit Seivices in an Agency—Cost Setting An Empirical Investiration Auditing Research Symnpositnn, University of Illinois, 1984

[10] Eichenseher J. W. , M. Hagigi, D. Shields. Market reaction to auditor changes by OTC companies [J]. Auditing, 1989, 9 (1): 29 – 40

[11] Johnson W. B. , T. Lys. The market for audit services: Evidence from volun-

tary auditor changes [J]. Journal of Accounting and Economics, 1990, (1): 281 –308

[12] DeZoort, F. T. , Hermanson, D. , Archambeault, D. and Reed, S. Audit Committee Effectiveness: A Synthesis of the Empirical Audit Committee Literature [J]. Journal of Accounting Literature, 2002, (21): 38 –75

[13] Pincus K. M. Rusbarsky J. Wong. Voluntary Formation of Corporate Audit Committees among NASDAQ Firms [J]. Journal of Accounting and Public Policy, 1989, (4)

[14] Abbott, LawrenceJ. , Parker, Susan. And Peters, Gary F. Audit Committee Characteristics And Restatements [J]. Auditing: A Journal of Practice & Theory, 2004, 23 (1)

[15] Aoki, Masahiko. The cooperative Game Theory of the Firm [J]. Oxford: Clarendon press, 1984

[16] Grossman, S. , Hart. O. The Costs and Benefits of Ownership A Theory Vertical and Lateral Integration [J]. Journal of political economy, 1986 (94)

[17] Ball, R. The Firm as a Specialist Contracting Intermediary: Application to Accounting and Auditing, University of Rochester Discussion Paper, 1989, April

[18] Fama, E. Agent problems and the theory of the firm [J]. Journal of political Economy, 1988, (2): 290 –305

[19] Willie Seal. Security Design, Incomplete Contracts and Relational Contracting: Implications for Accounting and Auditing [J]. British Accounting Review, 1996, (28): 23 –44

[20] DeAngelo. L. Auditor Size and Audit Quality [J]. Journal of Accounting and Economics, 1981 (3)

[21] Willie Seal. Security Design, Incomplete Contracts and Relational Contracting: Implications for Accounting and Auditing [J]. British Accounting Review, 1996, (28): 23 –44

[22] GEIGERM A. , RANGHUNANDAN K. Auditor tenure and audit reporting failure [J]. Auditing: A Journal of Practice& Theory, 2002. 21 (1)

[23] Dowd, K. Optimal financial contracts, Oxford Economic Papers. 1992, October: 672 –693

[24] Macleod, W. B. & Malcomson, J. M. Wage Premiums And Profit Maximisation In Efficiency Wage. Models [J] European Economic Review, 1989, August 37

(6): 1223 – 1249

[25] Barney, J. B. , Hansen, M. H. Trustworthiness as a Source of Sustained Competitive Advantage [J]. Strategic Management Journal, 1994

[26] Klein, Benjamin, 1980. Transaction Cost Determinants of "Unfair" Contractual Arrangements [J]. American Economic Review, 1980, 70 (2)

[27] Jean Tirole. Incomplete Contracts: Where Do We Stand? [J]. Econometrica, 1999, Volume 67, Issue 4: 741 – 781

[28] Segal. Contracting with Externalities [J]. Quarterly Journal of Economics, 1999, 114 May (2): 337 – 388

[29] Faruk Gul. Unobservable Investment and the Hold-Up Problem [J]. Econometrica, 2001, (69): 343 – 376

[30] Smith, C. W. and Warner, Jr. J. On Financial Contracting: An Analysis of Bond Covenants [J]. Journal of Financial Economics, 1979, (Jun): 117 – 161

[31] Blair, Margaret, Ownership and Control-Rethinking Corporate Governance for the Twenty First Century, Washington D. C. : The Brookings Institution, 1995

[32] Oliver Hart. Firms, contracts, and financial structure [J]. Journal of Economic Behavior & Organization, 1997, 32 (3): 472 – 476

[33] Berly, A. and G. Means. the Modern Corporation and Private Property. New York: Macmillan, 1932

[34] Bala. V. Balachandran & Ram T. S. Ramakrishnan Auditing for Compensation Schedules-A Reply [J]. Journal of Accounting Research, 1980, (18): 182 – 183

[35] Randall Morck & Andrei Shleifer & Robert W. Vishny. Management Ownership and Corporate Performance: An Empirical Analysis [J]. National Bureau of Economic Research, 1986, (10)

[36] Andrei Shleifer & Robert W. Vishny. A Survey of Corporate Governance [J]. Journal of Finance, 1997, 52 (2): 737 – 783

[37] Watts, R. and J. Zimmerman. Agency Problems, Auditing and the Theory of the Firm: Some Evidence [J]. Journal of Law and Economics, 1983, (10)

[38] Wang, Qian, T. J. Wong, and Lijun Xia. State ownership, the institutional environment, and auditor choice: Evidence from China [J]. Journal of Accounting and Economics, 2008 46 (1): 112 – 134

［39］ DeFond, M., Raghunandan, K., Subramanyam, K. R. Do Non-Audit Service Fees Impair Auditor Independence? Evidence from Going Concern Audit Opinions ［J］. Journal of Accounting Research, 2002, (40): 1247 - 1274

［40］ Craswell, A., D. J. Stokes, and J. Laughton. Auditor independence and fee dependence ［J］. Journal of Accounting and Economics, 2002, (33): 253 - 275

［41］ DeFond M and J. Jiambalvo, Incidence and Circumstances of Accounting Errors ［J］. The Accounting Review, 1991. July

［42］ Datar S, Feltham G A, Hughes J S. The role of audit s and audit quality in valuing new issues ［J］. Journal of Accounting and Economics, 1991, 14 (1): 349 - 358

［43］ Titman, S. and B. Trueman. Information quality and the valuation of new issues ［J］. Journal of Accounting and Economics, 1986, 8 (2)

［44］ Hughes, P. J. Signalling by direct disclosure under asymmetric information ［J］. Journal of Accounting and Economics, 1986, (8)

［45］ Lee, P, D. Stokes, S. Taylor, and T. Walter. The association between audit quality and firm-specific risk: Evidence from the Australian IPO market. Working paper, University of Sydney, Australia. 1999

［46］ Leland, H. and D. Pyle. Information asymmetries, financial structure, and financial intermediation ［J］. Journal of Finance, 1977, 32 (2)

［47］ Freeman, R. E., Evans, W. M. Corporate governance: a stakeholder theory interpretation ［J］. The Journal of Behavioral Economics, 1990, Vol. 19 (4): 337 - 359

［48］ Pagano, Marco and Roell, Ailsa. The Choice of Stock Ownership Structure. Agency Costs, Monitoring, and the Decision to Go Public ［J］. The Quarterly Journal of Economics, February, 1998: 187 - 225

［49］ La Porta, Rafael, Lopez-di-silanes, Florencio, Shleifer, Andrei, and Vishny, Robert. Investor Protection and Corporate Governance ［J］. Journal of Financial Economics, 2000, (58): 3 - 27

［50］ Anne Beatty and Joe Weber. The Use of Voluntary Accounting Changes to Reduce Debt Contracting Costs ［J］. The Accounting Review, 2003, (1): 119 - 142

［51］ Slovin M., Sushka. M., Hudson C. Externalmonitoring andits effecton seasoned common stock issues ［J］. Journal of Accounting and Economics, 1990, (12):

397 - 417

[52] Myers, Stewart C.. Determinants of Corporate Borrowing [J]. Journal of Financial Economics, 1977, (53): 3 - 42

[53] Paul Collier, Alan Gregory, Audit committee activity and agency costs [J]. Journal of Accounting and Public Policy, 1999, (18): 311 - 332

[54] Lev, B, and S. H. Penman, Voluntary Forecast Disclosure, Nondisclosure, and Stock Prices [J]. Journal of Accouting Research, 1990, 28 (1): 49 - 76

[55] Clarkson, P. M. and D. A. Simunic. The association between audit quality, retained ownership, and firm-specific risk in U. S. vs Canadian IPO markets [J]. Journal of Accounting and Economics, 1994, 17 (2): 207 - 208

[56] Copley & Douthett. The Association between Auditor Choice, Ownership Retained, and Earnings Disclosure by Firms Making Initial Public Offerings [J]. Contemporary Accounting Research, 2002, Spring, 19 (1)

[57] Kun Wang and Zahid Iqbal. Auditor choice, retained ownership, and earnings disclosure for IPO firms [J]. International Journal of Managerial Finance, 2006, 2 (3).

[58] Noorderhaven, N. G. and B. Tidjani, The link between culture and governance: An explorative study with a special focus on Africa. AIB West Conference, Stockton, California, 1999, September

[59] Abreu, D. J. Abreu, On the theory of infinitely repeated games with discounting [J]. Econometrica, 1988, (56): 383 - 396

[60] Partha Dasgupta. A probe-based monitoring scheme for an object-oriented distributed operating system [J]. Conference proceedings on Object-oriented programming systems, languages and applications, 1986

[61] Bull, Clive. The Existence of Self-Enforcing Implicit Contracts [J]. The Quarterly Journal of Economics, 1987, Feb: 147 - 159

[62] SlovinM, SushkaM, Hudson C. Externalmonitoring and its effecton seasoned common stock issues [J]. Journal of Accounting and Economics, 1990, (12): 397 - 417

[63] BlackwellD, Noland T. , W. intersD. The value of auditor assurance: evidence from loan pricing [J]. Journal of Accounting Research, 1998, (36): 57 - 70

[64] Siew Hong Teoh, T. J. Wang, 1993. Perceived auditor quality and the earn-

ings response coefficient [J]. The Accounting Review, Apr 1993, (68): 346 – 367

[65] Stephanie Yates Rauterkus, Kyojik Song. Auditor's Reputation and Equity Offerings: The Case of Arthur Andersen [J]. Financial Management, Winter 2005, 34, (4): 121 – 135

[66] Lee. C. J. and Z. GU. Low balling, legal liability and auditor independence [J]. The Accounting Review, 1998, 73 (4)

[67] Lohtia, Ritu, Charles Brooks and R. Krapfel. What Constitutes a Transaction Specific Asset? An Examination of the Dimensions and Types [J]. Journal of Business Research, 1994, v. 30 (3): 261 – 270

[68] Kenneth H. Wathne and Jan B. Heide. Opportunism in Interfirm Relationships: Forms, Outcomes, and Solutions [J]. Journal of Marketing, 2000, Vol. 64 (October): 36 – 51

[69] Teoh, S. H. and T. J. Wong. Perceived auditor quality and the earnings response coefficient [J]. The Accounting Review, 1993, (68): 346 – 366

[70] DeFond, M. Wong, T. J. , Li, S. , The Impact of Improved Auditor Independence on Audit Market Concentration in China [J]. Journal of Accounting and Economics, 1999, (28): 269 – 305

[71] DeFond, M. , Francis, J. , Wong, T. J. Auditor Industry Specialization and Market Segmentation: Evidence from Hong Kong [J]. Auditing: A Journal of Practice and Theory, 2000, (19): 49 – 66

[72] Wallace N. D. III, Pornsit J. and Peter D. Causes and Consequences of Audit Shopping: An Analysis of Auditor Opinions, Earnings Management, and Auditor Changes [J]. Journal of Business and Economics, 2006 (winter): 45 – 69

[73] Fama, E. F. , Jensen, M. C. Separation of ownership and control [J]. Journal of Law and Economics, 1983, (26): 301 – 325

[74] Williamson, O. E. , The Modern Corporation: Origins, Evolution, Attributes [J]. Journal of Economic Literature, 1981, (19), 1537 – 1568

[75] Fama, Eugene F. and Michael Jensen. Agency Problems and Residual Claims [J]. Journal of Law and Economics, 1983, (26), June: 327 – 349

[76] Powers, W. C. , Troubh, R. S. , Winokur, H. S. Report of Investigation by the Special Investigative Committee of the Board of Directors of Enron Corp. , Wilmer, Cutler, http: //i. cnn. net/cnn/2002/LAW/02/02/enron. report/powers. report.

pdf

[77] A. Rashad Abdel-khalik. Reforming corporate governance post Enron: Shareholders'Board of Trustees and the auditor [J]. Journal of Accounting and Public Policy, 2002, (21)

[78] John W. Berry. Audit Contracting Entities: Organizations That Might Change Everything [J]. The CPA Journal, 2004 (9)

[79] Frans. J., C. Mayer. Ownership and Control of German Corporations [J]. Review of Financial Studies, 2001, (1) 4: 943 – 977

[80] Gorton G., F. Schmid A. Class Struggle Inside the Firm, A Study of German Codetermination [M]. NBER. 2000. Discussion: 7945

[81] Schmid, R. H., J. P. Krahnen. The German Financial System [M]. London: Oxford University Press. eda. 2003

[82] Schuetze. W. P. Commentary: Keep It Simple [J]. Accounting Horizons, 1991, 52 (2): 113 – 117

[83] 转引自 Barbara D Merino. Uniformity in Accounting: A History Perspective [J]. Journal of Accountancy, 1978, (August): 62 – 69

[84] Carmichael, D. R. and J. L. Craig, Jr. Strengthening the Professionalism of the Auditor: An Interview with Donald Kirk [J], The CAP Journal, 1995, 65 (2): 18 – 23

[85] Alister K. Mason and Michael Gibbins. Judgment and Accounting Standards [J]. Accounting Horizons, 1991, 2 (June): 14 – 27

[86] Andrew D. Cuccia, Karl Hackenbrack, and Mark W. Nelson. The Ability of Professional Standards to Mitigate Aggressive Reporting. The Accounting Review, 1995, 2 (April): 227 – 248

[87] Magee, R. P., M. Tseng. Audit Pricing and Independence [J]. The Accounting Review, 1990 (65)

[88] 转引自 Randall W. Renfro. The Role of Professional Judgment in the Application of U. S. Accounting Standards: an Experimental Study of the Effect of Professional Judgment on Financial Reporting Decision of Accountants [D]. Dissertation for the Degree of Doctor of Philosophy, Florida Atlantic University, 2000: 13 – 14

[89] Revsine, Lawrence. The Selective Financial Misrepresentation Accounting Hypothesis [J]. Accounting Horizons, 1991, 4 (December): 16 – 28

［90］Mark Bagnoli, Susan G. Watts. Conservative Accounting Choices ［J］. Management Science, 2005, 5（May）: 786 – 801

［91］Pae, S. and Yoo, S-W. Strategic interaction in auditing: an analysis of auditors' legal liability, internal control system quality, and audit effort ［J］. The Accounting Review, 2001, 76（3）: 333 – 356

［92］Aghion B. eviecv P., P. Bolton. An incomplete、contracts approach to financial contracting ［J］. Studies of Economic, 1992,（59）: 473 – 494

［93］Jeong-Bon Kima B., Cheong H. Yi. Does auditor designation by the regulatory authority improve audit quality? Evidence from Korea ［J］. Journal of Accounting and Public Policy, 2009,（28）: 207 – 230

［94］文硕. 世界审计史 ［M］. 北京: 中国审计出版社, 1990

［95］刘静, 李保刚. 以审计动因为逻辑起点构建、完善我国审计理论体系 ［J］. 审计研究, 2005,（6）

［96］张立民. 审计制度建设的理论依据——从"受托经济责任论"到契约经济学 ［J］. 审计研究, 2002（3）

［97］雷光勇, 王立彦. 投资秩序与利益相关者审计 ［J］. 审计研究, 2006,（1）

［98］黄健, 刘兵. 论审计动因 ［J］. 山东行政学院山东省经济管理干部学院学报, 2005,（3）

［99］刘大贤. 再论民间审计产生的动因 ［J］. 审计与经济研究, 2003,（6）

［100］雷新途, 李世辉. 不完备契约与财务目标的状态依存及其边际修正 ［J］. 会计研究, 2007（4）

［101］吴联生. 利益协调与审计制度安排 ［J］. 审计研究, 2003,（2）: 16 ~ 21

［102］刘国常, 赵兴楣, 杨小锋. 审计的契约安排与独立性的互动机制 ［J］. 会计研究, 2007, 9

［103］A. 索科洛夫. 会计发展史 ［M］. 北京: 中国商业出版社, 1990

［104］夏恩·桑德著, 方红星译. 会计与控制理论 ［M］. 大连: 东北财经大学出版社, 2000: 101 – 103

［105］道格拉斯·R. 卡迈克尔. 审计概念与方法——现行理论与实务指南 ［M］. 大连: 东北财经大学出版社, 1998

［106］雷新途, 李世辉. 不完备契约与财务目标的状态依存及其边际修正

[J]. 会计研究，2007（4）

[107] 谢德仁. 企业剩余索取权：分享安排与剩余计量 [M]. 上海：上海三联出版社，2001

[108] 雷光勇. 审计制度安排与企业契约机制运行 [J]. 审计研究，2003，（6）：53 - 59

[109] 陈世龙，宋伟亚. 独立审计能披露企业会计契约的履行情况吗 [J]. 统计与决策，2005，（5）：112 - 115

[110] 冯均科. 审计契约制度的研究：基于审计委托人与审计人的一种分析 [J]. 审计研究，2004，（1）：30 - 36

[111] 雷光勇. 会计契约论 [M]. 北京：中国财政经济出版社，2004：161 - 162

[112] 车呈宣. 独立审计契约治理内涵透视与模式构建 [J]. 中国注册会计师，2007，（7）：62 - 67

[113] 黄晓波. 独立审计契约的经济学分析 [J]. 首都经贸大学学报，2002，（2）：65 - 69

[114] 冯均科. 审计关系契约论 [M]. 北京：中国财政经济出版社，2004

[115] 洪敏，林钟高. 基于契约理论视角的审计失败研究 [J]. 安徽工业大学学报（社科版），2008，（1）：41 - 45

[116] 潘琰，辛清泉. 论审计合约与审计质量——基于不完全契约理论的现实思考 [J]. 审计研究，2003，（5）：38 - 41

[117] 陈波. 审计质量、不完全合约与行业管制 [J]. 中南财经政法大学学报，2008（5）：80 - 85

[118] 曾颖，叶康涛. 股权结构代理成本与外部审计需求 [J]. 会计研究，2005，（10）

[119] 王艳艳，陈汉文，于李胜. 代理冲突与高质量审计需求 [J]. 经济科学，2006，（2）

[120] 孙铮，曹宇. 股权结构与审计需求 [J]. 审计研究，2004，（3）

[121] 娄权. 股权结构 治理结构与审计师选聘——2002 年深圳股市的实证检验 [J]. 广东经济管理干部学院学报，2006，（1）

[122] 李明辉. 代理成本对审计师选择的影响——基于中国 IPO 公司的研究 [J]. 经济研究，2006，（3）

[123] 周中胜，陈汉文. 大股东资金占用与外部审计监督 [J]. 审计研究，

2006，（3）

［124］朱星文．董事责任及其追究：现行审计委托关系缺陷的弥合［J］．审计研究，2005，（5）

［125］方军雄，洪剑峭，李若山．我国上市公司审计质量影响因素研究：发现和启示［J］．审计研究，2004，（6）

［126］陈小林．外部董事与审计意见［J］．郑州航空工业管理学院学报，2006，（1）

［127］李爽，吴溪．盈余管理、审计意见与监事会态度——评监事会在我国公司治理中的作用［J］．审计研究，2003，（1）

［128］李弢，薛祖云．董事会结构与会计师事务所解聘行为关系的实证研究——来自中国证券市场的经验证据［J］．经济评论，2005，（3）

［129］费爱华．非标准无保留审计意见的影响因素分析［J］．统计与决策，2006，（3）

［130］王跃堂，涂建明．上市公司审计委员会治理有效性的实证研究——来自沪深两市的经验证据［J］．管理世界，2006，（11）

［131］吴水澎，庄莹．审计师选择与设立审计委员会的自选择问题——来自中国证券市场的经验证据［J］．审计研究，2008，（2）

［132］李补喜，王平心．审计委员会的设立与公司治理——基于审计收费的实证研究［J］．数理统计与管理，2007，26（1）

［133］白景坤．从实证到思辨：管理研究方法的反思［J］．广州大学学报（社会科学版），2006，（9）：8－12

［134］盖地．规范会计研究与实证会计研究评析［J］．会计研究，2007，（4）

［135］林仲豪．西方新制度经济学企业理论的演进及其存在的缺陷［J］．现代财经，2008，（7）：67－76

［136］李瑜青．论契约精神与现代企业制度建设［J］．学术界，1999（2）：26－28

［137］科斯，哈特等人著，李风圣译．契约经济学［M］．北京：经济科学出版社，2006

［138］费方域，李靖．企业理论：合同论视角的回溯［J］．系统工程理论方法应用，2005（6）：282－284

［139］张五常．契约经济学［M］．北京：经济科学出版社，2006

[140] 周其仁. 市场里的企业: 一个人力资本与非人力资本的特别合约 [J]. 经济研究, 1997 (6)

[141] 谢德仁. 企业的性质: 要素使用权交易合约之履行过程 [J]. 经济研究, 2002 (4)

[142] 雷新途, 李世辉. 不完备契约与财务目标的状态依存及其边际修正 [J]. 会计研究, 2007 (4)

[143] 张维迎. 企业理论与中国企业改革 [M]. 北京: 北京大学出版社, 1999

[144] 向荣, 贾生华. 对代理理论的综述与反思 [J]. 商业经济与管理, 2001 (8)

[145] 雷光勇. 会计契约论 [M]. 北京: 中国财政经济出版社, 2004: 20 - 22

[146] 费方域. 论科斯对微观经济学的贡献——交易费用和生产制度结构 [J]. 系统工程理论方法应用, 1999 (4)

[147] 杨爱民. 交易费用理论的演变、困境与发展 [J]. 云南社会科学, 2008 (4)

[148] 杨瑞龙, 聂辉华. 不完全契约理论: 一个综述 [J]. 经济研究, 2006, (2): 104 - 106

[149] 白晓红. 对注册会计师委托代理关系的综合研究 [J]. 审计研究, 2006 (1): 79 - 82

[150] 蒋尧明, 周勇. 上市公司审计代位委托: 提高审计独立性的途径 [J]. 财会通讯, 2008 (5): 24 - 28

[151] 朱峰. 非对称信息下的审计委托代理理论关系——激励契约安排与外部监督机制 [J]. 审计研究, 2007 (5): 51 - 57

[152] 杨瑞龙, 周业安. 一个关于企业所有权安排的规范性分析框架及其理论含义 [J]. 经济研究, 1997 (2): 42 - 46

[153] 谢德仁. 中国会计规则制定权合约安排之变迁——描述与分析 [J]. 会计研究, 2000, (12): 22 - 26

[154] 吴联生. 利益协调与审计制度安排 [J]. 审计研究, 2003, (2): 16 - 21

[155] 陈国富, 卿志琼. 专用性、准租金机制与企业所有权的安排 [J]. 南开经济研究, 2004, (1): 73 - 77

［156］史宁安，叶鹏飞，胡友良．审计质量之用户（顾客）满意论［J］．审计研究，2006，（1）：16 – 19

［157］胡波．独立审计定价悖论问题研究——论审计产品经济属性与其定价机制的关系［J］．中央财经大学学报，2007，（1）：62 – 65

［158］刘建秋．会计诚信契约：理论构架与实现路径研究［D］．博士论文，2006

［159］蔡春，陈孝．现代审计功能拓展研究的概念框架［J］．审计研究，2006，（4）：34 – 39

［160］阎金锷．试论审计的性质和职能［J］．审计研究，1986，（2）：10 – 13

［161］娄尔行，唐清亮．试论审计的本质［J］．审计研究，1987，（3）：10 – 19

［162］蔡春，陈孝．审计师企业伦理鉴证服务研究——现代审计功能拓展与创新的一种解读［J］．审计与经济研究，2005，（1）：3 – 9

［163］张曙光．企业理论的进展和创新——评杨其静著《企业家的企业理论》［J］．经济研究，2007，（8）：153 – 160

［164］燕志雄，费方域．企业融资中的控制权安排与企业家的激励［J］．经济研究，2007，（2）：111 – 122

［165］刘少波．控制权收益悖论与超控制权收益——对大股东侵害小股东利益的一个新的理论解释［J］．经济研究，2007，（2）：85 – 95

［166］付晓蓉，周殿昆．隐性契约中的信用问题分析［J］．财贸经济，2006，（10）

［167］刘峰，司世阳，路之光．会计的社会功用：基于非历史成本研究的回顾［J］．会计研究，2009，（1）：36 – 42

［168］杨瑞龙，周业安．交易费用与企业所有权分配合约的选择［J］．经济研究，1998，（9）：27 – 36

［169］王广亮，张屹山．权力视角下的企业契约分解与变迁［J］．中国工业经济，2007，（10）

［170］汪晓宇，马昧华，殊济珍．不完全契约理论：产权理论的新发展［J］．上海经济研究，2003，（12）

［171］加里·D. 利贝卡普著，陈宇东译．产权的缔约分析［M］．中国社会科学出版社，2001

[172] 葛家澍. 关于公允价值会计的研究——面向财务会计的本质特征 [J]. 会计研究，2009. (5)：6 - 10

[173] 车宣呈. 独立审计师选择与公司治理特征研究——基于中国证券市场的经验证据 [J]. 审计研究，2007，(2)

[174] 雷新途. 不完备财务契约缔结与履行机制研究 [M]. 经济科学出版社，2009

[175] 陆正飞，童盼. 审计意见、审计师变更与监管政策 [J]. 审计研究，2003，(3)

[176] 李爽，吴溪. 审计失败与证券审计市场监管——基于中国证监会处罚公告的思考 [J]. 会计研究，2002，(2)

[177] 吴联生. 审计意见购买：行为特征与监管策略 [J]. 经济研究，2005，(7)

[178] 宋衍蘅，殷德全. 会计师事务所变更、审计收费与审计质量——来自变更会计师事务所的上市公司的证据 [J]. 审计研究，2005，(2)

[179] 杜俊涛. IPO 公司股权结构对公司价值的信号显示作用 [J]. 财贸研究，2005 (5)

[180] 范伯格·J. 自由、权利和社会正义 [M]. 贵州人民出版社，1998

[181] 戴剑波. 权利分配正义若干问题研究 [J]. 浙江工业大学学报（社会科学版），2008，(6)

[182] 谢德仁. 审计委员会：本原性质与作用机理 [J]. 会计研究，2005，(9)

[183] 郭强，蒋东生. 不完全契约与独立董事作用的本质及有效性分析——从传统法人治理结构的缺陷 [J]. 管理世界，2003，(2)

[184] 胡方. 1929 ~ 1933 年经济危机与当前中国经济之比较 [J]. 吉林财税高等专科学校学报，2000，(1)

[185] 申香华. 审计质量保障的权利配置研究视角 [J]. 财经理论与实践，2007，1：70 - 74

[186] 刘明辉，张宜霞. 审计委托模式、审计关系模式与审计独立性 [J]. 特区财会，2002，(5)

[187] 陈信元，汪辉. 股东制衡与公司价值：模型及经验证据 [J]. 数量经济技术经济研究，2004，(11)：102 - 110

[188] 刘星，刘伟. 监督，抑或共谋——我国上市公司股权结构与公司价值

的关系研究［J］.会计研究，2007，（6）：68－75

［189］江伟，雷光勇.制度环境、审计质量与债务融资［J］.当代经济科学，2008，30（2）：117－123

［190］翟华云.审计师选择和审计委员会效率——来自2004年中国上市公司的经验证据［J］.经济科学，2007，（2）：91－101

［191］吴水澎，李奇凤.国际四大、国内十大与国内非十大的审计质量——来自2003年中国上市公司的经验证据［J］.当代财经，2006，（2）

［192］魏刚，陈工孟.IPO公司盈余预测精确性之实证研究——H股、红筹股上市公司与香港本地企业的一个比较［J］.财经研究，2001，（3）

［193］乔旭东.上市公司年度报告自愿披露行为的实证研究［J］.当代经济科学，2003，（3）

［194］罗栋梁.上市公司审计费用决定因素的一般性研究［J］.证券市场导报，2002，（12）

［195］漆江娜，陈慧霖，张阳.事务所规模·品牌·价格与审计质量——国际"四大"中国审计市场收费与质量研究［J］.审计研究，2004，（3）

［196］朱小平，余谦.我国审计收费影响因素之实证研究［J］.中国会计评论，2004，（2）

［197］张继勋，陈颖，吴璇.风险因素对我国上市公司审计收费影响的分析——沪市2003年报的数据［J］.审计研究，2005，（4）

［198］翟林瑜.经济发展与法律制度——兼论效率、公正与契约［J］.经济研究，1999，（1）：73－78

［199］唐利群.卢梭与罗尔斯契约正义观之比较［J］.江汉大学学报（人文科学版），2007，（1）

［200］卢梭.论人类不平等的起源和基础［M］.李常山译.北京：商务印书馆，1994

［201］包哲钰.对契约正义的一种解读——现代法律对契约自由的限制［J］.西部法学评论，2009，（3）：34－38

［202］彭亚楠.解析契约自由［J］.人大法律评论，2000，（2）：376－392

［203］张维迎.法律的信誉基础［J］.经济研究，2002，（1）

［204］米尔顿·弗里德曼.弗里德曼文萃［M］.北京：北京经济学院出版社，1994

［205］叶麒麟，张莉.利益、观念与制度：国际制度的自我实施机制——

个综合性分析框架 [J]. 世界经济与政治论坛，2009，（3）：72 - 78

[206] 郑也夫. 信任论 [M]. 北京：中国广播电视出版社，2006

[207] [美] 克雷普斯著，邓方译. 博弈论与经济模型 [M]. 北京：商务印书馆，2006

[208] 朱红军，何贤杰，孙跃，吕伟. 市场在关注审计师的职业声誉吗？——基于"科龙电器事件"的经验与启示 [J]. 审计研究，2008，（4）：45 - 52

[209] 吴江涛. 监管者，暂莫用那处罚的"重师轻所论" [J]. 财务与会计，2004，（1）：51 - 52

[210] 先行. 美国《1933 年证券法》最新版中文翻译、美国《1933 年证券法》最新版中文翻译 [EB/OL]. [2007 - 01 - 21]. 东方国际经济法律网，http：//www. eastwestlaw. com/c_home/

[211] 中国注册会计师协会编. 萨班斯法案. 2003 年 12 月. 中国注册会计师协会网站，http：//www. cicpa. org. cn/Column/Research _ data/200805/t20080530 _ 12765. htm

[212] 青木昌彦. 比较制度分析 [M]. 上海：上海远东出版社，2001

[213] 崔建远主编. 合同法 [M]. 北京：法律出版社，2003：17 - 19

[214] 朱锦余，雷光勇. 审计合谋的制度分析及对策 [J]. 中南财经大学学报，2001，（3）：109 - 112

[215] 陈关亭，兰凌. 操控性应计利润审计质量的实证比较 [J]. 审计与经济研究，2004，（4）：16 - 20

[216] 王鹏，周黎安. 中国上市公司外部审计的选择及其治理效应 [J]. 中国会计评论，2006，4，（2）：321 - 343

[217] 韦森. 经济学的性质与哲学视角审视下的经济学——一个基于经济思想史的理论回顾与展望 [J]. 经济学（季刊），2007，（3）

[218] 钱颖一，青木昌彦. 转轨经济中的公司治理结构 [M]. 北京：中国经济出版社，1995

[219] 严武. 公司股权结构与治理机制 [M]. 北京：经济管理出版社，2004

[220] 李树华. 审计独立性的提高与独立审计市场的背离 [M]. 上海三联书店出版社，2000

[221] 余玉苗. 我国上市公司注册会计师审计关系研究 [J]. 审计研究，

2000，（10）：47－49

［222］刘峰，张立民，雷科罗．我国审计市场制度安排与审计质量需求［J］．会计研究，2002．（12）：22－50

［223］朱红军，陈信元，夏立军．转型经济中审计市场的需求特征研究［J］．审计研究，2004，（5）

［224］谢德仁．审计委员会制度与中国上市公司治理创新［J］．会计研究，2006，（7）：39－46

［225］赵华，贾丽娜．审计利益相关者：互动关系与治理机制［J］．审计与经济研究，2007，（9）

［226］王兵．审计聘约权 审计独立性与公司治理［J］．广东经济管理学院学报，2006，（1）

［227］王学新．公司治理的德国模式［J］．德国研究，2005，（3）：44－47

［228］谢德仁．会计信息的真实性与会计规则制定权合约安排［J］．经济研究，2000，（5）：47－51

［229］陈汉文，韩洪灵，会计师职业道德准则之变迁——基于公共合约观的描述与分析［J］．审计研究，2005，（3）：11－17

［230］陈汉文，韩洪灵，会计职业道德之性质与实施：一种解说［J］，厦门大学会计系工作论文．2004

［231］Stephen A. Zeff 著，财政部会计司组织译．会计准则制定理论与实践——斯蒂芬·A. 泽夫教授论文集（中英文版）［M］．北京：中国财政经济出版社，2005

［232］刘峰，李少波．会计理论研究对我国会计准则制定的影响［J］．当代财经．2000，（6）：70－72

［233］刘家松．论中国审计准则由规则导向到原则导向的转变［J］．审计与经济研究，2006，（6）：28－32

［234］Willeken Marleen, Simunic Dan A. Precision in auditing standards：effects on auditor and director liability and the supply and demand for auditing standalds effects on auditor and director liability and the supply and demand for audit services［J］. Accounting & Business Research. Vol. 37. No. 3. 2007. pp. 217－232.

［235］苗壮．美国公司法：制度与判例［M］．北京：法律出版社，2007

［236］王英．组织结构与信息传递效率［J］．系统工程理论与实践，2000，11：46－50

[237] 杨其静. 合同与企业理论前沿综述 [J]. 经济研究, 2002, (1): 80 - 87

[238] 张维迎. 所有制、治理结构与委托—代理关系 [J]. 经济研究, 1996, (9)

[239] 唐红, 王善平, 朱青. 上市公司审计师聘任权安排: 机理与改进 [J]. 财经理论与实践, 2007, (1): 89 - 92

[240] 蒋义宏. 会计信息真实之程序理性观与结果理性观 [J]. 财经研究, 2003, (6): 77 - 82

[241] 吴水澎, 刘启亮. 会计事项、准则公共领域与会计信息真实性 [J]. 会计研究, 2007, (6): 26 - 32

[242] 张维迎. 法律: 通过第三方实施的行为规范 [J]. 读书, 2000, (11): 76 - 81

[243] 张立民, 管劲松. 我国 A 股审计市场的结构研究——来自 2002 上市公司年度报告的数据 [J]. 审计研究, 2004, (5): 31 - 36